Geo-storie d'Italia
Una alleanza possibile

a cura di Luciana Coltri, Daniela Dalola
e Maria Teresa Rabitti

Indice

Presentazione
di *Luciana Coltri, Daniela Dalola* e *Maria
Teresa Rabitti*   p.   9
Chi ha paura della geostoria?
di *Ivo Mattozzi*   »   17

PARTE PRIMA
Idee per l'insegnamento integrato di
storia e geografia

**Tra storia e geografia: una complemen-
tarità da costruire**
di *Ivo Mattozzi*   »   63
**Percorsi di geostoria nella scuola dell'in-
fanzia e nella scuola primaria**
di *Daniela Dalola*   »   85
**Percorsi di geostoria per il triennio della
scuola secondaria di primo grado**
di *Livia Tiazzoldi*   »   99
**Insegnare storia e geografia nel biennio
dei licei**
di *Mario Pilosu*   » 117
"Progettiamo l'Unità d'Italia"
di *Maila Pentucci*   » 131

5

PARTE SECONDA
Temi esemplari di storia e geografia

"Nello spazio leggiamo il tempo": immagini cartografiche per ripercorrere la
storia del territorio
di *Maria Augusta Bertini*   » 151
La cartografia e la sua importanza nello
studio dei fenomeni storici
di *Maria Teresa Rabitti*   » 195
La trasformazione del paesaggio dalla caverna alla "ecumenopoli"
di *Paolo Rovati*   » 229
L'Italia letta in una regione: le Marche
come caso di studio
di *Catia Brunelli*   » 251
Geografia e storia dei beni culturali. I giacimenti culturali marchigiani
di *Sabrina Ricciardi*   » 283

PARTE TERZA
Sperimentare il curricolo di geostoria

Spazio e tempo nella scuola dell'infanzia
di *Anna Rosa Mancini*   » 295
Geostoria nella scuola primaria (primo
biennio)
di *Antonina Gambaccini*   » 309
Le bonifiche: un caso di geo-storia per conoscere l'Italia
di *Luciana Coltri*   » 319
Come la civiltà romana si espande in una
valle
di *M. Giuseppina Biancini* e *Cristina Carelli*   » 333

Alimentazione: una tematica geostorica ricorrente nella scuola secondaria di primo grado
di *Livia Tiazzoldi* » 343

Insegnare geostoria nelle scuole secondarie di secondo grado
di *Paola Lotti* » 359

Musica e geografia nella storia d'Italia
di *Stefano Rocchetti* » 369

Gli autori » 381

Presentazione

a cura di Luciana Coltri, Daniela Dalola e Maria Teresa Rabitti

Da anni ad Arcevia (AN) insegnanti dei diversi ordini scolastici si incontrano e si confrontano per esplorare le potenzialità delle intersezioni tra la storia, le altre discipline e le educazioni e per ricercare le modalità, le strategie didattiche più proficue con le quali renderle complici nell' impresa formativa. Nella XVII edizione della scuola estiva di Arcevia, che si è svolta dal 23 al 26 agosto 2011, è stato proposto un corso sul curricolo delle storie d'Italia focalizzato sul rapporto interdisciplinare tra storia e geografia. La Scuola Estiva 2011 è stata perciò l'occasione per riflettere sulle prospettive che potrebbero rinnovare l'insegnamento e l'apprendimento sia della storia che della geografia a beneficio di una cultura storico geografica adeguata per l'esercizio della cittadinanza attiva. Tale complicità disciplinare, infatti, é sembrata decisiva per rinnovare i processi di insegnamento e di apprendimento sia nella fase di scelta delle conoscenze, sia nella loro strutturazione nel curricolo, sia nella trasposizione didattica. È stato necessario delineare i criteri per progettare curricoli e piani di lavoro in cui storia e geografia capaci di dare chiavi di lettura del mondo e sostegno al pensiero storico e a quello geografico: le due discipline, pur conservando ciascuna la propria identità, possono combinarsi nella geostoria e potenziare l'efficacia formativa di entrambe, superando un'impostazione nozionistica del loro insegnamento.

Questo libro relativo agli atti della Scuola Estiva di Arcevia 2011 documenta le riflessioni teoriche e le possibili pratiche didattiche sugli orizzonti tematici a cui il curricolo verticale delle operazioni cognitive e le conoscenze significative si è aperto nel corso di questa settimana di formazione e di ricerca.

In dodici ore di lezione e in quattordici ore di lavoro laboratoriale sono stati proposti curricoli continuativi ed esempi di processi di insegnamento e di apprendimento che costituiscono soluzioni alle difficoltà che gli insegnanti incontrano nella gestione delle due discipline come elementi dell'area storico-geografica. Si è cercato così di rispondere anche alle esigenze di formazione degli insegnanti in relazione al rinnovarsi delle indicazioni per i piani di studio, sia nella scuola di base, sia nei bienni dei licei e degli istituti tecnici. Infatti, se la storia e la geografia sono insegnate in modo da intrecciare i loro approcci possono sviluppare le abilità, le conoscenze verso le competenze che le indicazioni per il curricolo di tali ordini di scuola delineano nel profilo formativo. Ipotizzare percorsi di geostoria significa favorire un intreccio che giova anche alla formazione delle competenze chiave raccomandate come obiettivi dai documenti europei.

Conformemente all'articolazione della Scuola, gli Atti sono organizzati in tre parti, a forte coerenza interna e organiche tra loro:

- parte prima: idee per l'insegnamento integrato di storia e geografia
- parte seconda: temi esemplari di storia e geografia
- parte terza: sperimentare il curricolo di geostoria.

Parte prima
Idee per l'insegnamento integrato tra storia e geografia

Niente di nuovo ma tutto da riscoprire potrebbe essere la sintesi di questi primi interventi che hanno lo scopo di delineare un curricolo in una equilibrata combinazione tra teoria e pratica. A partire dalle riflessioni sempre particolarmente puntuali e stimolanti di I. Mattozzi sull' interesse dimostrato anche dalle istituzioni ministeriali verso un insegnamento integrato di storia e geografia, le lezioni di questa prima trance propongono una riesame del nostro operare a scuola in una nuova chiave.

Una prima parte potrebbe essere considerata una relazione unica a più voci che propone una nuova interpretazione del curricolo con esempi di pratiche che si caratterizzano nella formazione del pensiero che pensa il mondo e l'umanità in una dimensione geostorica. In queste proposte ciò che è veramente innovativo è l'attenzione prima e l'esemplificazione di buone pratiche poi di come si possa equipaggiare gli studenti fin dalla scuola dell'infanzia di abilità e conoscenze in funzione della formazione di competenze da usare nell'esercizio di una cittadinanza attiva. Il curricolo si sviluppa, inoltre, tenendo conto dell'Italia come un macro contenitore tematico che viene proposto per portare gli studenti dall'infanzia al biennio delle superiori a formarsi il concetto di Italia.

D. Dalola interviene sui primi percorsi in cui si costruiscono le basi per un curricolo e dove l'esperienza diretta dei bambini diventa un fondamento irrinunciabile per percorsi di insegnamento e apprendimento significativi. Nella sua presentazione D. Dalola presenta un possibile sviluppo di attività dai primi anni della scuola dell'infanzia via via fino alla classe quinta primaria, superando l'idea di un curricolo a scatole cinesi e presentandolo invece in uno sviluppo a spirale in cui conoscenze e abilità formate nei primi anni diventano base e presupposto per essere riprese ed approfondite nei percorsi successivi per la formazione di nuove e più complesse conoscenze e abilità. Qualche parola in più merita il suo intervento per la novità proposta di introdurre fin dalla scuola dell'infanzia e dalle prime classi della primaria un percorso in cui le parole d'ordine storia, geografia legate a *Italia* prendono senso e non appaiono fuori luogo. A questo proposito diventano esemplari le proposte per i primi anni dell'infanzia e della primaria, che fanno capo ai

copioni. Coinvolgere i bambini nella riflessione della loro esperienza quotidiana su come *si sta alla scuola dell'infanzia o alla scuola primaria oggi in Italia* favorisce prime conoscenze sulla scuola come istituzione con una funzione precisa all'interno della società. Così pure prendere in considerazione le esperienze legate alle tradizioni della nostra cultura come base per conoscere le altre culture è un primo esercizio di cittadinanza consapevole. La didattica dei quadri di civiltà e della ricerca storiografica fatta a scuola trovano, poi, esempi di come poter meglio evidenziare nei percorsi di conoscenza delle civiltà passate valorizzare gli aspetti geostorici implicati.

L. Tiazzoldi interviene per lo spaccato curricolare della scuola secondaria di primo grado rappresentando bene lo sviluppo a spirale in cui vengono ripresi e ampliati temi e concetti proposti nella primaria. Il suo intervento incide in modo significativo nel combinare tra loro concetti tipicamente geografici: spazio; ambiente; territorio; paesaggio; luogo che la geografia L. Rocca che presenta come le 5 porte per conoscere il mondo attuale. L. Tiazzoldi presenta una serie di argomenti distinti per le tre classi della scuola secondaria di primo grado come proposta di sviluppo di queste cinque parole chiave che servono per aprire le porte a una conoscenza del mondo attuale come modello per conoscere il passato.

Chiude gli interventi sul curricolo M. Pilosu con un suggestivo incipit con cui ci proietta in una scena tipicamente scolastica: l' incontro tra insegnanti che devono progettare percorsi didattici secondo le nuove Indicazioni per il biennio. Emergono dubbi e perplessità sotto forma di domande a cui gli insegnanti coinvolti trovano risposta nell'individuare criteri per una **coordinazione** tra insegnamento della storia e della geografia. Una coordinazione che supera il problema dell'orario di insegnamento e trova soluzioni nella scelta dei temi. Seguono due proposte didattiche molto articolate e complete per produrre conoscenze significative in cui le conoscenze fin qui maturate da un ipotetico studente riesce a inserire l'Italia e l'Europa nello sfondo del mediterraneo.

Conclude questa prima parte la presentazione molto puntuale di un interessante progetto promosso dalla Rete "Le Marche fanno storie" con l'attività principale "Progettiamo l'Unità d'Italia". Un progetto teso a valorizzare le esperienze di insegnamento della storia che mostrano una scuola attiva e vivace piena di iniziative capace di promuovere apprendimento efficace. M. Pentucci si fa portavoce delle riflessioni e delle considerazioni comuni attivate nel corso dello svolgimento del progetto ed al termine di esso. È un progetto importante che vuole diventare sostegno agli insegnanti che credono nell'idea che l'insegnamento della storia «*assuma centralità nella formazione delle competenze di cittadinanza, restituendo alla società studenti –e dunque cittadini– più consapevoli, critici, liberi*».

Presenta le fasi di sviluppo del progetto e le risposte date dalle scuole fino alla restituzione dei dati emersi. Una presentazione che mostra una scuola che funziona ma al di à di ogni stereotipo analizza criticamente luci e ombre dell'insegnamento della storia nelle scuola che risulta particolarmente istruttivo e fa riflettere ognuno di noi sul nostro operato.

Parte seconda
Temi esemplari di storia e geografia

Nella seconda parte il testo offre alcuni saggi su temi esemplari di geostoria in cui il rapporto tra le due discipline si dimostra molto efficace nel costruire conoscenze significative. Storia e geografia, pur conservando la loro identità epistemologica e metodologica, nessuna infatti è secondaria all'altra, si arricchiscono usando i metodi e gli strumenti l'una dell'altra.

L'uso della cartografia, strumento per eccellenza della geografia, è qui affrontato come storia della rappresentazione dello spazio e del mondo presso civiltà antiche, e come strumento didattico per facilitare l'apprendimento geostorico.

Nel saggio di M. A. Bertini il prodotto cartografico è presentato come «*un prezioso strumento per la ricostruzione dei fatti sociali, una basilare e indispensabile chiave di lettura e di interpretazione dei fenomeni geografici e dei processi storici, poiché nello spazio disegnato è possibile leggere il tempo*». I documenti cartografici prodotti da società antiche: i graffiti rupestri camuni, le tavolette mesopotamiche, le mappe delle civiltà precolombiane, al di là dell'intrinseco valore culturale, si rivelano come un'eccezionale testimonianza, come fonti per comprendere lo sviluppo delle civiltà.

Allo stesso modo, nel saggio di M. T. Rabitti la cartografia contemporanea si pone a storici e geografi come strumento per rappresentare il mondo oggi, per "inventare il mondo" e comprenderne i problemi, ma anche come uno strumento didattico efficace da utilizzare intensivamente e criticamente a scuola per l'apprendimento della storia. Per far comprendere come la localizzazione, l'estensione, la configurazione, le distanze, la distribuzione dei fenomeni abbiano giocato nei processi storici, e quanto e come siano incisivi negli assetti territoriali e nella comprensione degli aspetti geografici.

La geografia è scienza del territorio, dello spazio umanizzato; la geografia umana, in particolare, è scienza e storia dell'antropizzazione del territorio e delle conseguenze dell'intervento umano.

Il saggio di P. Rovati presenta l'evoluzione degli insediamenti umani "dalla caverna alle ecumenopoli" e la conseguente trasformazione da un paesaggio naturale ad un paesaggio fortemente antropizzato, come risultato dei grandi processi di trasformazione della storia nei suoi rapporti con le identità territoriali e con le questioni della sostenibilità; una dimostrazione chiara di come la geografia possa spiegare la storia e di come, a sua volta, la storia possa contribuire ad approfondire criticamente lo studio della geografia.

L'analisi geostorica della regione Marche offerta dal saggio di C. Brunelli si presta come studio esemplare delle relazioni intercorrenti tra storia e geografia applicate concretamente ad un territorio. Nei 150 anni unitari d'Italia la regione si è profondamente modificata negli assetti territoriali in conseguenza dell'industrializzazione, delle bonifiche, della diffusione dell'agricoltura agroindustriale, della estensione delle infrastrutture, della balneazione, della diffusione dell'urbanesimo. Tutti elementi che permettono di costruire un sapere significativo e complesso della regione Marche, nella sua realtà attuale.

Un aspetto diverso ma molto interessante della relazione tra le due discipline si rivela se si pone l'attenzione ai beni culturali, come nel saggio di S. Ricciardi, in quanto «*ricostruire gli antefatti e il contesto geografico-storico in cui si collocano, significa compiere un'operazione geografica, porre le basi per un'intelligente "lettura" del presente e cogliere il potenziale espressivo di un territorio su cui far leva per progettare il futuro*». I beni culturali «*spie di identità territoriale, testimoniano le tappe di sviluppo di una società e sono tra gli elementi che meglio caratterizzano un paesaggio: la loro doppia natura di oggetti materiali inseriti nello spazio, e mentali, che esprimono il complesso di idee, valori, credenze circolanti nel milieu che li ha prodotti, ne fa il segno della storia che in un luogo si è dipanata, e del codice genetico di un popolo*».

Parte terza
Sperimentare il curricolo di geostoria

La sessione laboratoriale, di quattordici ore, si è tenuta il pomeriggio del 24 Agosto e l'intera giornata del 25 Agosto e ha previsto i seguenti laboratori:
- "Spazio e tempo nella scuola dell'infanzia", coordinato da Anna Rosa Mancini;
- "Geostoria nella scuola primaria (primo biennio)", coordinato da Antonina Gambaccini;
- "Le bonifiche: un caso di geo-storia per conoscere l'Italia", coordinato da Luciana Coltri;

- "Come la civiltà romana si espande in una valle", coordinato da Giuseppina Biancini e Cristina Carelli;
- "Alimentazione: una tematica geostorica ricorrente nella scuola secondaria di primo grado", coordinato da Livia Tiazzoldi;
- "Insegnare geostoria nelle scuole secondarie di secondo grado", coordinato da Paola Lotti;
- "Musica e geografia nella storia d'Italia", coordinato da Stefano Rocchetti.

La terza parte del libro riporta le presentazioni delle esperienze maturate nel corso di tale sessione e le riflessioni a cui sono giunti gli insegnanti che vi hanno partecipato. Nei laboratori sono state presentate, a grandi linee, la progettazione di un curricolo continuativo di area nel ciclo considerato, la progettazione di unità di insegnamento e apprendimento esemplari di area storico-geografico e si è avviata la progettazione di unità d'insegnamento/apprendimento, la ricerca e/o la costruzione di materiali utili alla loro realizzazione (anche con l'ausilio degli strumenti digitali), dimostrando le potenzialità e la praticabilità didattica della geostoria.

Chi ha paura della geostoria?

di *Ivo Mattozzi*

Pensare geostoricamente la storia e la geografia

È questo l'invito delle indicazioni presenti nei piani di studio per il primo biennio delle superiori, è questa l'esigenza da rispettare per stabilire relazioni interdisciplinari tra storia e geografia nella scuola primaria e secondaria di primo grado. Le due discipline restano distinte ed hanno ciascuna i propri contenuti e i propri obiettivi. Ma nel biennio superiore il voto è unico per le due discipline. E la valutazione complessiva rende più utile l'intreccio disciplinare.

Infatti, alcuni degli obiettivi sono credibili solo a condizione che i contenuti siano affrontati con approccio geografico in storia e con approccio storico in geografia: «*La storia comporta infatti una dimensione di geografia storica; e la geografia umana, a sua volta, può ben essere intesa come geografia storica; le due dimensioni devono far parte integrante dell'insegnamento e dell' apprendimento della disciplina*». A proposito della geografia si raccomanda di insegnare a descrivere e inquadrare i problemi politici, ambientali, sociali e culturali del mondo di oggi in una prospettiva molteplice, capace di integrare le ragioni storiche di "lunga durata" dei processi di trasformazione e di "crisi" con quelle tipicamente geografiche... Si tira in ballo la "prospettiva geostorica" nella descrizione che darà conto dell'importanza di alcuni fattori fondamentali per gli insediamenti dei popoli e la costituzione degli Stati (esistenza o meno di confini naturali, vie d'acqua navigabili e vie di comunicazione, porti e centri di transito, dislocazione delle materie prime, flussi migratori, aree linguistiche, diffusione delle religioni). Si raccomanda di far conoscere la demografia nei suoi vari aspetti: i ritmi di crescita delle popolazioni, le grandi migrazioni del passato (dal mondo antico in poi) e del presente, la distribuzione della popolazione.

Ma pensare le discipline geostoricamente non è agevole in una tradizione scolastica dove è prevalsa sempre la logica dei recinti disciplinari e dove la formazione degli insegnanti inibisce la concezione della geostoria e della geografia storica. E i custodi della purezza dei due campi disciplinari temono il rischio che la contaminazione faccia perdere alla geografia la propria specificità e alla storia l'asse di conoscenze politico-istituzionali che è stato assunto –abusivamente– come l'architrave del sapere storico.

Antonio Brusa ha rilevato i comportamenti banali che la difesa dell'identità disciplinare standardizzata ispira:

«Le due materie scolastiche, dal canto loro, sono tanto abituate a questo strano regime, di convivenza onirica e di separazione pratica, che hanno creato una vasta gamma di comportamenti consolatori e rassicuranti, che vanno dalla elementare localizzazione dei fatti, quando vengono spiegati in storia, all'altrettanto elementare storia dei luoghi-illustrata, quando occorre, in geografia ("il dove e il quando"); fino allo "scenario di apertura", nel quale le due discipline si scambiano i ruoli, ciascuna prestandosi cortesemente a fare da introduzione all'altra; fino alla ricerca d'ambiente o sul vicino, dove entrambe congiurano, spesso con storia dell'arte e delle tradizioni e all'educazione musicale, alla fabbricazione di piccole enciclopedie di sapere locale. Questo fornito repertorio di espedienti ha trovato col tempo la sua etichetta abusiva di geostoria, e si candida perciò a sostanziare con le sue banalità la prossima stagione interdisciplinare, promossa (credo in modo del tutto inconsapevole) dalla riforma Gelmini.

Eppure, la vicenda della vicina Francia dovrebbe mettere in guardia tutti da ogni approccio spontaneistico e facile. Qui, infatti, dove pure esiste la tradizione più consolidata di interscambio disciplinare (alla quale comunque si dovrà far riferimento, nell'ipotesi di un lavoro serio e duraturo), la resa didattica è stata quanto mai deludente.

In Francia, la materia è unificata –histoire-géo–, così come l'associazione professionale più forte, che mette insieme docenti di storia e geografia, con una sua rispettabilissima rivista. E anche il manuale è uno solo. Ma quando ne sfogliamo qualcuno, ci accorgiamo che consta di due piccoli libri, uno di storia e l'altro di geografia, incollati insieme».[1] Sappiamo che anche in Italia ora gli editori offrono libri nei quali il testo di geografia e quello di storia sono assemblati senza che ci sia nessun tentativo di integrarli. È inevitabile questa banalizzazione dell'idea?

Credo che inibizioni, incompetenze e timori originino, da una parte, dalla concezione vaga che evoca la parola geostoria, dall'altra da una didattica poco creativa.

[1] Brusa A., *La storia si fa sulla terra*, inedito. Ringrazio l'autore di avermi messo a disposizione il testo. Circa la situazione francese Brusa rinvia al sito http://www.aphg.fr (consultato il 29/01/2013). Ma la situazione francese non è stata mai tutta rose e fiori neppure in campo accademico. Dal 1941-42 i concorsi a cattedra per la geografia sono separati da quelli per la storia per decisione del governo di Vichy. Tale separazione resta ancora indecisa in parte, anche se i candidati in ciascuna disciplina devono comporre un tema pertinente all'altra disciplina. Tra geografi e storici accademici le relazioni non state sono armoniose. Lo sappiamo da Nicolas Verdier (2009), La mémoire des lieux : Entre espaces de l'histoire et territoires de la géographie, 2009, http://halshs.archives-ouvertes.fr/docs/00/41/87/09/PDF/Verdier_Memoire.pdf (consultato il 29/01/2013). Verdier ricorda che il rancore tra le due corporazioni risale alla istituzione della Geografia in disciplina accademica alla fine del XIX secolo. Gli storici coscienti dell'aspetto della maggior parte delle tesi di geografia di allora rifiutavano la distinzione, mentre i geografi affermavano la loro autonomia, sostenendo che la temporalità è un oggetto delle scienze umane non un monopolio degli storici. L'avversione degli storici alla separazione dei concorsi a cattedra fu forte. Fernand Braudel, nel 1951, nella nota critica al libro di Maurice Le Lannou, *La géographi humaine*, criticò violentemente questa separazione e nel 1957 fu Robert Mandrou, allora segretario delle "Annales", a rimproverare il geografo Étienne Juillard di aver osato affermare l'autonomia della geografia e di aver addirittura proposto un programma di ricerche che prospettava anche questioni storiche, secondo le proposte del geografo inglese Henry C. Darby. Secondo Verdier le attenzioni reciproche si svilupparono negli anni ottanta del '900. Addirittura, si può leggere nella prefazione agli atti di un convegno pubblicati nel 2004 l'affermazione che, malgrado Braudel, la considerazione della dimensione spaziale è stata ridotta per molto tempo al rango di esercizio preliminare e d'obbligo e che solo negli ultimi anni essa è stata assunta da storici di diversa specializzazione. Fray J. L. e Perol C. (a cura di) (2004), *L'historien en quête d'espaces*, Presses universitaires Blaise Pascal, Clermont-Ferrand, p. 11.

Conviene, perciò, chiarire il concetto e le sue implicazioni allo scopo di servircene come ispiratore di progettazione di efficaci processi di insegnamento e di apprendimento destinati a formare una cultura integrata di storia e di geografia. Poiché l'inventore della parola è stato Fernand Braudel, è ad un suo testo che ricorrerò per delineare cosa egli intenda la geostoria. Ma poi cercherò di verificare le sue potenzialità ispiratrici proponendo esempi di trattazione geostorica.

La geostoria secondo Braudel

Braudel è l'inventore della parola ed ha dato esempi molto forti di costruzioni geostoriche nelle sue opere. Recuperiamo la sua concettualizzazione, glossando il testo nel quale egli l'ha proposta la prima volta. Pilucchiamo, estraiamo, riorganizziamo: un collage di citazioni che ci porteranno a concepire con Braudel il nesso tra approccio geografico e approccio storico.

Il libro da cui spilluzzicare le citazioni è *Storia, misura del mondo*. Si tratta della traduzione di un testo che Braudel scrisse nei campi di prigionia dove fu detenuto dal luglio 1940 al 1945. In quegli anni scrisse in circa 4000 pagine di un centinaio di quaderni di scuola l'opera che pubblicherà col titolo *La Méditerranée et le Monde méditerranéen à l'époque de Philippe II*, organizzò corsi di lezioni e conferenze a vantaggio dei suoi compagni di prigionia che avevano dovuto interrompere gli studi. Braudel svolse anche una ventina di conferenze sulla storia. Tenne le prima serie di conferenze mentre componeva la prima stesura de *La Méditerranée* a Magonza e le scrisse a Lubecca mentre faceva la revisione dell'opera che terminerà nel 1945[2]. Spedì il quaderno a sua moglie

[2] Si veda la prefazione all'edizione italiana scritta da Paule Braudel, moglie dello storico, in Braudel F. (1998), *Storia, misura del mondo*, Il Mulino, Bologna, pp. 7-20.

nel 1944. Dunque, mentre componeva la sua lunga rappresentazione del Mediterraneo «*per mettere in luce i legami permanenti della storia e dello spazio*», prendeva forma definitiva la sua "visione della storia" «*in parte quale sola risposta intellettuale possibile a uno spettacolo –il Mediterraneo– che gli pareva impossibile cogliere nei limiti di una qualsiasi trattazione storica tradizionale, in parte quale sola possibile risposta esistenziale ai tempi tragici che viveva*» e teorizzava la sua operazione storiografica nelle conferenze sull'epistemologia della storia. In esse una gran parte delle riflessioni riguardava la geografia e il rapporto tra geografia e storia. Nel libro il terzo capitolo è intitolato proprio *Geostoria: la società, lo spazio, il tempo*, ma annotazioni su di essa sono sparse in altri capitoli. Perciò la esplorazione del testo, la estrazione dei passi pertinenti e la loro combinazione coerente possono metterci nella condizione di presentare l'essenziale della concezione di Braudel. Si tenga presente che il quaderno è stato pubblicato solo nel 1997. Ciò vuol dire che fino a quel momento non si conoscevano le sfumature di senso e la molteplicità delle ragioni che Braudel ha usato per proporre il nuovo concetto.[3]

«Questo libro è diviso in tre parti; ciascuna rappresenta un tentativo di spiegazione a sé.

La prima tratta una storia quasi immobile, quella dell'uomo nei suoi apporti con l'ambiente: una storia di lento svolgimento e di lente trasformazioni, fatta spesso di ritorni insistenti, di cicli incessantemente ricominciati. Non ho voluto trascurare quella storia, quasi fuori del tempo, a contatto delle cose inanimate, né appagarmi, al riguardo, delle tradizionali introduzioni geografiche alla storia, inutilmente collocate all'inizio di tanti libri, con i loro paesaggi minerari, i loro lavori agricoli, e i loro fiori rapidamente messi in mostra, e di cui poi non si fa più cenno, come se i fiori

---

[3] Prima che avvenisse l'edizione, Braudel aveva messo a disposizione della studiosa Giuliana Gemelli le fotocopie del manoscritto, perciò lei ha potuto usare le conferenze per ricostruire momenti importanti dello sviluppo del pensiero dello storico nella sua opera Gemelli G. (1990), *Fernand Braudel e l'Europa universale*, Marsilio, Venezia, tradotta in francese col titolo Gemelli G. (1995), *Fernand Braudel*, Editions Odile Jacob, Paris, in un'edizione riveduta e accresciuta. Ha potuto così esaminare il ruolo della geografia nel pensiero di Braudel nel paragrafo *Une géographie appliquée*, pp. 92-96.

non tornassero ad ogni primavera, le greggi non si fermassero nei loro spostamenti, le navi non dovessero navigare su un mare reale, che cambia con le stagioni».

Concezione della geografia

Innanzitutto vanno rimarcate tutte le espressioni che attribuiscono alla geografia potenzialità conoscitive potenti. I concetti che articolano la sua visione della geografia sono ambiente, società, spazio:

«La geografia è una descrizione razionale... come scienza del paesaggio o, per dire meglio, come studio scientifico dell'ambiente naturale o geografico o, ancora più esattamente, dell'ambiente fisico e biologico».[4]

«L'oggetto, il cuore della geografia umana e forse della geografia tout court, della geografia profonda... è lo studio della società nello spazio o meglio per mezzo dello spazio».[5]

«Non dimentichiamo le realtà dei gruppi, delle comunità, la fraternità dei legami sociali, tutto ciò che unisce l'uomo all'uomo e fa della società estesa nello spazio un tessuto vivo, dalla trama più o meno fitta... È compito della geografia spiegare queste realtà sociali o almeno contribuire a spiegarle, proprio in quanto essa è, a mio modo di vedere, un metodo e insieme una scienza».[6]

«La geografia investe con una luce rivelatrice i fili innumerevoli che si intrecciano nella complicatissima trama della vita umana. Trascurarla significa commettere una grosso errore poiché il nostro destino è strettamente legato alla terra su cui viviamo».[7]

«I veri maestri della nostra giovinezza sono stati i geografi».[8]

---

[4] Braudel F. (1998), op. cit., p. 72.
[5] Ivi, p. 76.
[6] Ivi, p. 78.
[7] Ivi, p. 102.
[8] Ivi, p. 73.

In forza del suo potere conoscitivo la geografia può far capire meglio anche i problemi storici.

«Per non dire dell'aiuto che la geografia può prestare alla storia [...].Distribuire i fatti storici nello spazio significa per forza capirli meglio e porre con maggior precisione i veri problemi».[9]

Braudel esalta le opere di geografia regionale francesi (p. 72) e riconosce che ci sono tanti *studi sul popolamento, sull'habitat, sulle città, sui movimenti della popolazione* e *opere eccellenti sui diversi problemi e casi particolari* e *ricche acquisizioni, metodi efficaci o punti di vista ingegnosi per tracciare le carte o spiegare la sostanza mutevole e complessa della geografia umana*.[10]

Ma nelle pagine 73-78 Braudel lamenta la mancanza di opere generali di geografia umana:

«A mio parere, si può far loro [*ai maestri geografi*] un solo rimprovero: aver dedicato maggiore attenzione alla sfera della natura con le sue certezze, che non alla sfera umana con la sua sconcertante complessità. [...] le difficoltà proficue incominciano allorché si tratta dell'uomo, di metterlo in scena e in causa [...] dal punto di vista della geografia economica [...] dal punto di vista della geografia umana: una scienza, quest'ultima, ancora da costituire, da delimitare, da consolidare, irta di ostacoli e di incognite. [...] È quando ci si accosta direttamente all'uomo, quando si cerca di coglierlo nella sua interezza che scarseggiano le vere opere di riferimento».[11]

«*E la sola opera metodologica di cui disponiamo per affrontare questi difficili problemi*», posti dal contrasto tra determinismo e possibilismo, gli appare «*il brillante studio di Lucien Febvre*», La Terre et l'évolution humaine (1924) che, però, valuta sbilanciato sul *possibilismo* («*un ambiente geografico, per Vidal [de la Blache] è un insieme di possibilità*»): «*Un po' troppo incline, secondo, me*

[9] Ivi, p. 79.
[10] Ivi, p. 74.
[11] Ivi, p. 73.

a porre l'accento, per reazione, sulla volontà e sulla libertà dell'uomo».[12]

Dunque, Braudel ingaggia una doppia battaglia perorando due cause: quella della geografia umana e quella della geostoria. L'una e l'altra sono avvertite come l'orizzonte nuovo degli studi geografici e storici. I loro destini gli sembrano incrociarsi e interdipendenti.

Fatti geografici come fatti della storia

Il passo logico successivo è mettere in prima posizione i fatti geografici, *«ovvero il legame fra il sociale e lo spazio»*[13] nel catalogo degli oggetti di cui lo storico può e deve occuparsi. È in relazione a questa classificazione che spunta dalla penna dello storico il termine "geostoria", ma, all'inizio, come semplice alternativa a "geopolitica" e a "geografia storica".

«[…] Prima sezione: i fatti geografici, che sarei incline a definire col termine di *geopolitica* o, ancor meglio di *geostoria».*[14]

E il primato dei fatti geografici viene ribadito dopo aver distinto il passato reale ("res gestae") in due strati : 1. quello degli eventi; 2. quello della storia profonda e durevole.

«Fino ad ora abbiamo distinto nella storia due strati orizzontali: una storia evenemenziale (di cui abbiamo denunciato la fragilità) e, sotto questa superficie, una massa poderosa, ben altrimenti consistente: la storia profonda; l'una sostiene l'altra un po' come accade per le maree, il cui moto regge il movimento delle onde.
Ma non basta avere stabilito la presenza dei due diversi livelli; da molto tempo gli storici hanno imparato a distinguere varie categorie di fatti sociali, settori differenziati tra loro: tutti approcci di uso ormai corrente, atti a sezionare verticalmente la storia: i **fatti geografici** innanzi

---

[12] Ivi, p. 75.
[13] Ivi, p. 57.
[14] Ivi, p. 56.

24

tutto, ovvero i legami fra il sociale e lo spazio; i fatti culturali, inerenti la civiltà; i fatti etnici; i fatti di struttura sociale; i fatti economici e, per finire, i fatti politici. Altrettante divisioni della storia praticate in *verticale* e, lo ribadisco, non sovrapposte, ma giustapposte. Naturalmente si possono concepire altre divisioni con relative innumerevoli suddivisioni, ma le sezioni da noi indicate ci basteranno per disegnare una immagine del mondo».[15]

Da qui in poi Braudel usa la parola geostoria con la stessa duplicità di accezioni della parola storia: da una parte la riferisce allo svolgimento dei fatti (res gestae) dall'altra all'attività di studio ("historia rerum gestarum") e passa dall'uno all'altro significato senza porsi il problema della differenza dei referenti dello stesso termine. Infatti subito dopo si impegna a supportare questa prima approssimazione al concetto di geostoria (res gestae) con l'esempio dei lavori di alcuni geografi francesi e tedeschi (historia rerum gestarum).

«Non crediate tuttavia che le ricerche in questo campo siano assolutamente nuove. Se nuova è la parola, non lo è la cosa. Basti pensare a un libro tanto bello quanto poco noto, *Les Céréales dans l'Antiquité grecque* di Auguste Jardé.[16] E chi non conosce le ricerche di Victor Bérard sui paesaggi *dell' Odissea*[17] e, nello stesso ordine di idee, i notevoli lavori di

---

[15] Ivi, pp. 57-58. Altra occorrenza di geostoria nel senso di fatti "reali" a proposito della preistoria a p. 95: «*Davvero straordinaria la geostoria di quei millenni, disseminata di grandi drammi: ghiacciai che avanzano, si ritirano, ritornano per poi allontanarsi di nuovo, mentre altrove assistiamo a un succedersi di vicende come quelle del Sahara: prima cosparso di laghi (i laghi Tchad, sostiene Theodore Monod) poi desertificato [...] Questi drammi geografici, prima di arrivare a compimento, hanno occupato archi di tempo di lunghezza inimmaginabile*».

[16] La prima edizione dell'opera di Jardé fu pubblicata nel 1925 ma fu ristampata ancora nel 1979.

[17] Archeologo e storico dell'antichità, è particolarmente noto per *La colonisation grecque de l'Italie méridionale et de la Sicile dans l'antiquité* (2a ed., 1957). http://www.treccani.it/enciclopedia/victor-berard/ (consultato il 29/01/2013). Ispirato dal successo eccezionale delle ricerche archeologiche di Heinrich Schliemann, Bérard si dedicò alla ricerca degli approdi del Mediterraneo frequentati da Ulisse, l'eroe di Omero, ricostruendo le rotte degli antichi navigatori. Utilizzò a tale scopo la sua barca, seguendo le indicazioni dell'Odissea. http://it.wikipedia.org/wiki/Victor_Bérard (consultato il 29/01/2013). Nel necrologio di Victor Bérard apparso in *Annales de Géographie*, 1932, t. 41, n°229. pp. 102-103, anche

25

Hennig.[18] Penso anche a studi come quelli di Hettner[19] o di Philippson,[20] entrambi geografi, o a certi articoli di *Kulturgeographie*...».[21]

Ma tali riferimenti non sono risolutivi come modelli di trattazione geostorica. Un riferimento più appropriato è all'opera del geografo Emil-Felix Gautier sul Magreb nel periodo medievale. L'analizzerò nel paragrafo sugli esempi.

Il termine "geostoria" (res gestae) torna ancora a proposito della classificazione dei fatti –di cui lo storico può occuparsi– e della differente velocità del loro fluire:

«Forse è nel distinguere due strati di storia profonda –da un lato la geostoria, la storia culturale, la storia etnica e la storia delle strutture sociali, dall'altro la storia economica e la storia politica (due strati che non hanno né gli stessi ritmi né le stesse lunghezze d'onda)– forse è proprio in questa distinzione che risiede una delle prospettive più interessanti della storia. [...] Ma stiamo attenti a non semplificare troppo. [...] Non dimentichiamo soprattutto che siamo noi storici a creare le suddivisioni; e con noi altri studiosi di discipline diverse. Infatti illuminiamo il sociale, il passato, la vita con proiettori di colori diversi: geostoria, storia della cultura ecc...».[22]

L. Gallois riconosceva che «*la puissance évocatrice des paysages et du monde grecs apparaissent presque à chaque page*».

[18] Hennig R. (1934), *Die Geographic des homerischen Epos*, Teubner, Lipsia e Berlino, pp. vi 102. (Neue Wege zur Antike I. 10).

[19] Alfred Hettner (1859-1941) ha influito molto sullo sviluppo della geografia tedesca con le sue teorie sugli scopi e il metodo degli studi geografici. Hettner A. (1968), *International Encyclopedia of the Social Sciences*, http://www.encyclopedia.com/topic/Alfred_Hettner.aspx (consultato il 29/01/2013).

[20] Alfred Philippson (1864-1953) fu un geografo ebreo tedesco e scrisse (1914), *Das Mittelmeergebiet, seine geographische und kulturelle Eigenart*, (*Il Bacino del Mediterraneo, la sua geografia e la sua peculiarità culturale*) B.G. Teubner, Leipzig. Il libro è disponibile in edizione anastatica del 2011 ma pure in edizione digitale in http://archive.org/details/dasmittelmeergeb00phil . Su A. Philippson http://de.wikipedia.org/wiki/Alfred_Philippson (consultati il 29/01/2013).

[21] Braudel F. (1998), op. cit., p. 58.

[22] Ivi, pp. 64-65.

La concettualizzazione di "geostoria": prima costruzione

Egli introduce il termine nuovo di "geostoria" perché non è soddisfatto di come la geografia veniva assunta e trattata nei libri che erano classificati come "geopolitici" e in quelli di geografia storica.[23] Gli sembra che gli oggetti delle loro trattazioni siano troppo riduttivi rispetto alla necessità di studiare la società nello spazio e per mezzo dello spazio e nei suoi rapporti con l'ambiente:

«Il difetto della geopolitica, secondo noi, è di studiare questa azione esterna unicamente sul piano delle realtà politiche e di assumere come oggetto lo Stato anziché la Società considerata nelle sue varie forme di attività. **Di qui l'utilità del termine più largamente comprensivo di geostoria.** Andrebbe bene anche geografia storica, se i manuali scolastici non avessero usato il termine in senso troppo riduttivo, limitandolo di fatto allo studio dei confini politici e delle ripartizioni amministrative.
In questo campo vedo una sola eccezione, il bel libro di Wilhelm Goetz, *Historische Geographie. Beispiele und Grundlinien*, uscito nel 1904, la cui novità e il cui valore non mi sembra siano stati sempre riconosciuti. L'eccezione conferma la regola».[24]

Il libro di Goetz, professore della Università tecnica di Monaco di Baviera, descriveva gli spazi mediterranei e dell'Europa settentrionale in rapporto con le società e con le civiltà, che vi si erano sviluppate, analizzandone le caratteristiche nella durata di lunghi

---

[23] Gemelli G. (1990), op. cit., p. 93 sostiene che Braudel impieghi quasi indifferentemente il termine di geopolitica e quello, da lui creato, di geostoria. Ma è Braudel stesso che oppone i due termini e lo fa sia nelle conferenze sia in modo molto netto nella prima edizione de *La Mediterranée*, «*parlando di geostoria, intendiamo designare tutt'altra cosa da ciò che implica la geopolitica*», p. 395 dell'edizione italiana, Einaudi, Torino, 1955. Ma la studiosa legge le conferenze con lo scopo primario di rintracciarvi la genesi del metodo che Braudel mette all'opera ne *La Mediterranée*, perciò non cita molto delle riflessioni che Braudel dedica alla geostoria che in pratica sono rimaste sconosciute fino al 1997, anno della prima pubblicazione.
[24] Braudel F. (1998), op. cit., p. 58.

periodi dall'antichità alla fine del XIX secolo.[25] Dunque, presentava ingredienti che sarebbero entrati anche nella ricetta storiografica di Braudel: spazi, ambienti, società, lunga durata, lungo periodo.

Braudel poi evoca a sostegno della sua idea di geostoria e della sua idea di durata proprio il principale teorico della geopolitica, Karl Haushofer:[26]

«Una eccellente definizione della "mia" geostoria l'ha data Karl Haushofer: *«Lo spazio è più importante del tempo»*. Si può dire meglio? Gli anni e i secoli passano –spiega Haushofer– ma la scena su cui si svolge l'interminabile e incessantemente ripetuta commedia dell'umanità resta sempre la stessa. Tutti riconoscono che la commedia della storia, su quella scena, non si svolge in piena libertà. La scena è costituita da possibilità, da costanti imperiose: clima, stagioni, rilievo, sono altrettanti fattori di storia. [...] Perciò la geostoria è ricca di invarianze, di immobilità, diciamo pure di ripetizioni: è una storia che sta ferma o che si muove ben poco. Gli storici attenti alle variazioni, intenti a seguire il film della vita degli uomini, in generale non ne coglieranno le manifestazioni».[27]

È evidente che qui il pensiero va alle esperienze vissute dalle società umane, non all'operazione storiografica.

---

[25] Il testo di Goetz presenta esempi e lineamenti di geografia storica. Disponibile in edizione digitale in http://archive.org/details/historischegeogr00gt (consultato il 29/01/2013).

[26] Karl Haushofer (Monaco, 27 agosto 1869-Berlino, 10 marzo 1946) fondò in 1924 la *Zeitschrift für Geopolitik* e scrisse varie opere sul Giappone, il Pacifico, i confini statali. Morì suicida per le accuse di filonazismo che gli furono mosse dopo il 1945 http://www.treccani.it/enciclopedia/karl-haushofer/ (consultato il 29/01/2013). Haushofer adottò il termine *Geopolitik* dallo svedese Rudolf Kjellén e quello di lebensraum da Friedrich Ratzel, costruendo la sua concezione geopolitica in modo eclettico. Egli vide nello spazio il fattore determinante dello sviluppo dello stato e diede alla sua geopolitica un orientamento darwinista-sociale. Una definizione che si trova in una delle sue opere è questa: «*La geopolitica è la scienza del condizionamento dei processi politici da parte della Terra, basata sulle vaste fondamenta della geografia specialmente della geografia politica, in quanto scienza degli organismi politico-spaziali e della loro struttura. L'essenza delle regioni, così come intese dal punto di vista geografico. fornisce la struttura geopolitica, entro cui il corso dei processi politici deve essere ricompreso. se si vuole che questi stessi processi abbiano successo nel lungo termine*», citato in O'Loughlin J. (a cura di) (2000), *Dizionario di geopolitica*, Asterios Editore, Trieste, alla voce Haushofer Karl.

[27] Braudel F. (1998), op. cit., p. 59.

Il termine si incontra più volte, dunque, nel secondo capitolo. Ma né i cenni né gli esempi bastano ad esaurire gli argomenti a sostegno dell'idea di geostoria come attività di studio. Perciò Braudel prende di petto la questione e la svolge sia proponendo definizioni sia evocando esempi di trattazione sia riflettendo sulla descrizione come forma discorsiva importante nel terzo capitolo *Geostoria: la società, lo spazio, il tempo*. Qui incontriamo le definizioni organiche e gli esempi di trattazione più utili.

Spazio+sociale+tempo=geostoria

Il sociale unito allo spazio e sommato al tempo costituisce la formula per definire la geostoria in modo succinto. Tale formula richiede la trasposizione del lavoro geografico dallo studio dello spazio attuale all'analisi degli spazi in relazione con le società agenti e agite nel passato.

«Il geografo lavora sull'attuale –e qui sta la sua debolezza e insieme la sua forza–, sul mondo come è; e se si richiama al passato, cosa che gli accade spesso, lo fa per spiegare il presente. Cercare di trasferire nel passato il lavoro che compiamo sull'attualità; chiedersi, per esempio, quale sia stata la geografia umana sociale della Francia ai tempi di Luigi XIII, oppure di una parte qualsiasi dell'America precolombiana, eccovi, in poche parole, il programma della geostoria».[28]

Qui l'indicazione di Braudel è per orientare gli studi storici, ma poco più avanti, per sostenere le ragioni della geostoria, ribadisce la sua visione della vita "reale":

«Ma cerchiamo di affrontare il problema anche da un diverso punto di vista: la vita di una società dipende da fattori fisici e biologici, coi quali essa è in contatto e in simbiosi; tali fattori infatti ne plasmano, favoriscono o intralciano la vita e perciò stesso la storia... Non tutta la storia, ma una parte; e proprio a questa parte proponiamo di dare il nome di geostoria».[29]

[28] Ivi, p. 85.
[29] Ibidem.

La ragione forte, dunque, è che solo l'approccio geostorico può analizzare e rendere conto dei fattori fisici e biologici che plasmano la vita sociale e permette di problematizzarla e di spiegarla.

«Introdurre nel problema geografico la coordinata del tempo significa considerare da storico la geografia umana, con la massa di problemi di vita, con i rapporti di causa e di effetto che essa implica».[30]

Ormai ci sono tutti gli elementi costitutivi da addensare in una definizione che implica i due sensi della parola:

«La geostoria è la **storia che l'ambiente impone** agli uomini condizionandoli con le sue costanti –ed è il caso più frequente– oppure con le sue leggere variazioni, se e quando arrivano ad esercitare una influenza sull'uomo; molte infatti non vengono neppure percepite e restano comunque irrilevanti rispetto alla misura umana così fragile e breve. Ma la geostoria è anche la storia dell'uomo alle prese col suo spazio, spazio contro il quale lotta per tutta una vita di fatiche e di sforzi e che riesce a vincere –o meglio, a sopportare– grazie ad un lavoro continuo e incessantemente ricominciato.

La geostoria è lo studio di una duplice relazione che va dalla natura all'uomo e dall'uomo alla natura, lo studio di un'azione e di una reazione mescolate, confuse, ripetute senza fine nella realtà di ogni giorno».[31]

Anche in questo passo riscontriamo l'oscillazione ripetuta tra res gestae e historia rerum gestarum. La definizione si può comprendere meglio se distinguiamo i due livelli nei quali il termine viene evocato. Nella prima e seconda frase si fa riferimento alla "storia fatta" (le res gestae contrapposte alla historia rerum gestarum): c'è l'idea che nella realtà ci sono fenomeni che si producono in conseguenza dei condizionamenti che l'ambiente impone alle società umane e altri fenomeni che si producono per gli effetti della produzione dello spazio da parte delle società umane.

Solo nella terza frase la geostoria diventa l'attività di studio (historia rerum gestarum) dei due tipi di fenomeni, che costruisce la

[30] Ivi, p. 86.
[31] Ivi, p. 100.

rappresentazione e l'interpretazione dei fatti generati dalle relazioni che si stabiliscono tra gli ambienti e le società umane.

La prima accezione è ribadita ancora più esplicitamente poche pagine dopo:

«Abbiamo detto di due geostorie: una degli uomini, l'altra della natura. In realtà, due correnti che scorrono a velocità diverse. Lato natura: l'influenza dell'ambiente è, grosso modo, immutabile. È una storia immobile o quasi immobile, ripetuta nelle stesse condizioni e negli stessi periodi di tempo: le greggi scendono verso la pianura d'inverno e risalgono verso gli alti pascoli d'estate; nell'emisfero Nord i raccolti e le vendemmie avvengono sempre negli stessi periodi dell'anno. [...] Ed ora la geostoria dalla parte degli uomini: l'azione che l'uomo esercita sulle cose varia con le epoche. Ma si esercita lentamente ...ci sono state rivoluzioni geografiche ... ma richiedono un tempo lunghissimo per compiersi».[32]

La geostoria praticata

Braudel non si limita a rivendicare, teorizzare, definire la geostoria: passa frequentemente dalle astrazioni alle esemplificazioni. In tutto il testo si incontrano rinvii a opere che egli considera esemplari. Ed esse rendono, da una parte, più comprensibili le astrazioni, dall'altra, più immaginabili le pratiche storiografiche e le applicazioni didattiche. Perciò conviene analizzarli nella prospettiva di un trasferimento nelle pratiche di insegnamento.

Fa il primo esempio calzante a proposito della tematizzazione dei fatti geografici.

«Nell'ambito di questa tendenza i libri più suggestivi restano le opere che Emile-Felix Gautier ha dedicato all'Islam e, segnatamente, ai *Siècles obscurs du Maghreb médiéval*. Sullo sfondo di quei secoli privi di una storia ben definita, nascosti al nostro sguardo dal filtro opaco delle cronache arabe, egli ha saputo evocare con maestria **gli ambienti naturali, gli opposti modi di vita dei nomadi e degli stanziali, i loro conflitti per difendere i pascoli o le città**. Gautier ha avuto il merito di riportare la

[32] Ivi, p. 106.

geografia al centro del dibattito. Geographia oculus historiae: così scriveva in uno dei suoi ultimi lavori. Con lui siamo lontanissimi dai cenni geografici relegati nell'introduzione dei libri di storia, come una porta che viene aperta e subito definitivamente richiusa. [...] E.-F. Gautier spiegava il Magreb del medioevo col conflitto incessantemente rinnovato fra nomadi e stanziali: **spiegazione geostorica**.[33]

Ci sono tre caratteristiche che fanno del libro di Gautier un esempio conveniente: 1.la descrizione degli ambienti naturali e la contestualizzazione dei modi di vita opposti degli allevatori nomadi e degli stanziali urbani; 2. il fatto che la descrizione geografica non è relegata a fare da scenario introduttivo ma è centrale e diffusa nell'analisi; 3. il fatto che i nessi tra società e ambienti sono i fattori esplicativi della conflittualità dei gruppi umani della regione: il che rende la spiegazione geostorica.

L'altro esempio è negativo: un articolo di Pierre Monbeig, *Colonisation, peuplement et plantation du cacao dans le Sud de Bahia*.[34] È la disattenzione verso le società dei pionieri che dal 1840 al 1890 colonizzarono il territorio che Braudel rimprovera al geografo e gli fa esclamare: «*I nostri geografi trascurano dunque troppo spesso, nei loro studi, la realtà sociale...*»[35]

Poi è lui stesso che mostra come l'analisi della distribuzione dei fatti storici nello spazio significhi capirli meglio. Lo fa, delineando le durate e le modificazioni del territorio della Lorena dal XIII secolo al 1793, in un abbozzo di grande lavoro storico. Egli inizia con il descrivere la situazione al 1766, momento di ricongiungimento alla Francia. Gli bastano poche pennellate:

[33] Gautier E. F. (1927), *Les siècles obscurs du Maghreb médiéval*, Payot, Paris, pp. 59-61. «*Emile-Felix Gautier, forse il più grande dei geografi e degli storici di lingua francese del periodo antecedente alla seconda guerra mondiale*», Braudel F. (1998), op. cit., p. 71.

[34] Monbeig P. (1937), "Colonisation, peuplement et plantation du cacao dans le Sud de Bahia", *Annales de geographie*, Paris, t. 46, n. 261, pp. 278-299.

[35] Braudel F. (1998), op. cit., pp. 77-78.

«Ma com'era allora la Lorena di allora? Un povero paese arido, coperto di boschi, di paludi, di sassaie e, nelle zone più favorite, caratterizzato da vendemmie sempre minacciate, da agricoltori spesso miserabili. Altrove solo di braccianti privi di ogni risorsa e di vendemmiatori di uva acerba [...]».[36]

che verranno completate più avanti con descrizioni meticolose della struttura spaziale dei "tipici villaggi" e delle tre zone "abitato, campi, boschi" e dei "tre tipi di vita".

Poi, fa entrare in scena il cambiamento:

«Nel XVIII secolo, in Lorena, avverranno numerosi cambiamenti, il paese sembrerà risvegliarsi, se si osservano con attenzione i suoi centri agricoli, ci si accorge che tutti o quasi hanno esteso la superficie delle loro terre coltivabili, allargato il confine del loro circondario».[37]

E lo esalta mediante un paragone tra l'assetto territoriale del XIII secolo e quello che si produrrà cinque secoli dopo:

«Nel XVIII secolo, il fronte dei boschi, immutato fin dal XIII secolo, viene attaccato e intaccato in numerosi punti e in questa circostanza sorgono grandi fattorie isolate, sui terreni per lo più scarsamente fertili delle aree disboscate. Nel XIII secolo, i terreni conquistati erano stati occupati da paesi nuovi, Laneville o Neufville o Neuveville, centri che ancora oggi si ergono a guardia dei loro boschi, spesso siti in cupi valloni coperti di vegetazione o al confine fra la foresta e la valle. Le fattorie del XVIII secolo furono costruite, ad opera di grandi proprietari terrieri borghesi o nobili, molto lontano dagli agglomerati, in località isolate, all'interno di foreste ostili, su terreni spesso coperti di brughiere o di felceti. Questi insediamenti hanno vissuto o vivacchiato fino ai nostri giorni. [...] »[38]

Seguita con la indicazione dei fattori esplicativi:

«L'ampliamento dei terreni coltivabili di cui stiamo parlando è legato ad un aumento della popolazione lorenese e all'impiego di nuovi metodi resisi necessari in agricoltura. La Lorena trabocca letteralmente di conta-

[36] Ivi, p. 79.
[37] Ivi, p. 80.
[38] Ibidem.

dini. Numerosissimi sono i poveri e gli itineranti, fra questi ultimi figurano operai in cerca di lavoro, stagnini, calderai, cestai, ciabattini (ancor oggi noti quelli di Condé-en-Barrois), carrettieri (famosi fin dal XVI secolo quelli di Rembercourt-aux-Pots). Una catena ininterrotta porta i tronchi d'albero dai Vosgi a Bar-le-Duc, a quei tempi porto del legname, dove le querce e gli abeti dei monti sono scaricati nell'Ornain e di là avviati – via acqua– fino alla Senna. Un forte incremento demografico ha portato all'aumento dei terreni coltivabili per poter nutrire la popolazione, così come, per darle la possibilità di sopravvivere, ha dovuto svilupparsi l'industria: tessiture nei Vosgi; fonderie e ferriere nelle valli della Meuse, dell'Ornain; produzione della birra nei futuri dipartimenti della Meuse e della Meurthe».[39]

Infine, mette in relazione i mutamenti territoriali con le scelte della società lorenese di fronte alle alternative che poneva la Rivoluzione francese:

«Tutto questo ci aiuta a capire, a grandi linee, come e perché la Rivoluzione costituirà un dramma per la Lorena. Eccone la ragione principale: il suo proletariato agrario troverà uno sbocco negli eserciti della Repubblica e dell'Impero. Per i contadini della Francia orientale sarà la grande avventura. Riflettiamo un momento su questo problema: nel 1793, nel momento della folle insurrezione girondina, se la Lorena, territorio sul quale si estendeva la linea di retroguardia dell'esercito combattente, avesse seguito i "federalisti", sarebbe stata la fine sicura per la difesa nazionale e quindi per la Rivoluzione stessa. Ma la Lorena non si è mossa. Certo, in quella circostanza, non è stata la sola regione di Francia a salvare il paese e la Repubblica, ma il suo contributo è stato importante e la sua partecipazione all'impresa militare l'ha veramente saldata alla nuova patria, la Francia […]»[40]

E la conclusione contiene il significato della piccola operazione storiografica con la rivendicazione del potere illuminante della geografia quando gli storici ne tengono conto per chiarire e spiegare i processi storici.

«Non dico che questo lungo periodo di storia delle nostre regioni orientali debba essere interpretato soltanto in base all'espansione delle

[39] Ivi, p. 81.
[40] Ibidem.

terre coltivate: si tratta di un piccolo segno geografico, niente di più. Ma è un esempio, scelto di proposito, che ci mostra efficacemente un aspetto geografico di un vasto movimento storico; in questo caso il fatto geografico è soltanto un anello della catena, ma non per questo meno importante, perché, **nella catena dei fatti sociali, c'è sempre un anello geografico e a volte più di uno.** Gli storici e gli altri studiosi di cui si parlava dovrebbero ricordarsene. **Anche in questo caso, come in altri, la geografia non ci aiuta a vedere tutto, ma ci aiuta a vedere meglio».**[41]

Si può notare che nel caso della Lorena l'anello geografico compone una catena che si svolge nel tempo di pochi decenni, cioè un periodo di non lunga durata.

Ma l'ultimo esempio riguarda proprio l'opera prima di Braudel, dove sono la lunga durata e la permanenza dei condizionamenti geografici ad essere messe in primo piano:

«In un libro recente mi sono occupato della storia del Mediterraneo nel XVI secolo. Sotto questo titolo non ho inteso comprendere soltanto la storia dei governi e delle flotte da guerra, delle economie, delle società e delle singole civiltà, tutto un passato denso di grandi eventi; ma anche la storia monotona, benché ricca e determinante, di quei fattori **condizionanti e permanenti che sono i suoli, i climi e gli ambienti, in cui si svolge la vita.** Ho tentato di rivalutare il ruolo costante, organico della ripartizione delle terre e dei mari, la funzione storica della regolarità stagionale. (...)».[42]

La conclusione sintetizza nel minor numero di parole possibile il compito della geostoria:

«Introdurre nel problema geografico la coordinata del tempo significa considerare da storico la geografia umana con la massa di problemi di vita, con i rapporti di causa effetto che essa implica».[43]

[41] Ivi, p. 82.
[42] Ibidem.
[43] Ivi, p. 106.

La descrizione come forma discorsiva imprescindibile

A proposito della Lorena nel XVIII secolo, Braudel riesce, con un breve testo, a farci immaginare –quasi vedere– il mondo rurale con la struttura spaziale dei villaggi e la zonizzazione delle aree coltivate e boschive. Dà prova del potere della descrizione. E alla forma descrittiva principe nella comunicazione delle conoscenze geografiche e, di conseguenza, geostoriche egli dedica molta attenzione.

«D'altra parte descrivere è un mezzo per conoscere: vedere e vedere bene è il primo compito del geografo. Inoltre, la sua materia è inesauribile. Per non parlare di un lavoro che, anche quando sembra finito, prima o poi è quasi sempre da ricominciare, perché le parole che usiamo per descrivere invecchiano rapidamente. Bisogna cambiarle, rimetterle a nuovo a scadenze ravvicinate, tanto più che anche la terra si trasforma, i popoli si evolvono e perciò richiedono, da parte nostra, visite sempre più frequenti».[44]

Indica modelli di descrizione efficace ed evocativa:

«A dare l'esempio, anche se non il primo in assoluto, è stato Vidal del la Blache nel suo bellissimo *Tableau de la géographie de la France*. Il suolo, il rilievo, gli specchi d'acqua, il cielo, la vegetazione (sia nelle linee sia nelle masse), il toccante aspetto umano della Francia, tutto è stato colto e reso da Vidal de la Blache con straordinaria intelligenza, con una tenerezza assai vicina, anche se meno romantica, a quella di Michelet, in una descrizione intensa, nervosa, fatta di notazioni brevi, con un segno netto, incisivo, con colori schietti, con un acuto senso dell'armonia dei piani. E con la sobrietà di un classico: nessun abbellimento nella scrittura compatta, sin troppo serrata, di questo maestro».[45]

Accenna a procedimenti di scomposizione dello spazio di un territorio regionale:

---

[44] Ivi, p. 69.
[45] Ivi, p. 71.

«Un altro modo di descrivere e di descrivere meglio consiste nell'affrontare i problemi nel quadro della regione naturale. Ciò significa scomporre uno spazio, variegato nel suo insieme, in piccoli spazi che, invece, presentano colorazioni quasi identiche e caratteri geografici molto simili».[46]

Finalmente assegna alla descrizione la possibilità di far risaltare elementi esplicativi:

«Descrivere, dunque. Ma non basta, bisogna anche spiegare. La geografia è una "descrizione razionale" che si è affermata nel corso degli ultimi cinquant'anni –e forse anche prima– come scienza del paesaggio o, per dir meglio, come studio scientifico dell'ambiente naturale o geografico o, ancora più esattamente, dell'ambiente fisico e biologico».[47]

E mostra l'esempio di nessi esplicativi "regolari":

«Se il numero dei membri di una società aumenta, l'economia si modifica di conseguenza e con essa lo spazio, almeno per la parte occupata e lavorata dall'uomo; lo dicevamo a proposito della Lorena nel 1789 e, citando un esempio ancora più convincente, lo si potrebbe affermare a fortiori per l'Europa dei secoli XII e XIII, sovrappopolata, tesa ad una febbrile ricerca di terre nuove da contendere alle foreste, alle paludi o al mare».[48]

Si noti che sono evocati mutamenti che avvennero in periodi di non lunga durata.

La paura della geostoria

Braudel. ha qualificato come brutta la parola, ma, in effetti, "geostoria" è molto efficace e, perché no, molto ben trovata, se si vuole evocare l'intesa o la convergenza dei due pensieri e sguardi,

---

[46] Ibidem.
[47] Ivi, p. 72.
[48] Ivi, p. 88.

geografico e storico, nell'operazione di ricostruzione e interpretazione di fatti sociali storici contestualizzati in un ambiente, in un territorio, grazie ad una intensiva applicazione di operazioni cognitive spaziali.

La geografia tremebonda

La proposta di Braudel dovrebbe rendere orgogliosi i geografi poiché rivendica alla geografia un ruolo decisivo nella comprensione dei fatti sociali del passato. E il concetto dovrebbe essere assunto costruttivamente nell'elaborazione delle teorie geografiche. Ma la reazione è tutt'altro che orgogliosa e ambiziosa. La geografia è dichiarata tremebonda davanti alla prospettiva di essere messa in relazione con la storia, come con le altre discipline, del resto. Si veda come presenta questa prospettiva Armand Frémont in un libro destinato a valorizzare la geografia. Nel capitolo intitolato *La geografia incerta*, Frémont valuta la geografia nella collocazione all'interno del mondo accademico e in rapporto alle altre discipline:

«Ma il suo valore non è maggiore nel concerto delle lettere, senza il pennacchio dei letterati "puri", il prestigio dei filosofi o **il fascino antico della storia, rispetto alla quale essa appare spesso come un elemento estraneo, una disciplina ausiliaria.** In Europa e nell'America del Nord i geografi lavorano nel seno di piccole comunità scientifiche, socialmente molto meno riconosciute rispetto alle "grandi" discipline, quelle dei premi Nobel o delle grandi tirature in libreria.La confusione non si ferma al settore dell'istituzione universitaria. Essa dipende in primo luogo dagli antichi contatti con altre scienze, molto diverse, come si è già visto: la cosmografia, la matematica, la cartografia, le scienze dell'ingegneria, quelle della navigazione e della natura, l'etnologia e l'antropologia, la storia ecc. Certo, ogni scienza è vicina alle altre e da queste influenzata, ma senza alcun dubbio la geografia presenta un'estrema eterogeneità nelle sue relazioni con le altre discipline. Anche il paradigma geografico è stato progressivamente più difficile da definire, ma si inserisce nel fiorire delle scienze sociali, evento capitale dell'ultimo cinquantennio. Quasi tutti scoprono che c'è sempre un po' di "spazio" da introdurre quando si parla degli uomini... Ecco dunque storici, antropologi e naturalisti che "fanno" geografia, ma anche economisti (la scienza regionale), giuristi (il diritto della gestione territoriale, delle comunità locali, il diritto fondiario ecc), sociologi (lo spazio nei rapporti sociali ecc), letterati (lo spazio di un'opera, il territorio di un autore, di un eroe ecc), psicologi (la psicologia dello spazio ecc), filosofi della scienza e del comportamento ecc. L'elenco è assai incompleto, e deve necessariamente limitarsi a qualche esempio. La geografia e i geografi corrono il rischio di perdere la propria anima, cioè il cuore del proprio mestiere, nel momento in cui molte altre discipline la scoprono. Incerta, la geografia trema».[49]

E perché mai la geografia e i geografi rischiano di perdere la propria anima, cioè il cuore del proprio mestiere, nel momento in cui gli storici ne assumono i paradigmi, i metodi, le analisi per rendere le conoscenze storiche più profonde o se i geografi riescono a impiegare il metodo storico per ricostruire i processi di trasformazione o le persistenze dei paesaggi, degli ambienti, dei territori? Oppure se i geografi stessi traspongono i loro metodi per costruire conoscenze degli ambienti, dei territori, degli spazi del passato?

Braudel non si è mai sognato di far sparire la identità della geografia affogandola nella immersione della storia. Lo ha esplicitato ancora nel 1951: «*Che essa cerchi in se stessa i propri metodi ed i propri compiti, che essa li precisi, che li estenda, nulla di meglio, perfettamente d'accordo*».[50] Ha sostenuto che gli incroci disciplinari fanno bene alla ricerca e alla formazione disciplinare.

«Ma non può essere in nome dei suoi obiettivi che la geografia può giustificarsi ed espandersi, ciò può avvenire solo lavorando attivamente in tutti i cantieri della ricerca sociale. Essa deve costruire ed articolare il suo insegnamento e la sua ricerca in rapporto all'unità di questa ricerca superiore».[51]

[49] Frémont A. (2008), *Vi piace la geografia?*, edizione italiana a cura di D. Gavinelli, Carocci, Roma, p. 76-77.
[50] Braudel F. (1951), "La geografia di fronte alle altre scienze umane", *Annales E.S.C.*, n. 4, nella traduzione italiana di Gemelli G. (1986), *F. Braudel, I tempi della storia*, Dedalo, Bari, p. 291.
[51] Ibidem.

Ha invitato gli storici a mettersi alla scuola dei geografi e a trasporre oggetti e metodi geografici nella costruzione delle conoscenze del passato. Dunque, la geografia deve continuare ad avere la sua identità e specificità disciplinare in campo accademico e nei piani di studio scolastici. E deve continuare a produrre i propri paradigmi, le proprie conoscenze, con i propri metodi. La geostoria non è una minaccia o un attentato per la sua sopravvivenza.

Del resto si usano i termini "geopolitica" e "geofilosofia", senza che ci sia la paura di annegare la geografia nella politica o nella filosofia, o per altri incroci disciplinari i settori di ricerca designati come "biochimica" e "astrofisica" non hanno fatto sparire le discipline che le costituiscono. Come potrebbe essere possibile diventare competenti nell'applicazione di metodi geografici nello studio del passato senza averli appresi prima frequentando il campo specifico della geografia?

Gli storici: la preferenza per l'espressione "geografia storica" e la confusione concettuale

In glossari di metodologia storica si trovano più facilmente le voci "geografia storica" "geografia e storia" piuttosto che la più esplicita e diretta "geostoria". Succede in tre opere francesi.

Ritroviamo geostoria come titolo del contributo di Charles Higounet nell'opera collettiva *L'histoire et ses methodes*, pubblicata nel 1961 a cura di Charles Samaran.[52]

Ma dopo un omaggio al capolavoro di Braudel, *La Méditerranée...* e dopo aver giustamente indicato il programma della geostoria come ricerca del ruolo dell'ambiente come fattore di spiegazione storica e conoscenza della misura delle influenze geografiche e delle reazioni umane sullo svolgimento dei fenomeni storici,

---

[52] Higounet Ch., "La géohistoire", *L'histoire et ses methodes*, vol. 11, *Encyclopédie de la Pléiade*, diretta da Raymond Queneau ed edita da Gallimard a Parigi, pp. 68-91.

Higounet preferisce il nome di "méthode cartographique" e fa sparire il concetto di geostoria. Addirittura nel paragrafo *Géohistoire et géographie historique* non fa altro che delineare una storia della geografia storica per arrivare a definirla, opportunamente e distintamente, come la ricostruzione del passato geografico, la restituzione di uno stato geografico in un periodo trascorso, che ha potuto sfuggire alla consapevolezza delle società di quell'epoca. E la geostoria di Braudel? Secondo Higounet, essa non fa altro che attraversare i quadri geografici retrospettivi con gli eventi della storia politica. «*Così accanto alla geostoria che è, in definitiva, la vera storia totale, conviene conservare il nome tradizionale di geografia storica, ma insufflando in essa il nuovo contenuto*».[53] Segue perciò un paragrafo che espone il programma della geografia storica e il catalogo lungo dei suoi temi: le tappe del popolamento, gli insediamenti e le forme dell'habitat e dei campi, l'evoluzione delle tecniche di lavorazione del suolo, gli spazi urbani il cui studio dà luogo ad una successione di geografie, le vie e i mezzi di comunicazione sono anch'essi un bel tema di geografia retrospettiva, ecc. ecc.

Diciassette anni dopo, nell'opera diretta da Jacques Le Goff, *La nouvelle histoire*, troviamo un articolo di J.P. Raison intitolato "Géographie historique".[54] Giustamente egli rivendica alle grandi tesi di geografia regionale dei primi decenni del '900 il merito di essersi occupate della storia delle masse laboriose mentre gli storici seguitavano a dedicare la loro attenzione solo ai grandi personaggi. E non considera come imperialistico l'appello degli storici delle "Annales" alla geografia. Il dialogo tra le due discipline può trovare il suo posto nella visione totale dell'evoluzione dell'umanità. Raison passa in rassegna critica le opere dei geografi che hanno fatto ricorso alla storia, innanzitutto, poiché «*la geografia storica è, per i suoi metodi di ragionamento, una geografia*». In secondo

[53] Ivi, pp. 73-75.
[54] Raison J. P. (1978), "Géographie historique", J. Le Goff (a cura di) (1978), *La nouvelle histoire*, CEPL, Paris, pp. 183-194.

luogo, prende in esame le opere degli storici che hanno accolto le suggestioni della geografia e sono passati a una elaborazione più integrata nella quale l'utilizzazione e l'organizzazione dello spazio penetrano nella trama del tempo. E si chiede a loro proposito «*vediamo nascere qui una geo-storia* [sic, col trattino] *oppure una geografia storica?*» e risponde che sono rari gli studiosi che si riferiscono a tali termini. Ma nell'articolo geo-storia ricorre più volte. Nella prima per ricordare che Braudel formulava un programma per una geo-storia nel suo capolavoro e da esso Raison citava un passo estratto dalla conclusione della parte prima, *L'ambiente*, della seconda edizione francese. Io seguo la traduzione italiana della edizione pubblicata nel 1953 con qualche differenza e omissione:

«Porre i problemi umani quali li vede distribuiti nello spazio e se possibile cartografati una geografia umana intelligente, sì certo; ma porli non soltanto per il presente e nel presente, porli nel passato, tenendo conto del tempo; distaccare la geografia dalle indagini delle realtà presenti [...] costringerla a ripensare con i suoi metodi e il suo spirito, le realtà passate e, perciò stesso, quel che si potrebbe definire il "divenire della storia". [...] fare di essa una vera geografia umana retrospettiva, obbligare così i geografi (e sarebbe relativamente facile) a prestare maggiore attenzione al tempo e gli storici (e sarebbe più difficile) a preoccuparsi maggiormente dello spazio e di ciò; che esso sostiene, produce, facilita e avversa; indurli insomma a tenere adeguato conto della sua formidabile permanenza».[55]

Nelle altre, ci sono delle prese di distanza da Braudel. Raison gli rimprovera di non sfuggire del tutto, in una disciplina che non è la sua, a qualche slittamento pericoloso (…): il «*tempo lungo*» non è l'eternità (…) Situata nel tempo, la geografia (cioè l'ambiente geografico) ha essa pure le sue evoluzioni e i suoi cambiamenti di ritmo. «*Senza formularla in modo esplicito e certo senza volerlo, F. Braudel poteva apparire riservata alla geo-storia la*

[55] Raison J. P. (1978), cita da Braudel F. (1966), *La Méditerranée et le Monde méditerranéen à l'époque de Philippe II*, A. Colin, Paris, t. II, p. 295. La traduzione italiana (1953 ristampa 1965), *Civiltà e imperi del Mediterraneo nell'età di Filippo II*, Einaudi, Torino, pp. 395-397.

cura di delineare vasti quadri in un'epoca determinata, di riempire con delle informazioni armoniose il ruolo di P. Vidal de La Blache nell'introduzione de l'"Histoire de France" di Lavisse».[56] E rincara la dose più avanti: «*Lo studio dell'evoluzione dei sistemi spaziali nel tempo, meno chiaramente messo in valore da F. Braudel, ma elemento incontestabile della geografia storica, è pienamente geografico, che approdi o non al tempo presente, che cerchi o non, di maniera esplicita, di comprenderlo».*[57] Invece Raison considera un buon elemento della geo-storia la conoscenza delle fluttuazioni storiche della demografia, che fanno apparire fasi di conquista e di messa in valore dello spazio e fasi di abbandono.

Ci sono alcune cose da notare:

1. Braudel aveva preso di petto la questione intitolando la conclusione *Geostoria e determinismo*.

2. Aveva iniziato con una domanda: «*Sono riuscite le pagine precedenti a far luce, intera luce, sui complessi problemi della storia dello spazio mediterraneo nei suoi rapporti con la storia generale?*»[58] a cui rispondeva «*No, evidentemente. Occorrerebbero complementi, giustificazioni. I complementi potrebbero riguardare soltanto il fattore umano (il resto del libro vi si dedicherà il meglio possibile); le giustificazioni potrebbero essere soltanto di metodo*».[59]

3. Procedeva, dunque, con la precisazione metodologica iniziando a proporre la parola di «*geostoria: meriterebbe il nostro saggio di portare questo nome se riuscissimo ad acclimatare in francese tale vocabolo dalle consonanti barbare? Esso richiama quello di geopolitica, del resto molto più accettabile per le nostre orecchie. Ma sentiamo il bisogno di foggiare un vocabolo differente dalla parola tedesca usata da qualche scrittore francese, perché, parlando di geostoria, intendiamo designare*

[56] Raison J. P. (1978), op.cit., pp. 185-186.
[57] Ibidem
[58] Braudel F. (1966), op.cit., p. 395.
[59] Ibidem.

tutt'altra cosa da ciò che implica la geopolitica; alcunché di più storico e di più largo della semplice applicazione alla situazione presente e futura degli stati d'una storia spaziale schematizzata e, il più delle volte, orientata a priori in un certo senso. Di fatto un duplice modo di procedere».[60] E lo spiegava con una contrapposizione limpida: *«Porre i problemi umani quali li vede, distribuiti nello spazio e se possibile cartografati, una geografia umana intelligente, sì certo; ma porli non soltanto per il presente e nel presente, porli nel passato, tendendo conto del tempo; distaccare la geografia dall'indagine delle realtà presenti alle quali unicamente o quasi si dedica, costringerla a ripensare con i suoi metodi e il suo spirito, le realtà passate e, perciò stesso, quel che si potrebbe definire "il divenire della storia"».*[61]

4. Concludeva con la esplicita dichiarazione di voler favorire la intesa tra storia e geografia: *«tale l'ambizione di quella geostoria di cui osiamo appena pronunciare il nome; tale l'ambizione certa di questo libro e, secondo noi, la vera sua ragione d'essere, la giustificazione della sua azione in favore di una convergenza delle due scienze sociali, la storia e la geografia, la cui separazione non è di alcun vantaggio».*[62]

Si sente la risonanza della conferenza fatta in prigione, ma a differenza delle molteplici e complementari esemplificazioni presenti nel quaderno, qui geostoria è applicata solo alla lunga durata delle strutture spaziali del Mediterraneo descritte nella prima parte del libro. Perciò la parola è entrata nel circolo accademico con una concettualizzazione monocorde. Inoltre Braudel espunse quelle giustificazioni nella successiva edizione dell'opera e *Histoire, mesure du monde* uscì nel 1997. Dunque, gli si è appiccicata addosso la concettualizzazione messa in calce alla prima parte dell'opera

---

[60] Ivi, pp. 395-396.
[61] Ibidem.
[62] Ivi, p. 396.

edita nel 1949. Ma la concettualizzazione del quaderno di prigionia è molto più articolata e più aperta. Ed essa trova conferma anche nella recensione che Braudel dedicò nel 1951 al libro del geografo Le Lannou M. (1949), *La gèographie humaine*, Flammarion, Paris, dove troviamo ancora la parola con un supplemento di significato: «*Provate a pensare alla storia geografica che ho cercato di sviluppare e fare avanzare battezzandola geostoria*».[63] E vi troviamo ancora una concettualizzazione che affranca dalla unica dimensione della lunga durata degli ambienti immutabili:

«Noi ci compiaciamo dunque nel vedere la geografia all'opera, là dove i più imperialisti tra i nostri colleghi non sono sempre in grado di vedervela –cioè nel cuore di tutte le ricerche sulla vita degli uomini del passato, del presente e del futuro. Se tento, seguendo le piste di autori forse mal informati, di stabilire una correlazione tra gli insediamenti okoumis nell'Africa atlantica ed i vecchi percorsi della tratta dei negri, devo fare, in quanto storico, una inchiesta geografica. Ugualmente, l'approccio geografico si impone a tutti i percorsi di ricerca sociale o, quantomeno, dovrebbe imporsi. Direi volentieri che gli etnologi, gli antropologi culturali, gli eruditi appassionati di storia delle civiltà, che approdando ad un'area culturale non la considerano come uno spazio da analizzare ad ogni costo ed in ogni suo aspetto, commettono un peccato contro lo spirito. [...] H. Pirenne, se vogliamo prendere il suo caso, approdando nel Mediterraneo e vedendolo aprirsi e chiudersi alla circolazione delle navi, senza tuttavia studiarlo nella sua realtà, nella sua fisiologia, se mi è concessa l'espressione, commetteva anch'egli un peccato capitale. [...]»[64]

Nei due esempi Braudel immagina l'analisi geografica operosa nella ricostruzione di fenomeni di medio periodo e di cambiamenti.

Tuttavia questo modo di concepire la geostoria non è tenuta in conto neppure in altri dizionari usciti dopo il 1951 e il 1997.

Nel *Dizionario di storiografia*[65] troviamo la parola tra parentesi alla voce *geografia storica* (o *geostoria*) dunque, come sinonimo. Ma essa la qualifica come filone della **ricerca geografica** che studia il territorio come formazione storica e utilizza la spiegazione

---

[63] Braudel F. (1951), op. cit., p. 280.
[64] Ivi, p. 290.
[65] (1996), Bruno Mondadori, Milano.

storica per comprendere le caratteristiche geografiche dei luoghi. Una branca recente della geografia, anche se la cronologia e le caratteristiche del suo sviluppo variano da paese a paese. E si presentano i casi inglese e francese. L'Inghilterra e la Francia sono i paradigmi di due diversi e fondamentali percorsi della disciplina. In Inghilterra, e in parte anche in Polonia, Scandinavia e Germania, la sperimentazione delle metodologie e della ricerca **geostorica** si attuò prima che in altri paesi e un certo tipo di riflessione, che altrove (per esempio in Italia) è ancora in atto, presso gli studiosi anglosassoni ha già fatto il suo corso. In una fase iniziale dell'evoluzione della disciplina, che, con riferimento all'Inghilterra, si può definire *geografia storica tradizionale*, si ebbero studi rivolti a ricostruire situazioni territoriali del passato (*geografia del passato*). L'autore della voce, M. P. Balbi, è debitore di un libro scritto da un geografo.[66]

Infine, in un'opera recentissima la parola è usata en passant a proposito di Braudel da Patrick Garcia che ripercorre rapidamente la dinamica dei rapporti tra le due discipline in ambito scolastico e accademico dall'inizio del XIX secolo.[67] Irrigidisce la concezione di Braudel nella posizione del libro edito nel 1949 (ampiezza spaziale, lunga permanenza, propensione al determinismo) e afferma che essa non ha fatto scuola, poiché solo Chaunu ha osato osservare il vasto spazio dell'Atlantico, mentre le migliori prove della alleanza tra geografia e storia le hanno dato gli autori delle grandi monografie regionali uscite negli anni 1960/1970. Garcia non fa nessun cenno alle idee esposte da Braudel nell'opera metodologica scritta in prigionia e non la cita. E non si trovano riferimenti ad essa neppure nell'articolo che il geografo Christian Grataloup ha dedicato a Fernand Braudel nel *Dictionnaire de la géographie et de*

---

[66] Baker A. R. H. (a cura di) (1981), *Geografia storica: tendenze e prospettive*, FrancoAngeli, Milano.
[67] Garcia P. (2010), "Géographie et histoire", Aa.Vv. (2010), *Historiographies, Concepts et débats*, vol. I, Foliohistoire, Paris, pp. 153-161.

l'espace des sociétés, edito sotto la direzione di Jacques Lévy et Michel Lussault nel 2003.[68] Egli vi sostiene che geografia che conosce e utilizza Braudel è principalmente lo studio dell'ambiente naturale e dei ritmi sociali ed economici che ne dipendono strettamente. Se Braudel è grande come geografo quanto lo è come storico non è soltanto perché ha appreso a localizzare sempre l'evento in rapporto all'ambiente, ma pure perché ha sempre riflettuto sulla posizione relativa dei fenomeni storici gli uni in relazione con gli altri. Questa geografia storica, di cui la nozione di economia-mondo non è che l'aspetto più formalizzato, ha contribuito molto a farla finita con la storia spiegata con la localizzazione, anche quando il luogo poteva essere vasto. Per Braudel, al contrario, non c'è evento che non sia situato nel gioco delle relazioni dei livelli incastrati fino alla scala mondiale. La geografia di Braudel può presentare delle durate anche molto lunghe ma è sempre in movimento. Niente vi è acquisito una volta per tutto, ma niente vi si produce per caso. La coppia di concetti di economia-mondo (lo spazio d'una civiltà geograficamente policentrica) e di impero-mondo (lo spazio di civiltà più unificato dall'alto) si rivela d'una estrema fecondità, specie, per pensare temporalmente la scala geografica. Braudel invita così, col suo esempio, a costruire una geografia della storia. Come si intende, l'adesione del geografo va alla geostoria praticata da Braudel nelle sue opere maggiori.[69]

[68] Berlin. Christian Grataloup è professore di geografia nell'Università Paris 7-Denis-Diderot, specialista di geostoria, di modellizzazione grafica, di didattica. Ha pubblicato Grataloup C. (1996), *Lieux d'histoire. Essai de géohistoire systématique*, Gip Reclus, Paris/Montpellier; Grataloup C. (2007) *Une géohistoire de la mondialisation, Le temps long du monde*, Armand Colin, Paris; Grataloup C. (2011) *Faut-il penser autrement l'histoire du monde?*, Armand Colin, Paris. La voce da lui dedicata a F. Braudel è leggibile in "Dictionnaire de la géographie et de l'espace des sociétés", *EspacesTemps.net*, 25.09.2003 http://espaces-temps.net/document436.html (consultato il 29/01/2013).
[69] Nel libro curato da Jean-Claude Waquet, Odile Georg et Rebecca Rogers (2000), *Les espaces de l'historien*, Presses universitaires de Strasbourg, Strasbourg, si pone la questione se esiste una maniera propria degli storici di concepire, trattare e scrivere lo spazio e dodici contributi intendono rispondere mettendo a fuoco tre temi: 1. Il modo in cui gli storici descrivono ed eventualmente pensano

Gli insegnanti di storia e di geografia

Nella maggioranza, hanno paura della geostoria perché non sanno come gestirla. Hanno avuto una formazione iniziale che li ha abituati a pensare che l'impianto manualistico (cronologico-lineare e centrato su temi standardizzati) della storia generale sia "naturale" e inevitabile. La formazione ricevuta inibisce la possibilità di pensare geostoricamente. Né direttori e redattori di case editrici scolastiche né gli autori di manuali riescono a produrre conoscenze geostoriche e la sola cosa che riescono a pensare per rispondere allo stimolo dei testi ministeriali è quella di assemblare in un unico volume il manuale di storia e quello di geografia. Danno così una infelice e scoraggiante visione della prospettiva geostorica. Ha ragione Brusa nel denunciare che «*Il rischio, infatti, di questa sbandata collettiva per la "geostoria" è quello che il suo fallimento prevedibile porti all'abbandono definitivo di un serio ideale di didattica integrata delle due discipline*».[70] Ma non c'è una infatuazione, bensì solo una reazione confusa e preoccupata rispetto alla novità delle indicazioni ministeriali che invitano a produrre conoscenze geostoriche. È paradossale questa contraddizione: il testo ministeriale non istituisce la disciplina Geostoria, ma se si digita il termine il web squaderna una serie di siti di istituti secondari che promettono programmazioni di GeoStoria (con le due iniziali che dovrebbero segnalare la fusione delle due discipline). Tutti i siti degli editori scolastici promettono soluzioni. Ma la confusione e il timore possono generare il medesimo effetto della sbandata: l'irrilevanza della proposta ministeriale di mettere in relazione le due discipline. Essa resta, ma editori e insegnanti la interpretano in modo da neutralizzarla.

---

lo spazio; 2. Lo statuto che gli attribuiscono nella problematizzazione e argomentazione; 3. Il modo secondo il quale articolano lo spazio col tempo.

[70] Brusa A. (Inedito), op. cit.

Una questione di trasposizione didattica

C'è da perdere la testa a schedare e commentare i tanti libri e articoli nei quali il problema della intersezione tra le due discipline è stato dibattuto sul piano metodologico, sia in Francia sia nel mondo anglosassone. La disparità di vedute, la molteplicità degli approcci e delle soluzioni proposti in campo accademico potrebbero essere paralizzanti. Ma nell'insegnamento dobbiamo prendere della produzione scientifica quel che è utile alla formazione di abilità e di conoscenze degli allievi e trasferirlo nell'insegnamento facendo esercizi di trasposizione didattica dei metodi praticabili e dei modelli di costruzione delle conoscenze più adeguati. Dobbiamo pensare in termini di geografia applicata alla storia e di storia applicata alla geografia.[71] Cerchiamo di districare innanzitutto il groviglio di concettualizzazioni a vantaggio delle pratiche didattiche.

Abbiamo visto che nelle rassegne metodologiche accademiche prevale la preferenza per "geografia storica" e spesso "geostoria" è considerata un semplice sinonimo.

Ma i due termini non sono intercambiabili. La "geografia storica" è considerata un settore di ricerca della disciplina geografica mentre il termine "geostoria" può applicarsi ad un'operazione di costruzione della conoscenza che si svolge in campo storiografico. La differenza è agevole da stabilire. Nella geografia storica la tematizzazione pertiene alla geografia nel senso che prende come oggetto e motore della costruzione della conoscenza ambienti, territori, spazi e intende rispondere alle questioni: "come erano nel passato? come si sono modificati nel passato? come sono diventati come sono ora?" Dunque, pensiero e analisi storici sono applicati alla ricostruzione e spiegazione delle strutture degli spazi, dei luoghi, dei paesaggi, dei territori, degli ambienti. Invece, nella geostoria pensiero e sguardo geografici sono convocati nella ricostruzione e spiegazione di fatti storici. Le tematizzazioni sono quelle proprie

---

[71] Secondo il titolo del paragrafo del libro di Gemelli G. (1995), op.cit., p. 92.

della storiografia e le questioni a cui si risponde sono: "Come la conoscenza geografica dell'ambiente, del territorio, del paesaggio, dello spazio rende più comprensibile la ricostruzione storica e più efficace la spiegazione?"

Braudel lo rimarca ulteriormente con le formule:

«La geografia investe con una luce rivelatrice i fili innumerevoli che si intrecciano nella complicatissima trama della vita umana.

In qualsiasi ricerca del passato, in qualsiasi problema di attualità, ritroveremo sempre costante ma anche luminosa agli occhi di un osservatore veramente interessato la zona che abbiamo designato con il brutto nome di geostoria».[72]

Una via aperta: la doppia battaglia di Braudel e la didattica

Braudel con la sua argomentazione intendeva riscattare la geografia dalla sua "incompiutezza" e la storia dalla scarsa consistenza della ricostruzione di eventi senza nessuna relazione con ambienti, territori, spazi. Le soluzioni che praticava di persona, teorizzava ed esemplificava sono state feconde o premonitrici. Dopo l'apparizione della sua opera altri storici hanno integrato la rappresentazione geografica nella ricostruzione e spiegazione di fatti della storia umana. Credo che contribuirebbe molto alla formazione della cultura e delle competenze degli insegnanti la frequentazione degli studi in cui gli storici si son fatti geografi del passato e i geografi hanno praticato la storia nelle loro rappresentazioni. L'analisi delle strutture spaziali è ormai presente in molte opere di storia rurale, urbana e sociale, in molte opere di storia generale.

Anche il paesaggio è diventato un personaggio storico grazie agli studi di geografia storica. Prendiamo il caso francese. Nel 1934 il geografo Roger Dion pubblicò *L'Essai sur formation du paysage rural français* in cui seguiva l'evoluzione della campagna francese

---

[72] Braudel F. (1998), op. cit., p. 112.

sia come paesaggio che si offre allo sguardo sia come l'insieme dei comportamenti umani che l'hanno plasmato. In continuità con le riflessioni dei geografi, ma approfondendole lo storico George Duby fece dell'analisi del paesaggio lo strumento efficace della comprensione storica.[73] Per capire come avveniva il travaso dall'uno all'altro campo disciplinare, diamo la parola direttamente a Duby che ci dà conto del suo debito alla formazione geografica, della incidenza della geografia nelle sue decisioni storiografiche, della spola dei suoi pensieri tra modelli geografici e modelli storici:

«Presi deliberatamente come oggetto di studio una formazione sociale, la società che chiamiamo feudale, una società le cui strutture si sono costituite in un'epoca in cui le città e i mercanti non contavano affatto, in cui tutto era inserito nella ruralità. Perché tale decisione? Perché, prima che da storici, io ero stato formato da geografi, e perché costoro mi avevano consigliato molto presto di leggere gli *Annales d'histoire économique et sociale* e Marc Bloch.

Il geografo guarda un paesaggio e si sforza di spiegarlo. Sa che quell'oggetto, vera e propria opera d'arte, è il prodotto di una lunga elaborazione, che è stato plasmato nel corso degli evi dall'azione collettiva del gruppo sociale insediatosi in quello spazio e che lo trasforma ancora. Pertanto, il geografo si sente obbligato a studiare in primo luogo il materiale, cioè gli elementi fisici modellati a poco a poco da quel gruppo sociale, ma non meno attentamente le forze, i desideri, la configurazione di quest'ultimo, e dunque a diventarne più o meno lo storico. Come ha fatto, per esempio, Etienne Juillard, per comprendere l'aspetto che presentano in Alsazia i paesi, la rete stradale, i campi. Come Andre Allix, che diresse la mia prima formazione. Allix collaborava agli *Annales* e aveva lavorato a lungo negli archivi del Delfinato su registri del XV secolo, convinto di non poter rendere conto adeguatamente dei paesaggi attuali dell'Oisans senza sapere come quelle montagne fossero state occupate e sfruttate nel Medioevo.

Prima di diventare anch'io storico, sotto la guida di tale maestro mi ero orientato verso un'altra concezione della storia.[…] Non meno decisiva fu l'intima relazione che mantenevo con gli *Annales d'histoire économique et sociale*. Ancora studente di geografia, ne avevo spulciato sistematicamente i primi dieci anni, cioè la raccolta completa. […] Di Marc Bloch,

---

[73] Russo D. (1996), "L'œuvre d'art et ses significations. Autour de la notion de paysage dans l'œuvre di Georges Duby", Duhamel-Amado C., Lobrichon G. (a cura di) (1996), *Georges Duby. L'écriture de l'histoire*, De Boek-Wesmael, Bruxelles, pp. 37-49.

non dovevo leggere che molto più tardi *Les Rois thaumaturges*. In compenso, lessi molto presto *Les Caractères originaux de l'histoire rurale française*. Ne avevo fatto il mio breviario quando, apprendista geografo, studiavo le strutture agrarie sui catasti e sulle carte: riaprendo il libro poco tempo fa, mi accorsi di saperne quasi a memoria intere pagine».[74]

Così lo storico-geografo decide di studiare il paesaggio in termini di processo attivo, sempre in corso di elaborazione, plasmato senza tregua dai valori, dalle pratiche che sono quelli dei gruppi sociali. L'impostazione di Duby troverà accoglienza nella scuola geografica di Toulouse che, all'inizio degli 70 del '900, non si contenta della descrizione del paesaggio, me ne vuole indagare i contenuti e i modi di funzionamento.[75]

Per quanto riguarda la storia italiana mi limito a segnalare solo qualche esempio. Pierre Toubert nel 1973, ha svolto la tesi di dottorato dal titolo *Les structures du Latium médiéval*: due volumi che descrivono le ricerche di storia sul territorio del Lazio meridionale e la Sabina, dal IX secolo alla fine del XII. Egli descrive il fenomeno dell'incastellamento, analizzando nello specifico la progressiva trasformazione del territorio dall'insediamento sparso ai villaggi fortificati. Per questa opera gli è stato assegnato il prestigioso Premio Galilei. E il carattere geostorico è stato colto dagli storici che hanno scritto la motivazione dell'attribuzione del premio:

«Il Lazio di Toubert è, ad un tempo, una realtà naturale (suoli, acque, vegetazione) e sociale, un luogo di esercizio di poteri e di giurisdizioni signorili, un campo di sperimentazione privilegiata di progetti di riforma ecclesiastica, il territorio di uno stato in via di formazione (lo Stato della Chiesa), un'area di circolazione monetaria (il "bimetallismo argenteo") e, soprattutto, il teatro di una radicale trasformazione delle forme di occupazione del suolo, connessa con la costruzione, fra secolo X e secolo XI, di villaggi fortificati (castra) al posto dell'habitat disperso caratteristico

[74] Duby G. (1992), *La storia continua*, Bompiani, Milano, pp. 10-12.
[75] Russo D. (1996), op. cit., p. 39.

dei secoli precedenti. È infatti intorno a quest'ultimo punto (l'"incastellamento") che il Toubert riesce a far ruotare l'intera sua opera (...)».[76]

Poi nel discorso di ringraziamento Toubert ha esplicitamente ricordato i suoi debiti con la scuola storica francese che «ha in pari modo saputo legare storia e geografia. Sin dall'Ottocento, è sempre stata attenta ad esaminare i fatti istituzionali, giuridici ed economico-sociali nella prospettiva del continuo intrecciarsi delle vicende di uomini con gli elementi dell'ambiente naturale nel quale l'uomo vive ed opera. Non si tratta, certo, di postulare non so quale determinismo per cui l'uomo risulterebbe oggetto passivo della natura. Tutt'al contrario, spetta allo storico di animare una ricca dialettica tra i fattori naturali e quelli culturali (tecnici, sociali, religiosi, ideologici)».[77]

[76] Così si legge nella motivazione dell'assegnazione del Premio Galilei: *Giudizio della Commissione per l'attribuzione del Premio Internazionale Galileo Galilei dei Rotary Italiani*, anno XIV: Sezione "Storia Italiana". 1975 http://www3.humnet.unipi.it/galileo/fondazione/Vincitori%20Premio%20Galilei/Pierre_Toubert.htm (consultato il 20/01/2013). Il libro è stato tradotto parzialmente in italiano col titolo Toubert P. (1980), *Feudalesimo mediterraneo. Il caso del Lazio medievale*, Jaca Book, Milano.

[77] Toubert si sofferma a indicare come è possibile produrre informazioni sui paesaggi del passato con la lettura accorta ed erudita delle carte d'archivio: «*Se vogliamo, tanto per prendere un esempio familiare alla mia esperienza personale, se vogliamo, dico, ricostruire il paesaggio naturale ed agrario di una regione italiana intorno al Mille, dobbiamo ricorrere senz'altro ai dati offertici dall'erudizione tradizionale. Le pergamene, i regesti dei monasteri, ci mettono in grado di capire e quasi di vedere ad occhio nudo la formazione, per esempio, della macchia, contemporanea all'invenzione lessicale e alla diffusione della parola stessa di "macchia", ignota alle fonti prima del Mille. Direttamente o indirettamente (attraverso, per esempio, la toponimia), le stesse pergamene sono ricche di informazioni su fenomeni concomitanti: con lo sviluppo demografico, ben percepibile dal Mille e anche prima, si avvertono il progresso del castagneto da frutto, i disboscamenti a danno della quercia, le conquiste di nuovi spazi guadagnati per l'oliveto o la coltura promiscua. La raccolta attentissima di questi dati tra le fonti scritte è sempre necessaria, anzi fondamentale. Ma ormai, non basta più. Bisogna confrontarla con altri dati forniticì dalle scienze naturali come la fitosociologia o la pollinologia che ci consente, attraverso lo studio dei pollini fossilizzati, di stabilire con cronologia assoluta l'evoluzione del paesaggio fitogeografico. Ed è chiaro che questi nuovi dati possono servire a confermare ed affinare le nostre conclusioni, ma possono anche contraddire ipotesi basate sui testi*».

Ed egli ha continuato a fare geografia umana applicata alla storia in altri saggi. Ad esempio, in *Paesaggi rurali e tecniche di produzione nell'Italia meridionale della seconda metà del secolo XII,* prende in considerazione la struttura spaziale in rapporto con l'habitat rurale e con la strutturazione della compagna:

«La seconda costante antropogeografica è il fatto che tale habitat fondamentalmente concentrato e, in ogni caso, organizzato (fortificato o no) è creatore di spazi agricoli anch'essi organizzati in territori. Conseguentemente, studiare il paesaggio rurale, al di là della semplice descrizione formale, significa comprendere l'organizzazione logica e dinamica di tali territori e analizzare il sistema che essi formano. Un territorio è evidentemente il prodotto di elementi naturali e biogeografici: della frammentazione dei suoli e della diversità delle loro capacità agricole; della discontinuità dei rilievi e della topografia; della differente valorizzazione delle potenzialità pedologiche dipendenti dai microclimi e dalle risorse idriche locali. È anche il prodotto di elementi accessori come la configurazione delle vie di comunicazione, la maggiore o minore vicinanza ai centri abitati».[78]

Altro modello ci propone la storica Odile Redon che tematizza proprio la struttura spaziale in rapporto col potere e con la società senese in *Lo spazio di una città. Siena e la Toscana meridionale (secoli XIII-XIV).*[79] E l'articolazione tematica rappresentata dall'indice mostra come gli assetti spaziali siano analizzati in ogni parte del testo: la studiosa conduce il lettore ad una esplorazione dello spazio dello Stato comunale e gliene fa conoscere gli elementi naturali (rilievi, fiumi, l'area collinare, le valli, la Maremma) in rapporto con l'estensione variabile del territorio amministrato. E gli rivela la produzione dello spazio con la strutturazione della città, dei borghi, del contado, delle terre dei castelli, delle frontiere, gli

---

http://www3.humnet.unipi.it/galileo/fondazione/Vincitori%20Premio%20Galilei/Pierre_Toubert.htm (consultato il 29/01/2013).

[78] Toubert P. (1980), op. cit. pp. 317-318

[79] Nuova immagine editrice, Siena 1999. Per gli spazi urbani delle sedi delle corti principesche è significativo il libro di Marcello Fantoni (2002), *Il potere dello spazio. Principi e città nell'Italia dei secoli XV-XVII,* Bulzoni, Roma.

spazi delle diocesi. Ovviamente con l'analisi spaziale fa comprendere i problemi dell'amministrazione del territorio e dei rapporti tra i diversi poteri che lo amministravano. E il libro è corredato da un dossier di carte realizzate da Claudine Brignon dell'Atelier de cartographie-Université de Tours sulla base dell'elaborazione delle informazioni topologiche che la Redon ha prodotto con le fonti utilizzate. Esse danno la possibilità di contestualizzare lo Stato senese nella regione più ampia e poi di vedere le modifiche territoriali, la ripartizione del territorio in vicariati, diocesi, distretti e la struttura urbana. E ogni carta è corredata da un testo che descrive il territorio e dà significato alle situazioni rappresentate.

Eccone due esempi, il primo a proposito della carta 1: *La Toscana fisica*; il secondo, carta 5, riguarda la ripartizione del territorio in distretti.

Carta 1

La Toscana è qui considerata con gli stessi confini dell' odierna Regione Toscana e la carta è stata realizzata sulla base della *Carta generale (fisica) del territorio della Regione Toscana* (1:250.000), ed. S.E.L.C.A., Firenze 1988.
La carta ha come unico scopo quello di fornire al lettore i riferimenti più importanti per orientarsi. Il nord mostra un forte contrasto fra l'alta catena dell'Appennino tosco-emiliano e la pianura dell'Arno. A sud dell'Arno, al contrario, prevale un rilievo di colline di altezza media (200-400 metri) o decisamente elevate (400-800 metri), dove la rete idrografica dell'Ombrone non è riuscita a definire un asse. Le colline alte costituiscono veri e propri massicci, come il Chianti o la Montagnola. Il sud (zone delle Colline Metallifere e dell'Amiata) è fortemente segnato da antiche manifestazioni vulcaniche, evidenti soprattutto nel cono del Monte Amiata e visibili dalle fumarole e dalle sorgenti calde che caratterizzano il paesaggio.
Il tracciato costiero corrisponde in modo molto approssimativo a quello che poteva essere in età medievale, poiché nel corso dei secoli gli ingenti carichi alluvionali riversati dai torrenti che scendono dai massicci di origine recente hanno fatto sensibilmente avanzare la costa in molte zone, mentre le successive bonifiche hanno ridotto le lagune e le paludi.
La Via Francigena, o Via Romea, che portava dalla Francia a Roma attraverso la Toscana, è stata segnata sia perché nel XIII secolo costituiva un asse fondamentale della circolazione sia perché in questo libro viene citata spesso.
Dei due percorsi fra Siena e San Miniato, quello orientale attraverso Poggibonsi era il più recente e il più frequentato nel XIII secolo. A nord, la Francigena varcava gli Appennini al passo della Cisa, mentre a sud entrava nel Lazio, cioè nel Patrimonio di San Pietro, ad Acquapendente. I limiti altimetrici sono stati scelti

in relazione alla distribuzione degli insediamenti: sull'Amiata, ad esempio, la maggior parte dei castelli si trovano vicino alla curva degli 800 metri, quasi sempre al di sotto di essa.

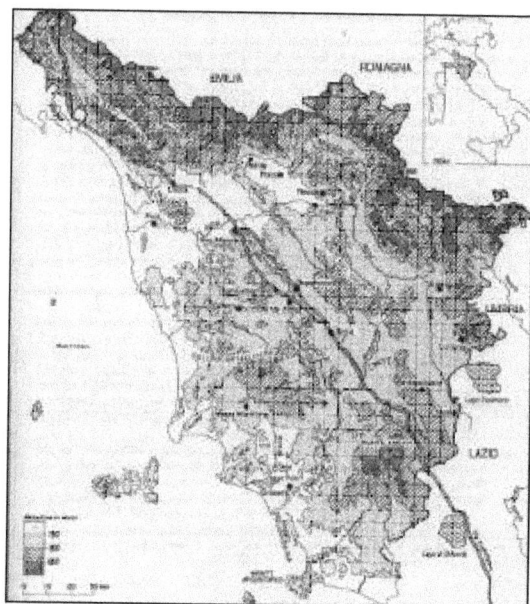

Carta 5

Il contado di Siena nella prima metà del XIV secolo: i distretti

Questa carta è stata costruita in base agli elenchi delle comunità del contado sottomesse alla Gabella e alla lista di quelle comprese in ognuno dei distretti (ASS, *Statuti della città* 26, 1-69-Si, cc. 21v-23r); questa lista manca per il distretto di Arcidosso, rimasto allo stato di progetto. Vincenzo Passeri ha già proposto una rappresentazione sintetica dei distretti per l'articolo di M. Ascheri, Stato, territorio e cultura nel Trecento, in [630] La Toscana nel secolo XIV, p. 179.

A sud di Siena si vedono le linee di forza dei primi distretti: la zona termale (Bagni, 9) organizzata già prima del 1293, risulta prolungata in quell'anno dal distretto di Castelfranco di Paganico (8); il distretto di Corsignano (1) che includeva lungo la Via Francigena l'area assegnata nel 1299 allo "scorridore delle strade". La sicurezza del tratto settentrionale della Francigena è organizzata a partire da Quercegrossa (5).

L'analisi delle carte nn. 4 e 5 mostra come la nuova organizzazione del contado rispetti l'identità delle regioni storiche della Scialenga e della Berardenga; lo stesso accade per la regione "naturale" della Val di Chiana.

Molte regioni mantengono attraverso le varie suddivisioni uno statuto particolare che le pone al di fuori del diritto comune: si tratta delle "città castrensi" di Montepulciano e Montalcino, del castello della Selva, delle Masse e della signoria vescovile del Vescovado. Se le si confronta all'antica e permanente suddivisione in terzi, si nota come le nuove disposizioni riducano legger- mente la centralità della città (si veda la carta fuori testo)Tale decentralizzazione, tuttavia, è relativa, dato che la maggior parte delle circoscrizioni è collegata quasi direttamente alla capitale attraverso le Masse.

Emergono alcuni capoluoghi a cui Siena, tramite un ufficiale, delega parte della sua centralità: Mensano, Monticiano, Castelfranco di Paganico, alla testa sia di distretti e che di vicariati, il cui tracciato mostra abbastanza bene la tendenza a espandersi.

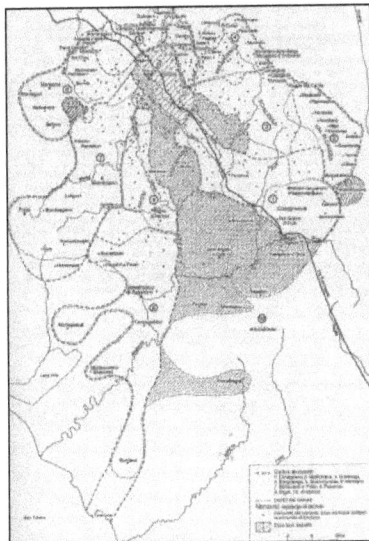

È possibile trasporre tali modelli nei processi di insegnamento e di apprendimento? È difficile progettare unità di apprendimento geostoriche?

A condizione di uscire dal solco manualistico non è impossibile e non è difficoltoso. Ci hanno provato alcuni di noi, soci di Clio '92, e hanno progettato dodici unità di insegnamento e di apprendimento geostorico per la casa editrice De Agostini.[80] Destinate agli studenti del biennio superiore, esse mettono a raffronto il presente

[80] Francesca Dematté, Paola Lotti, Ernesto Perillo, Saura Rabuiti (2012), "La geostoria alla prova dei manuali", *Il Bollettino di Clio*, a. XIII, n.s., n. 0, maggio, dedicato alla geostoria. http://www.clio92.it (consultato il 29/01/2013).

e il passato di territori a diverse scale spaziali, sono inanellate in uno sviluppo curricolare e sono impostate in modo che gli alunni applichino le operazioni cognitive **spaziali** intensamente per produrre conoscenze più significative circa i nessi tra società e contesti geografici e investano le operazioni cognitive **temporali** per produrre conoscenze dotate di più senso circa le dinamiche processuali che producono gli assetti territoriali e paesaggistici e che si iscrivono in essi.

Abbiamo dimostrato così che si può vincere la doppia sfida da fronteggiare: quella di salvare la geografia e la storia dalla insignificanza in cui si trovano attualmente nel processo di formazione dei cittadini: la geostoria e la geografia storica intese come messa in complicità della geografia e della storia possono esaltare il valore formativo di entrambe, poiché gli studenti verificano che i metodi e le conoscenze sono applicabili per capire o costruire altre conoscenze e per capire il mondo attuale.

«"Attitudine a scoprire correlazioni": ecco una delle più soddisfacenti definizioni del genio scientifico [*e della professionalità degli insegnanti, aggiungo io*]. Si pensi al grande medico, al grande clinico, che, raffrontando segni e sintomi disparati, inventa e crea davvero un nuovo tipo di malattia. "Attitudine a stringere accordi e scambi fra discipline vicine fra loro": per una scienza in fase di espansione si tratta di una non meno buona definizione del progresso. Spesso questa verità sperimentale viene tradotta in un'altra formula: "Le grandi scoperte si fanno ai confini stessi delle scienze"».[81]

Potremmo trasporre il pensiero di Lucien Febvre nella didattica dicendo che le competenze si formano nell'intersezione tra le discipline, quando le abilità e le conoscenze formate nell'una sono messe al servizio della costruzione della conoscenza di altra disciplina. La geostoria intesa come integrazione del pensiero geografico con il pensiero storico può generare: conoscenze di storia profonda; conoscenze significative e utilizzabili per comprendere il

[81] Febvre L. (1992), "Storia e psicologia", *Problemi di metodo storico*, Einaudi, Torino, p. 108.

mondo; importanza delle descrizioni e descrizioni dense; importanza dei fattori geografici nella spiegazione storica; rilevanza delle dinamiche storiche nella spiegazione degli assetti territoriali, dei paesaggi, degli ambienti; emozione nella comprensione più profonda e nell'apprendimento delle conoscenze geografiche e storiche.

PARTE PRIMA
Idee per l'insegnamento integrato di storia e geografia

Tra storia e geografia: una complementarità da costruire

di *Ivo Mattozzi*

Discipline votate alla complicità

Sappiamo che la scuola italiana non riesce ad assicurare agli studenti una decente e intelligente formazione né storica né geografica. Siamo impegnati a capire come rendere l'insegnamento di ciascuna delle discipline più attraente e maggiormente efficace nella formazione di competenze. Noi di Clio '92 stiamo esplorando da parecchi anni le potenzialità delle intersezioni tra le discipline, [io personalmente ho una predilezione per il concetto di "complicità"] su come renderle complici nella impresa formativa.

Ora vogliamo affrontare di petto la complementarità tra storia e geografia poiché ci sembra decisiva per rinnovare i processi di insegnamento e di apprendimento sia nella fase di scelta e delimitazione dei temi, sia nella strutturazione e gestione delle conoscenze, sia nell'uso degli strumenti, sia nell'allestire le attività di apprendimento.

Le due discipline devono conservare ciascuna la propria identità in modo che ciascuna conferisca alla personalità dei giovani le abilità, le conoscenze, le curiosità e gli interessi peculiari. Però possono combinare le risorse per potenziare l'efficacia formativa di entrambe.

Una questione di area?

L'area storia/studi sociali, poi l'area storico-geografica è da tempo proposta agli insegnanti nei testi dei programmi o delle indicazioni ministeriali per la scuola dell'obbligo.

Le discipline storia e geografia sono state assegnate agli stessi insegnanti nella scuola media e nel primo biennio della scuola superiore. Ma non c'è stato finora l'impegno della ricerca teorica ed applicata a pensare le soluzioni per mettere la storia e la geografia a braccetto nel curricolo. Né la manualistica né le routine degli insegnanti hanno fatto dell'integrazione un problema da affrontare e risolvere in qualche modo. Solo Giulio Mezzetti ci ha provato con i suoi manuali di geografia ed ha entusiasmato insegnanti innovativi.[1]

Dal 2011 il rapporto tra le due discipline è balzato all'attenzione degli insegnanti del biennio superiore per effetto dell'accorpamento di storia e geografia e del dovere di assegnare un solo voto.

Le novità nelle indicazioni per il curricolo cominciano a modificare il panorama delle idee. I geografi dell'Università di Padova hanno avviato attività seminariali e corsi di perfezionamento che prestano molta attenzione ai rapporti tra le due discipline. E, finalmente, anche l'AIIG si è posta il problema del rapporto tra geografia e storia.[2]

Le ragioni per la ricerca della complementarità sono fondate su una elaborazione epistemologica che ha attraversato il secolo XX e su pratiche di lavoro di geografi e di storici che hanno dimostrato la efficacia conoscitiva di essa.[3]

---

[1] http://www.giuliomezzetti.it/ (consultato il 29/01/2013).

[2] http://www.aiig.it/didattica_materialididattici_geograficamente.html e http://www.aiig.it/elenco_blog1.php (consultati il 29/01/2013).

[3] Lungo la prima metà del XX secolo geografi e storici si sono ingegnati di trovare le formule migliori per connettere geografia e storia. Nel 1903 il geografo Vidal de La Blache scrisse il *Tableau de la géographie de la France* come introduzione all'Histoire de la France diretta dallo storico Ernest Lavisse. Nel 1921 operazione analoga fu fatta da Jean Brunhes che scrisse *Géographie humaine de*

Ma ora le troviamo affermate nelle indicazioni per i piani di studio del biennio e dobbiamo profittare anche delle ragioni normative. Conviene prenderle in considerazione innanzitutto per capire come esse impongono una prospettiva curricolare ai livelli precedenti della scuola "media" e di quella primaria.

Ricordiamo quali sono le intersezioni affermate e quelle che è possibile stabilire tra le due discipline nei piani di studio di geografia e di storia per il biennio. Ciò che potremo derivarne potrebbe essere facilmente esteso anche agli istituti e al triennio liceale dove non si insegna la geografia, ma dove la storia intrisa di geografia potrebbe essere il campo di esercizio anche di abilità e conoscenze geografiche.

la France come tomo primo del primo volume dell'Histoire de la nation française di Gabriel Hanotaux. Parecchi geografi hanno applicato il loro sguardo disciplinare nella ricostruzione e descrizione degli ambienti e dei territori regionali nel passato e a ricostruire i processi che li hanno modificati. Da parte loro gli storici hanno imparato la lezione che li ha portati a praticare e teorizzare la geografia per la storia e ad elaborare la necessità della geografia storica. Già fra il 1912-13 Lucien Febvre aveva concepito «una specie di introduzione geografica generale ai volumi speciali di un'opera considerevole di sintesi scientifica», La Terre e l'évolution humaine: introduction géographique à l'histoire. L'opera fu revisionata tra il 1919 e il 1922 anno della pubblicazione. La collezione di opere di storia generale era quella intitolata L'évolution de l'Humanité voluta e diretta da Henri Berr. Fu, poi, all'opera di Marc Bloch, I caratteri originali della storia rurale francese che verrà riconosciuto il merito di «aver rinnovato insieme la storia e la geografia agraria». Sono debitore di queste informazioni alla prefazione che Franco Farinelli ha premesso all'edizione italiana del libro di Febvre (1980), La Terra e l'evoluzione umana. Introduzione geografica alla storia, Einaudi, Torino. Infine, Fernand Braudel volle intrecciare le due discipline tematizzando storicamente un oggetto geografico Il Mediterraneo all'epoca di Filippo II, e coniò il concetto di "geostoria": «La geostoria è la storia dell'ambiente impone agli uomini condizionandoli con le sue costanti –ed è il caso più frequente– oppure con le sue leggere variazioni, se e quando arrivano ad esercitare una influenza sull'uomo; molte infatti non vengono neppure percepite e restano comunque irrilevanti rispetto alla misura umana così fragile e breve. Ma la geostoria è anche la storia dell'uomo alle prese col suo spazio, spazio contro il quale lotta per tutta una vita di fatiche e di sforzi e che riesce a vincere –o meglio, a sopportare– grazie ad un lavoro continuo e incessantemente ricominciato. La geostoria è lo studio di una duplice relazione che va dalla natura all'uomo e dall'uomo alla natura, lo studio di un'azione e di una reazione mescolate, confuse, ripetute senza fine nella realtà di ogni giorno». Braudel F. (1998), Storia misura del mondo, Il Mulino, Bologna, p. 100.

Perciò procederò in questo modo: tenterò di dare soluzioni all'insegnamento integrato di storia e geografia nel biennio, poi trasporrò il ragionamento alla scuola di base.

Storia e geografia nella scuola secondaria di secondo grado

Nel profilo dello studente al termine del percorso di studi quinquennale si privilegia la conoscenza «*dei principali eventi e delle trasformazioni di lungo periodo della storia dell'Europa e dell'Italia, dall'antichità ai giorni nostri, nel loro rapporto con le altre civiltà*»[4] Le trasformazioni di lungo periodo si sono svolte in territori, ambienti, spazi. Hanno modificato territori, ambienti, spazi sia quando hanno inciso nella sfera demografica, in quella economica, in quella sociale, in quella politica. Lo studio dei processi di trasformazione può essere affrontato con comprensione profonda a condizione che siano analizzati e descritti i territori, gli ambienti, gli spazi che ne sono stati il contesto e che hanno subìto mutazioni in conseguenza di quei processi. Con quale approccio, con quali risorse cognitive, con quali strumenti di analisi può essere svolto il compito di conoscere i territori, gli ambienti, gli spazi che hanno ospitato l' incubazione dei processi storici? Con quelli della geografia, ovviamente.

E che cosa si raccomanda agli insegnanti di geografia in relazione con il profilo dello studente al termine del biennio superiore?

Di insegnare agli alunni ad «*orientarsi con disinvoltura dinanzi alle principali forme di rappresentazione simbolica della Terra, nei suoi diversi aspetti geofisici e geopolitici, ed avere conseguito*

---

[4] *Indicazioni Nazionali per i licei. Profilo unico per tutti gli indirizzi.* http://www.indire.it/lucabas/lkmw_file/licei2010///STORIA%20E%20GEOGRAFIA_prof.unico.pdf   (consultato   il 29/01/2013).

consapevolezza delle relazioni complesse che corrono tra le con-
dizioni fisiche e ambientali, le caratteristiche socioeconomiche e
culturali, e i profili insediativi e demografici di un territorio».[5]

Dunque, immaginate che gli alunni diventino man mano abili
ad analizzare e comprendere tali relazioni, non vi aspettereste che
essi possano applicare tali abilità anche nello studio delle relazioni
nel passato e che dovrebbero essere impengati ad esercitarle anche
nel triennio seguente a proposito della storia?

E se in geografia, giustamente, si raccomanda di rendere l'alunno
«capace di integrare le ragioni storiche di "lunga durata" dei pro-
cessi di trasformazione e di "crisi" con quelle tipicamente geogra-
fiche, legate alle condizioni climatiche, alla distribuzione delle ri-
sorse, alle forme dello sviluppo economico»[6], non vi aspettereste che
egli sia provetto nel trasferire negli studi geografici le abilità esercitate nell'apprendimento di conoscenze storiche?

Dunque, si può ipotizzare un movimento di andata e ritorno
dall'una all'altra disciplina, grazie al quale l'alunno possa trasferire
nell'una le abilità, le conoscenze, i concetti appresi nei processi
messi in atto nell'altra, in modo da capire non superficialmente
«l'interazione fra attività umane e territorio, alle tipologie di inse-
diamento e sfruttamento dell'ambiente, alle dinamiche migrato-
rie»[7] sia nel mondo attuale sia nel passato e nei processi di trasformazione.

Tabella 1. I profili degli studenti alla fine dei cicli di studio secondari

Storia	Geografia
Al termine del percorso liceale l'alunno dovrà...	Al termine del percorso biennale lo studente dovrà...
conoscere i principali eventi e le **trasformazioni** di lungo periodo della storia	sapersi orientare con disinvoltura dinanzi alle principali forme di rappresentazione

[5] Ivi.
[6] Ivi.
[7] Ivi.

dell'Europa e dell'Italia, **dall'antichità ai** giorni nostri, nel loro rapporto con le altre civiltà,	simbolica della Terra, nei suoi diversi aspetti geofisici e geopolitici, ed avere conseguito consapevolezza delle **relazioni complesse che corrono tra le condizioni fisiche e ambientali, le caratteristiche socioeconomiche e culturali, e i profili insediativi e demografici di un territorio.**
imparando a guardare alla storia come a una dimensione significativa per comprendere, attraverso la discussione critica e il confronto fra una varietà di prospettive e interpretazioni, le radici del presente, e favorire la consapevolezza di se stessi in relazione all' "altro da sé".	• Dovrà in particolare sapere descrivere e correttamente inquadrare i problemi politici, ambientali, sociali e culturali del mondo di oggi in una prospettiva molteplice, • capace di integrare le ragioni storiche di "lunga durata" dei processi di trasformazione e di "crisi" con quelle tipicamente geografiche, legate alle condizioni climatiche, alla distribuzione delle risorse, alle forme dello sviluppo economico, • **all'interazione fra attività umane e territorio,** • **alle tipologie di insediamento e sfruttamento dell'ambiente** • **alle dinamiche migratorie**

Troviamo, inoltre, nella premessa alla geografia le più esplicite indicazioni di competenze che hanno bisogno dell'approccio storico per formarsi: «*integrare le ragioni storiche di "lunga durata" dei processi di trasformazione e di "crisi" con quelle tipicamente geografiche, legate alle condizioni climatiche, alla distribuzione delle risorse, alle forme dello sviluppo economico*»[8]

Questo è un invito ad affrontare temi geografici con l'approccio storico.

E l'espressione chiave presente sia in questo testo che in quello riguardante la storia è "processi di trasformazione". Essi evocano sempre ambienti e territori e società che interagiscono con gli ambienti e modificano i territori. Non possiamo affrontare i quattro campi tematici della geografia (interazione fra attività umane e ter-

---

[8] Ivi.

ritorio, tipologie di insediamento, sfruttamento dell'ambiente, dinamiche migratorie) anche in storia, trattando nel biennio di antichità e nel triennio successivo dei periodi più recenti?

Se spostiamo l'attenzione sulle indicazioni di conoscenze geografiche possiamo fare la stessa considerazione. Tutte possono essere trattate in storia:

* La descrizione sintetica e la collocazione sul planisfero dei principali Stati del mondo (con un'attenzione particolare all'area mediterranea ed europea).

* Tale descrizione sintetica mirerà anche a dar conto dell'importanza di alcuni fattori fondamentali per gli insediamenti dei popoli e la costituzione degli Stati, in prospettiva geostorica (esistenza o meno di confini naturali, vie d'acqua navigabili e vie di comunicazione, porti e centri di transito, dislocazione delle materie prime, flussi migratori, aree linguistiche, diffusione delle religioni).

E ancora più lo possiamo affermare per i temi più specifici:

* La demografia nei suoi vari aspetti:
* i ritmi di crescita delle popolazioni,
* le grandi migrazioni del passato (dal mondo antico in poi) e del presente,
* la distribuzione della popolazione.

Da notare che c'è l'evocazione della "prospettiva geostorica" che esplicita la impostazione che gli insegnanti dovrebbero dare ai processi di insegnamento messi in cantiere.

Se gli insegnanti accogliessero tali suggerimenti e le trasformassero in piani di lavoro, gli studenti potrebbero essere catturati dalla significatività delle conoscenze e dagli stimoli a investire l'intelligenza spaziale in storia e il pensiero storico nella geografia. Potrebbero sentire il piacere di comprendere le conoscenze storiche mediante l'approccio geografico e quelle geografiche mediante l'approccio storico.

Esistono competenze geostoriche?

Ma è la focalizzazione sulla formazione di competenze che dovrebbe mettere all'ordine del giorno la complementarità massima tra storia e geografia. Ricordiamo che le competenze si dimostrano con prestazioni valide nella soluzione di problemi grazie alla disponibilità di abilità, di conoscenze, di risorse psicologiche e di capacità metacognitive. Non si possono formare le competenze che compongono il profilo degli studenti in uscita dal biennio finale dell'obbligo e dal triennio terminale degli istituti superiori senza che vi siano strategie di insegnamento e di apprendimento che mettano in gioco abilità e conoscenze in modo trasversale. Non ha senso pensare di formare le competenze chiave di cittadinanza rimanendo nei recinti delle singole discipline.

Le competenze si manifestano quando i soggetti dispongono di conoscenze, abilità e risorse affettive adeguate per affrontare problemi inediti e trovare le soluzioni efficaci. Dunque, quanto più le conoscenze sono significative e utilizzabili e integrabili fra loro e quanto più le abilità sono esercitate in campi disciplinari diversi, tanto più è probabile che gli studenti si rivelino competenti.

Dunque, assumere la complementarità può essere la soluzione di problemi didattici rilevanti. E questo ottimismo insieme con l'allarme per le sorti della formazione geografica e storica sta ispirando iniziative varie e riflessioni importanti.

A Padova si è costituito un gruppo di ricerca costituto da geografe/i e storici dell'Università e da insegnanti della scuola primaria e secondaria con lo scopo di suscitare iniziative di studio, di ricerca e di formazione sul rapporto tra geografia e storia insegnate. Il geografo Cristiano Giorda ha elaborato una lucida riflessione e proposta sul tema del rapporto tra le due discipline.[9] Tutti i quattro punti del suo ragionamento sono condivisibili, ma qui estraggo il primo e il quarto:

Nel primo è affermata giustamente «*la complementarietà dei due modelli di organizzazione delle conoscenze (l'ermeneutica, l'epistemologia): l'uno non può fare a meno dell'altro. Per conoscere l'evoluzione storica dell'uomo non si può fare a meno della sua dimensione spaziale, per comprendere la sua dimensione spaziale non si può fare a meno della sua evoluzione storica. Non può esistere una storia senza le differenze geografiche come non può esistere una geografia senza l'evoluzione storica*».[10]

Nel quarto, intitolato proprio *La geografia per la storia* si sostiene che molti concetti geografici si ritrovano nel discorso storico: stato, nazione, territorio, confine, regione, luogo… Per capire i processi storici occorre sapere un po' di geografia fisica, distinguere climi, paesaggi, risorse naturali. Ma si usano anche molti concetti propriamente sviluppati dalla geografia, come quello di scala (e il metodo dell'analisi transcalare), quello di flusso, quello di rete. Si condividono documenti e metodi (la lettura delle immagini e dei dati statistici, l'osservazione diretta) e, in definitiva, l'oggetto di studio, il territorio.

«Il contributo della geografia per la storia è probabilmente pari a quello della storia per la geografia.

Compito dell'insegnante di storia e geografia [...] è quello di sfruttare al meglio le connessioni fra le due discipline, senza però cercare "scorciatoie" facili in favore dell'uno o dell'altro contributo disciplinare. Il valore aggiunto è dato dal riconoscimento del contributo alla comprensione che entrambi gli approcci disciplinari consentono educando allo studio del mondo dai punti di vista delle due dimensioni, spaziale e temporale, che la cultura umana

---

[9] Tratto da "Guida al manuale" di Simonetta C. e Giorda C. (2011), *Il pianeta che verrà*, Loescher, Torino.
[10] Ivi.

ha sviluppato e usato per evolvere e trasformare il proprio spazio di vita».[11]

Ho alcune piccole riserve su tali argomenti: ad esempio, circa i concetti definiti come geografici, essi sono nati nella storia e devono essere storicizzati, cioè contestualizzati nei diversi periodi storici e spazi di civiltà. Per comprendere i processi storici non bastano poche conoscenze geografiche, occorrono pure metodi e abilità geografiche. Ma tutti gli altri argomenti sono validi.

Le obiezioni contro la intersezioni disciplinari

Quali sono le obiezioni e i motivi dell'opposizione oppure dell'avversione o delle preoccupazioni?

Le sappiamo e le abbiamo sentito tante volte anche a proposito delle singole discipline.

Le obiezioni e le opposizioni sono centrate su tre argomenti:
1. la sfasatura dei periodi e degli spazi assegnati alle due discipline: la geografia si occupa della contemporaneità, la storia dell'antichità; nella progressione dei contenuti gli spazi tematizzati sono sfasati;
2. la scarsità di tempo;
3. la manualistica che non aiuta a impostare la integrazione tra le due discipline.

Abbiamo gli argomenti per neutralizzare le tre obiezioni.
1. La prima obiezione è valida dal punto di vista contenutistico: gli oggetti delle conoscenze sono diversi e non si tratta di lavorare su un centro unico di interesse abbordato dal punto di vista storico e dal punto di vista geografico. L'attenzione va dedicata alla metodologia e agli strumenti di analisi. La loro trasferibilità da un campo disciplinare all'altro è cosa provata. Ciò significa

[11] Ivi.

72

applicare l'approccio, il metodo, gli strumenti della geografia quando si insegna e si apprende storia e l'approccio, il metodo, gli strumenti della storia quando si affronta la geografia. Occorre puntare a conoscenze che si prestino agli approcci incrociati.

2. La scarsità di tempo impone di dimensionare il piano di lavoro con selezioni drastiche di temi rilevanti e di non pensare il tempo come composto di ore settimanali da assegnare in pillole di 2 e 1 ora all'una e all'altra disciplina ma come monte di 99 ore annuali, da ripartire in funzione dello svolgimento dei processi di insegnamento e di apprendimento nell'una e nell'altra disciplina.

3. I manuali nuovi già prestano attenzione all'esigenza di gestire le due discipline in modo nuovo e contengono il corso di storia e quello di geografia nello stesso volume. Ma decisivo diventa non rinchiudersi nella gabbia manualistica e di strutturare le conoscenze in modo libero dall'indice del manuale.

Presente/passato → geografia/storia

Mi pare decisivo l'argomento che prende consistenza quando prendiamo sul serio il rapporto tra conoscenza del presente e conoscenza del passato che l'epistemologia della storia mette in evidenza come inevitabile nella produzione della conoscenza storica.[12] Con quale conoscenza del presente dotiamo di viatico gli alunni per il viaggio nel tempo? Mi pare che la risposta sia suggerita dalla situazione. Non possiamo contare solo sulle conoscenze già possedute dagli alunni, dobbiamo promuoverne altre che siano funzionali alla scoperta e alla conoscenza del passato nelle sue durate e nelle sue diversità. A questo scopo può provvedere la geografia.

[12] Braudel F. (2003), "La storia delle civiltà: il passato spiega il presente", *Scritti sulla storia*, Bompiani, Milano, pp. 219-270.

Si immagini dunque di gestire il tempo delle due discipline in modo da svolgere prima un processo di insegnamento ed apprendimento in geografia e di farlo seguire da un processo che riguarda una conoscenza storica in cui le abilità e le conoscenze geografiche possano essere investite per studiare e comprendere il passato. I temi delle due conoscenze possono essere diversi (geopolitica del mondo attuale/civiltà nell'Italia antica) oppure possono essere analoghi ma l'uno riguardante l'attualità e l'altro il passato remoto (es.: le migrazioni ora/le migrazioni nel V secolo d.C.): in ogni caso quel che deve essere messo nel conto è la trasferibilità di abilità e conoscenze dall'un campo all'altro.in tal modo gli alunni hanno la possibilità di mettere alla prova quelle acquisite e di consolidarle e raffinarle in altri contesti. È questa la dinamica mentale che prepara all'esercizio delle competenze a considerare i fatti storici nello spazio, il che «*significa capirli meglio e porre con maggior precisione i veri problemi*».[13]

Passato/presente → storia/geografia

Il ragionamento vale anche per il rovescio della medaglia: la conoscenza del passato come introduzione alla conoscenza del presente.[14] In questo caso lo studio delle situazioni territoriali precedenti a quelle attuali e quello dei processi che hanno prodotto la situazione attuale sono le chiavi di comprensione più profonda della conoscenza geografica. Gli esempi possono essere innumerevoli: si pensi ai paesaggi, alle aree bonificate, agli insediamenti, alle urbanizzazioni, alle migrazioni, alle infrastrutture... insomma non c'è conoscenza geografica che non possa essere approfondita con lo studio comparato di situazioni storiche e con lo studio dei processi che hanno generato la situazione attuale.

[13] Braudel F. (1998), op. cit., p. 79.
[14] Braudel F. (2003), "Il presente spiega il passato", *Scritti sulla storia*, Bompiani, Milano, pp. 205-218.

In tal caso il rapporto tra i due temi è molto più stretto. Ma sempre la conoscenza geografica come conoscenza del presente deve precedere quella del passato recente. L'esempio più illuminante può riguardare ad esempio la distribuzione della popolazione in relazione con i processi di industrializzazione, di costruzione delle infrastrutture, di trasformazioni delle tecniche agricole ecc.

Una questione di curricolo e di piani di lavoro annuali: *ben temperati*[15]

Di rimbalzo, la questione della complementarità dovrebbe interessare fortemente anche gli insegnanti di storia e geografia nella scuola secondaria di primo grado e nella scuola primaria. La formazione e lo sviluppo di abilità e conoscenze utilizzabili nei due campi disciplinari fin dai primi livelli scolastici è una condizione per mettere gli alunni a loro agio nell'affrontare i processi di insegnamento e di apprendimento nel biennio superiore e poi ancora nell'ultimo triennio.

Non ci sono problemi per quanto riguarda la scuola dell'infanzia e il primo biennio della primaria poiché le esperienze dei bambini vengono assunte come campi tematici per progettare ed allestire attività dirette all'educazione spazio-temporale. Ma quando si passa a gestire le conoscenze disciplinari, allora si verifica una divaricazione: le abilità e le conoscenze in geografia sembrano non poter essere applicate in storia e, viceversa, le abilità e le conoscenze apprese in storia non sono affatto tenute in considerazione in geografia. La maggioranza degli insegnanti comincia a comportarsi come se ci fossero compartimenti stagni e inducono gli alunni a pensare le due discipline come se non avessero niente da spartire.

---

[15] Temperamento: 1 mescolanza, mistura di più elementi specialmente in giusta proporzione, De Mauro T. (2000), *Grande dizionario italiano dell'uso*, vol. VI, Utet, Torino, p. 596.

Non si fa neppure uso di strumenti come le carte geostoriche che pure sono disponibili in gran copia grazie al web.

Inoltre le nozioni geografiche e quelle storiche non vengono rese significative in modo da poterle utilizzare in contesti diversi. Faccio qualche esempio:

In geografia

1. elementi naturali/elementi antropici: si insiste molto a insegnare ai bambini a distinguere le due categorie di elementi nei paesaggi. Non apro qui la critica che si merita tale distinzione netta (non ci sono quasi più elementi naturali che non siano modificati da elementi antropici). Quel che non è approvabile è soprattutto che la distinzione resti fine a sé stessa, come nozione e basta. Non si sa a quale scopo conoscitivo serva, poiché non viene investita per la comprensione di situazioni ambientali attuali e passate. Si immagini, invece, che questa distinzione banale sia investita nella conoscenza di come in un territorio gli elementi naturali siano stati trasformati dalle attività umane e come il dosaggio degli elementi si sia modificato nel tempo: si pensi all'agricoltura, alle bonifiche, all'urbanizzazione, alla centuriazione, all'industrializzazione, alla espansione europea, alle colonizzazioni imperialistiche...

2. Stesso nozionismo colpisce la distinzione tra paesaggi collinari, piani e montuosi. E si può leggere nei sussidiari che la pianura italiana è l'ambiente più favorevole agli insediamenti e alle attività umane come se fosse un connotato naturale e non il risultato di processi di trasformazione formidabili. Nel corso della storia la maggioranza della popolazione si è insediata sulle colline e nelle valli delle montagne.

3. A proposito dell'idrografia italiana, non si mette in evidenza la peculiarità della presenza di numerosi torrenti che mettono ogni anno a rischio idraulico i territori. Nelle rappresentazioni cartografiche dell'età moderna la idrografia veniva messa in grande

risalto poiché essa condizionava pur con fiumi di breve corso insediamenti, agricoltura, traffici... Il nozionismo fa privilegiare le informazioni sui fiumi più lunghi e fa ignorare le questioni connesse con l'ampiezza dei bacini idraulici.

In storia

1. Le descrizioni degli ambienti nei quali i popoli si sono insediati ed hanno sviluppato le civiltà sono banali e insignificanti: penso ad esempio alle descrizioni della Mesopotamia che si riducono a qualche frase scontata sul territorio vicino alla foce. Manca agli alunni la possibilità di conoscere il rapporto tra valli alte e basse dei due fiumi e manca il rapporto con il mare e con i popoli oltremare... Mancano le informazioni sulle acque stagnanti e sulla linea di costa arretrata.

2. Si nega agli alunni la possibilità di comprendere le trasformazioni territoriali che si sono prodotte in conseguenza dei flussi migratori e degli insediamenti dei popoli sul territorio italiano. Ad esempio, la fondazione di Roma e il suo sviluppo non possono essere compresi se non si conosce come si era modificata la situazione degli insediamenti a nord e a sud del Tevere.

3. Nella scuola media sarebbe agevole combinare conoscenze geografiche e conoscenze storiche poiché l'una e l'altra riguardano l'Europa e il mondo. Ma per poter profittare di questa condizione favorevole occorre saper tematizzare le conoscenze storiche in modo che abbiano bisogno dell'approccio geografico e dare alle conoscenze geografiche anche la curvatura della geografia storica.

4. In tutti i livelli le abbondanti risorse digitali agevolano la preparazione dei materiali d'insegnamento e le pratiche per l'apprendimento.

La storia d'Italia come campo di esercizio della geo-storia insegnata

Si tratta di capire come ispirarsi alle indicazioni per la progettazione di unità di lavoro e di progetti curriculari. Lo facciamo ora cercando di applicare alla storia d'Italia le formule che vari geografi hanno elaborato nel corso del '900: *«analisi delle condizioni geografiche dello sviluppo storico»*;[16] *«i fondamenti geografici della storia»*;[17] *«collaborazione fruttuosa»* tra storia e geografia.[18]

Gli ambienti e i territori italiani dal paleolitico in poi hanno accolto e condizionato la vita di gruppi umani e questi hanno modificato più o meno profondamente ambienti e territori italiani. Si tratta di insegnare storia d'Italia assumendo il programma che un geografo assegnava alla geografia:

«Perché la geografia umana è una geografia per la vita. Non si saprebbe ripeterlo a sufficienza. Noi descriviamo e classifichiamo gli oggetti materiali che esistono sulla superficie della terra: case, strade, officine, casali, città. È necessario descriverli Ma essi sono forme vuote e vane apparenze finché noi non avremo afferrato la forza che li ha creati, le energie di questa volontà che riunisce le case e le disperde, imprime la disposizione che noi vediamo, ne guida i cambiamenti. Le opere degli uomini sono per noi un mezzo per penetrare fino agli uomini, per comprendere come essi reagiscono secondo le località (*lieux*) alle proprietà dell'ambiente».[19]

Ma nel programma inseriamo anche la prospettiva temporale e vogliamo insegnare a conoscere e comprendere come essi hanno

---

[16] Hettner A. (1923), recensione a Febvre L. (1922), *La Terre et l'évolution humaine*, Albin Michel, Paris, *Geographische Zeitschrift*, vol XXIX, p. 6.

[17] Hassinger H. (1930), *Geographische Grundlagen der Geschichte*, (*Fondamenti geografici della storia*), Herder&Co., Freiburg im Breisgau.

[18] Baulig H. (1957), "Lucien Febvre et la géographie", *Annales de Géographie*, vol. LXVI, p. 282.

[19] Sorre M. (1952), *Les fondaments de la géographie humaine*, Armand Colin, Paris, Tomo III, pp. 6-7. Tutti citati in Farinelli F. (1980), "Prefazione a L. Febvre", *La Terra e l'evoluzione umana*, Einaudi, Torino, p. XXXIII.

reagito secondo le trasformazioni che i gruppi umani hanno prodotto nel corso del tempo. E si tratta di non rendere la descrizione geografica un fondale, ma di pensare alla maniera di Emile-Felix Gautier:

«Geographia oculus historiae: così scriveva in uno dei suoi ultimi lavori. Con lui siamo lontanissimi dai cenni geografici relegati nell'introduzione dei libri di storia, come una porta che viene aperta e subito definitivamente richiusa».[20]

Il programma della geostoria è quello di «*cercare di trasferire nel passato il lavoro che compiamo sull'attualità. [...] La vita di una società dipende da fattori fisici e biologici, coi quali essa è in contatto e in simbiosi; tali fattori infatti ne plasmano, favoriscono o intralciano la vita e perciò stesso la storia... Non tutta la storia, ma una parte; e proprio questa parte proponiamo di dare il nome di geostoria. [...] Introdurre nel problema geografico la coordinata del tempo significa considerare da storico la geografia umana, con la massa di problemi di vita, con i rapporti di causa e di effetto che essa implica*».[21]

E per la storia d'Italia possiamo trasporre in didattica i modelli dei geografi Arrigo Lorenzi,[22] Lucio Gambi,[23] Massimo Quaini ed

[20] Braudel F. (1998), *Storia misura del mondo*, Il Mulino, Bologna, p. 59-60.
[21] Ivi, pp. 85-86.
[22] Lorenzi A. (1938), "Il Friuli come regione naturale e storica", *Atti del XIII Congresso Geografico Italiano*, Vol. I, del Bianco, Udine, pp.67-84.
[23] Gambi L. (1972), "I valori storici dei quadri ambientali", *Storia d'Italia*, vol I, I caratteri originali, Einaudi, Torino, pp. 3-60; Gambi L. (1973), "Da città ad area metropolitana", *Storia d'Italia*, vol. V, I documenti, Einaudi, Torino, pp. 370-424; Gambi L. (1976), *Introduzione a Storia d'Italia*, vol. VI, Atlante, Einaudi, Torino, pp. 667-675; Gambi L. (1976), Una geografia per la storia, Einaudi, Torino; Sestan E. (1980), "Le 'Regioni' negli Stati preunitari", *Studi di storia medievale e moderna*, Olschki, Firenze, pp. 885-901.

Eugenio Turri,[24] degli storici Piero Bevilacqua e Emilio Sereni.[25] Preziosi sono anche i tanti libri editi dal Touring Club Italiano che possono offrire testi di riferimento da trasporre in testi didattici di geostoria dell'Italia.

Insomma, assumiamo un viatico promettente per il nostro itinerario di ricerca avviata per capire come e quanto gli insegnamenti e gli apprendimenti di storia e di geografia possano guadagnare in potenzialità formativa delle competenze degli studenti, se i due campi disciplinari riescono a scambiarsi approcci metodologici, concettualizzazioni, modelli di spiegazione, forme discorsive di rappresentazione del passato e se riescono a trasporre le rispettive conoscenze in modo che le une concorrano a costruire le altre.[26]

Che fare, dunque?

Sappiamo che ci sono riflessioni e modelli e insegnanti che propongono soluzioni adeguate. E possiamo analizzarli per trovare le

[24] Quaini M. (1973), *Per la storia del paesaggio agrario in Liguria: note di geografia storica sulle strutture agrarie della Liguria medievale e moderna*, Camera di commercio industria artigianato e agricoltura, Savona; Quaini M. (a cura di) (1981), *La conoscenza del territorio ligure fra Medio Evo ed Eta Moderna*, SAGEP, Genova; Quaini M. (2008), "Poiché niente di quello che la storia sedimenta va perduto", *Quaderni storici, Una geografia per la storia dopo Lucio Gambi*, 1, pp. 55-110; Quaini M., (1992), *Tra geografia e storia. Un itinerario nella geografia umana*, Bari, Cacucci; Quaini M. (2004), "Inquadramento geostorico del Mediterraneo occidentale", *Rotte e porti del Mediterraneo dopo la caduta dell'impero romano d'Occidente. Continuità e innovazioni tecnologiche e funzionali*, Rubbettino, Roma, pp. 333. Turri E. (1990), *Semiologia del paesaggio italiano, con un atlante fotografico*, Longanesi & C., Milano.
[25] Bevilacqua P., Rossi Doria M. (1984), *Le bonifiche in Italia dal '700 ad oggi*, Laterza, Bari; Bevilacqua P. (a cura di) (1992), *Storia dell'agricoltura italiana in età contemporanea*, vol. I, Spazi e Paesaggi, Marsilio, Venezia; Sereni E. (2004), *Storia del paesaggio agrario*, Laterza, Bari, (I ed. 1961).
[26] Su tali questioni si può leggere con profitto la trascrizione di una lezione di Quaini M. (1999), *Geografia e paesaggio ambientale, Relazione al Corso di aggiornamento Gli Specchi del Mediterraneo*, 4 febbraio, http://areeweb.polito.it/didattica/savbaa/uploads/docpubb/10/quaini.pdf (consultato il 29/01/2013).

soluzioni didattiche più coerenti. Prendiamo i testi che Giulio Mezzetti ha dedicato alla laguna veneta e alla sua salvaguardia. Nel sito web troviamo un testo che ha l'approccio geografico alla descrizione della laguna, della sua formazione e delle caratteristiche ambientali. Risponde alla domanda come è fatta una laguna e conclude con un problema: «*perché le altre lagune coi secoli si sono interrate mentre quella di Venezia si è conservata?*»[27] Dunque, gli alunni apprendono una conoscenza geografica che ha una sua sufficienza, apprendono anche come si può problematizzare il rapporto tra ambiente e società umana che l'ha modificato, sono invitati ad utilizzare la conoscenza geografica appresa. Infatti, imparano a rispondere alla domanda con l'approccio storico che Mezzetti ripartisce in due filoni:

1. ricostruzione delle fasi principali della storia della Repubblica di Venezia, con approfondimenti circa aspetti peculiari del funzionamento dello stato e del commercio;[28]
2. le opere idrauliche di difesa contro il rischio sicuro dell'interramento della laguna.[29]

Il testo è ricco di rappresentazioni grafiche di grande fascino e di efficacia didattica. Mezzetti traspone al servizio della didattica le lezioni e le ricostruzioni di Braudel.

L'ambiente della Laguna veneta è il teatro di processi di trasformazione di lungo periodo (e tutt'ora in corso) in cui le società umane hanno dovuto adattarsi alle forze della natura e contrastarle e forzarle per i propri scopi con inventiva, con ingegno, con metodo, con regole di vita sociale, con pianificazioni e con prevenzioni. I

---

[27] Mezzetti G. (2010), *Venezia e la sua laguna Vol. I, Una citta, un impero*, La Nuova Italia, Firenze, pp.2-6. http://www.giuliomezzetti.it/ (consultato il 29/01/2013). Nel sito sono messi a disposizione anche 6 volumi intitolati Geostoria che riguardano specialmente l' Europa dall'antichità alla globalizzazione.
[28] Ivi, pp. 7-29.
[29] Ivi, pp. 29-34.

processi principali sono quelli della urbanizzazione (con fasi diverse) e quelli della preservazione dell'ambiente e degli spazi urbanizzati, quelli dell'industrializzazione recente. Lo studio del rapporto "ambiente lagunare/opere di umanizzazione" diventa paradigmatico sia per la geografia umana sia per la geostoria. Ma un insegnante potrebbe preferire di rispondere con dettagli alla domanda: "come la laguna deserta di umanità, è diventata uno spazio umanizzato di tanta importanza nella storia e nel presente? Si pensi di fare conoscere la storia d'Italia in questo modo, con unità modulari a scala locale impostate geostoricamente come propone Mezzetti, l'apprendimento non produrrebbe effetti formativi di abilità che possono essere trasferite ad altri ambienti (si pensi di utilizzare anche i testi dedicati alla Valle dell'Arno), che possono fondare la coscienza civica degli alunni, che possono evolvere in competenze sempre più vigili e raffinate?

Un altro esempio lo prendo da una collana di guide turistiche sui generis perché dedicate a 52 "regioni" storiche e a 10 città: 62 piccole monografie che mettono in luce i caratteri degli ambienti naturali, le opere umane che vi sono istallate creando tradizioni e beni artistici. La collana si intitola *Viaggio in Italia*. Di essa prendo in considerazione il testo di Lucio Gambi *L'Appennino romagnolo, San Marino e il Montefeltro*. Si apre con la descrizione dell'ambiente e dei paesaggi naturali e poi mette in relazione con essi le successive sistemazioni territoriali dei romani, gli assetti politico-territoriali della società feudale e comunale e degli stati mediceo e papale e del conseguente irrazionale "inquadramento geoamministrativo" nell'Italia unita. Prosegue con l'analisi del divario del popolamento e delle attività umane tra territori montani e di pianura.[30] Insomma anche il libro di Gambi ci propone un procedimento geostorico di conoscenza dei territori italiani che potrebbe diventare didattico a beneficio della formazione degli alunni sia in geografia che in storia.

[30] Gambi L. (1983), *L'Appennino romagnolo, San Marino e il Montefeltro*, Fabbri, Milano, p. 96.

Per il curricolo geostorico

Ho indicato degli approcci e dei tasselli che possono ispirare la progettazione di unità di insegnamento e di apprendimento.

Ma a noi preme elaborare i capisaldi per un curricolo in cui conoscenze geografiche e storiche diventino complementari per la formazione di abilità e conoscenze trasferibili dall'uno all'altro campo.

Per questo, abbiamo immaginato che questa prima relazione risultasse da una staffetta fra tre insegnanti di livelli scolastici successivi. Ciascuno di essi presenterà degli esempi di curricolazione combinata per il livello scolastico pertinente e –magari, se possibile, in breve– un esempio di processo di insegnamento e apprendimento centrato su un tema che implichi i due approcci.

Nella staffetta didattica, i testimoni sono proprio gli alunni: il loro profilo in uscita da un livello dovrebbe essere descritto per essere consegnato all'insegnante seguente come base per la progettazione del nuovo segmento curricolare e dei piani di lavoro annuali.

Tocca a loro la parola e l'onere della dimostrazione che la complicità tra le due discipline è nell'ordine delle cose e alla portata di ogni insegnante.

Per tutti noi è un modo di sviluppare una ricerca sul curricolo che ci impegna da molti anni e che continuerà appassionatamente.

Percorsi di geostoria nella scuola dell'infanzia e nella scuola primaria

di *Daniela Dalola*

Premessa

Con questo contributo intendo esporre, seppur in forma sintetica, un percorso curricolare integrato di storia e geografia per la conoscenza dell'Italia atto a favorire negli alunni lo sviluppo della capacità di confrontarsi con la realtà quotidiana e di decifrare la complessità del mondo in rapida trasformazione. Tale competenza geostorica implica che i bambini sappiano far ricorso all'indagine storica e geografica per ordinare, comprendere e interpretare i fatti e le loro distribuzioni spaziali, per saper agire efficacemente e responsabilmente nel presente. Si tratta, dunque, di un percorso che implica l'interconnessione non solo tra geografia e storia, ma anche tra queste ultime e le educazioni, tra cui quella alla cittadinanza attiva.

La proposta curriculare non presenta nuovi percorsi didattici da ricondurre al curricolo delle operazioni cognitive e delle conoscenze significative che l'Associazione Clio '92 avvalla, ma tenta di mettere in evidenza quelle esperienze che maggiormente implicano la complicità disciplinare tra storia e geografia.

Figura 1 - L'articolarsi secondo i diversi formati di conoscenza dei moduli didattici proposti per i due ordini di scuola.

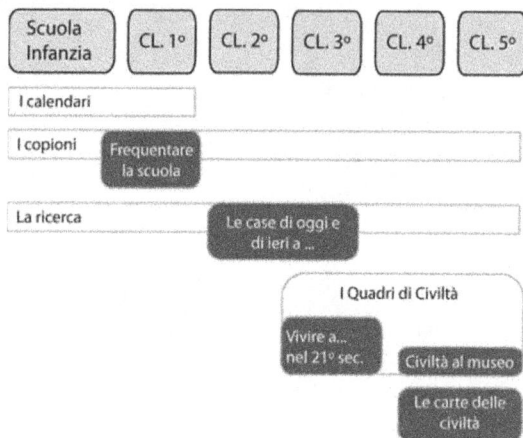

Scuola Infanzia	CL. 1°	CL. 2°	CL. 3°	CL. 4°	CL. 5°

I calendari

I copioni — Frequentare la scuola

La ricerca — Le case di oggi e di ieri a ...

I Quadri di Civiltà

Vivire a... nel 21° sec. Civiltà al museo

Le carte delle civiltà

La proposta curricolare per la scuola dell'infanzia

I calendari

Nella scuola dell'infanzia non si propongono percorsi prettamente disciplinari di storia e di geografia, bensì attività di educazione spazio-temporale volte a favorire la costruzione dell'attrezzatura cognitiva adeguata a portare i bambini verso l'incontro con le due discipline. Tra queste sono particolarmente significative quelle relative alla costruzione e all'uso di calendari attraverso i quali far ripensare ai bambini le azioni che scandiscono, per esempio, la giornata scolastica, per farli giungere alla consapevolezza del ripetersi delle routines. Ciò presuppone che gli alunni sappiano cogliere, anche grazie a sollecitazioni dell'insegnante, la ricorrenza regolare delle attività scolastiche, per poi organizzarle sia spazialmente, che temporalmente all'interno di una rappresentazione schematica: il calendario.

Figura 2 - Un calendario della giornata scolastica

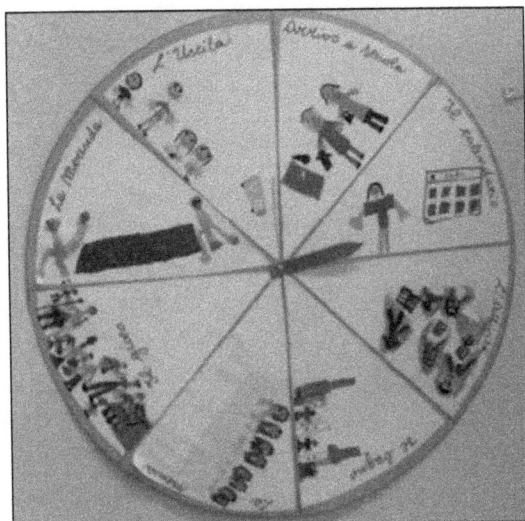

Questo strumento può essere rappresentato sottoforma di un orologio (come quello riprodotto nella **fig. 2**), o di una tabella dove i bambini possono vedere quale attività stanno svolgendo in quel momento e cosa succederà dopo e possono avere anche la visione complessiva dell'arco temporale in cui devono fermarsi a scuola. In questo modo riescono a cogliere il senso del prima e del dopo e acquisiscono la capacità di prevedere gli eventi che dovranno fare e in quali spazi verranno effettuati ("quando abbiamo finito di mangiare, andiamo nel salone a giocare..."). La costruzione e l'uso del calendario permette loro di costruirsi, un po' alla volta, la mappatura temporale e spaziale delle proprie esperienze, quindi di orientarsi negli ambienti della vita quotidiana scolastica, di gestire meglio l'organizzazione cronologica della giornata, sia cognitivamente, che emotivamente, perché dominano con più facilità le ansie che possono provare per il fatto di non sapere cosa accadrà dopo. Attraverso questo strumento possono anche acquisire maggior consapevolezza dell'importanza del ruolo che assumono all'interno

del gruppo per la gestione delle routines giornaliere (il came-
riere, ...), avviando lo sviluppo della cittadinanza attiva.

I percorsi di ricerca

All'interno dei percorsi proposti per la scuola dell'infanzia altre
possibili unità di lavoro in cui l'intreccio tra storia e geografia è
significativo sono quelle relative a percorsi di ricerca per l'avvio
della conoscenza dello spazio di vita degli alunni integrati con
l'educazione al patrimonio. Un'uscita didattica può essere l'occasione durante la quale guidare gli allievi nella ricerca, nell'osservazione degli elementi connotanti il territorio in cui vivono per poi
portarli a coglierne la collocazione, definita attraverso le relazioni
spaziali e le distanze che intercorrono tra il singolo elemento analizzato e gli altri presenti nel paesaggio che stanno osservando.

Il cartellone riportato nella **fig. 3** è il prodotto elaborato successivamente, a scuola. In esso si evidenzia come i bambini, dopo aver
osservato direttamente il territorio del loro paese, iniziano ad elaborare le informazioni acquisite, a "manipolarle" per realizzare una
semplice mappa.

*Figura 3 - Cartellone elaborato dagli alunni della scuola dell'infanzia al ter-
mine del percorso di conoscenza dello spazio di vita.*

Infatti, dopo aver riprodotto le mura e collocato al loro interno i disegni degli edifici più significativi presi in esame, tendono i fili che evidenziano il percorso fatto, le relazioni e le distanze tra i vari elementi. Avviano così la rappresentazione mentale, la concettualizzazione del territorio stesso.

A questo modulo didattico è possibile inserire anche primi percorsi sull'uso delle fonti, chiaramente adeguate alle loro capacità di lettura e di comprensione, quali possono essere le fotografie scattate durante l'uscita, utili non solo per la ricostruzione dell'esperienza, ma anche per approfondire l'analisi, quindi la conoscenza degli edifici analizzati.

Altro tipo di fonte a cui ricorrere con i bambini di quest'età possono essere le persone per loro particolarmente significative, soprattutto dal punto di vista affettivo, quali i nonni o i genitori, da cui ricavare ulteriori informazioni che permettano agli alunni di arricchire le loro conoscenze sullo spazio di vita. Attività di questo genere permettono agli alunni di iniziare ad indagare il territorio attuale, visto come un *"libro da sfogliare"* per intuire le azioni umane nello spazio e nel tempo e di rendere sempre più ricca ed articolata la loro mappa mentale del territorio di vita.

I copioni

Nella scuola dell'infanzia sono sempre più numerose le esperienze che fanno riferimento alla didattica dei copioni. Queste proposte risultano molto efficaci per promuovere la costruzione dei primi schemi concettuali basilari che permettono ai bambini di mettere ordine e porre, seppur provvisoriamente, in sistema la loro esperienza e le osservazioni che hanno effettuato su di essa. Il copione o script, infatti, è la rappresentazione di eventi organizzati in termini spazio-temporali e causali che si costruisce sulla base dell'esperienza reale, attraverso una successione ordinata di azioni coerenti in un particolare contesto, finalizzate a realizzare uno scopo; costituisce quindi la cornice interpretativa della realtà. Pertanto, grazie a questi schemi mentali successivamente, nel loro percorso d'apprendimento, i bambini sapranno dare senso, per esempio, agli indicatori tematici utili per la descrizione di quadri di civiltà. Attività per la configurazione di copioni sono proposte anche negli ordini di scuola successivi, pertanto per l'esplicitazione degli step del percorso rimando al prossimo paragrafo.

La proposta curricolare per la scuola primaria

I copioni a partire dall'esperienza diretta

Figura 4 - Le componenti di un copione

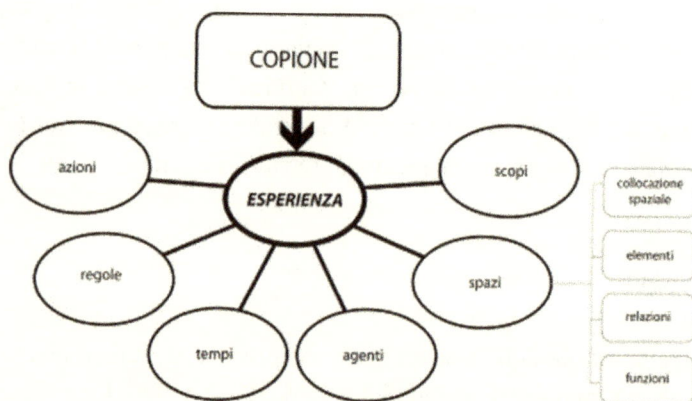

In una **classe prima** è forte e condiviso da tutti i bambini il vissuto del *"frequentare la scuola primaria"*, per cui risulta particolarmente significativo farlo diventare l'oggetto dell'azione didattica. Il percorso di insegnamento-apprendimento volto alla configurazione del copione "frequentare la scuola" comporta un continuo intreccio di attività di tipo geografico e di tipo storico per l'analisi dei molteplici copioni (entrare a scuola, seguire la lezione, fare ricreazione, ...), e delle relative variabili (seguire la lezione in classe o in palestra o nel laboratorio d'informatica, ...), che questo comporta. È importante, dunque, far riflettere i bambini sull'esperienza e facilitare l'individuazione al suo interno degli elementi che fanno riferimento a tutte le componenti del copione, sintetizzate nello schema riportato nella **fig. 4**, dove è evidente come la conoscenza geografica degli spazi dell'edificio scolastico che gli alunni vivono è parte integrante e complementare la conoscenza di tipo storico dell'evento preso in esame.

Per quanto riguarda gli scopi dell'andare a scuola stimoliamo i bambini affinché riescano a spiegare, per esempio, la presenza della bandiera italiana all'ingresso della scuola, oppure la presenza del simbolo della Repubblica italiana sulla scheda di valutazione quadrimestrale; si possono anche leggere, con un linguaggio debitamente semplificato, gli articoli 33 e 34 della Costituzione per favorire nei bambini la formazione del concetto secondo il quale loro fanno parte di un gruppo sociale, la classe che, a sua volta, è parte di un gruppo sociale più ampio, ossia la popolazione che occupa il territorio dello Stato Italiano, con una propria cultura che i bambini conoscono e fanno propria grazie alla scuola. Tutto questo favorisce l'avvio della competenza, prevista dal Ministero, «*di collocare l'esperienza personale in un sistema di regole particolari, in un contesto spaziale e sociale specifico*».[1] Infatti i copioni che vengono configurati dai bambini sono strettamente correlati al quadro spazio-temporale del loro presente; attraverso questo percorso, per esempio, i bambini possono configurare il copione dell'andare a scuola in Italia oggi, che presenta delle variabili ben identificabili rispetto a quello del *frequentare la scuola ai tempi dei nonni* oppure a quello dell'*andare a scuola oggi in Cina.*

[1] Decreto 22 agosto 2007, consultabile nel sito http://www.edscuola.it/archivio/norme/decreti/regolamento_obbligo.pdf (consultato il 29/01/2013)

La didattica dei copioni, favorendo la valorizzazione delle esperienze personali, che vengono collocate nel contesto in cui si svolgono, è fondamentale altresì per favorire la formazione di una propria identità personale che si sente integrata nel luogo d'appartenenza.

Un percorso di ricerca storico-didattica

In **classe seconda** si allarga il contesto spaziale di riferimento del percorso: dalla scuola si passa al quartiere nel quale la scuola è inserita. È importante avviare il modulo didattico con la rilevazione delle preconoscenze possedute dagli alunni, per esempio chiedendo loro di rappresentare la propria mappa mentale del quartiere, che ci permette di cogliere con quali saperi di partenza affrontano il percorso previsto. Si può, quindi, proporre l'osservazione diretta del quartiere e, attraverso schede d'osservazione, far rilevare gli elementi costitutivi il paesaggio in esame. È opportuno, poi, invitare i bambini a classificare gli elementi rilevati, sia da un punto di vista geografico, sia temporale, per cui attraverso domande guida, portiamoli a cogliere, per esempio, quali edifici sono collocabili al loro tempo, quali al tempo in cui i genitori erano bambini, quali al tempo dei nonni e quali in un tempo ancora più lontano. Ovviamente la prima classificazione viene effettuata a partire dalle loro preconoscenze, ma in classe va convalidata con il ricorso a fonti. Si avvia così nei bambini l'idea dello spessore temporale del loro territorio, della stratificazione nel tempo delle sue modificazioni. Per consolidare tale concetto è necessario far organizzare temporalmente le informazioni su un grafico temporale e spazialmente su una carta geografica sulla quale far collocare gli elementi rilevati durante l'osservazione diretta associando a ciascuno di essi una particolare sfumatura cromatica, diversificata in base al periodo a cui l'elemento risale. L'analisi della distribuzione delle tracce collocate sulla pianta del paese, la loro messa in relazione permettono agli alunni di cogliere la struttura del territorio e l'evoluzione.

La successiva lettura comparata di carte geografiche di diversa levata e di immagini raffiguranti il territorio in diverse epoche può facilitare ulteriormente la percezione della sua trasformazione nel tempo a partire dalla rilevazione delle permanenze e dei mutamenti. Favorendo la capacità d'osservazione, l'analisi e lo studio del territorio cittadino nella sua dimensione spaziale e temporale portiamo gli alunni a riconoscere le proprie radici e favoriamo comportamenti atti a tutelare la ricchezza naturale e culturale dell'ambiente di vita. È importante, però, che i bambini non concepiscano queste trasformazioni come proprie solo del loro territorio di vita, per cui dobbiamo guidarli a cogliere come questo fenomeno, che hanno conosciuto nel loro contesto, sia riscontrabile e collocabile in territori a scala spaziale più ampia, quindi anche all'Italia. Con questi percorsi si contribuisce, quindi, anche al consolidamento dell'identità e del senso di appartenenza ad un luogo dai confini sempre più ampi.

Se si implementa questa unità di lavoro con un ulteriore modulo sullo studio delle abitazioni degli alunni a conclusione del quale elaboreremo un testo, questo sarà il prodotto dal quale partire, in **classe terza**, per avviare altri due moduli:

1. un percorso **di ricerca storico didattica** sulle *case ai tempi dei nonni*, visto come spazio di intersezione fra l'insegnamento di geografia e di storia, nel quale le conoscenze sulle abitazioni dei bambini diventa elemento di confronto anche di stili di vita in tempi diversi. Fare geostoria significa pertanto anche inscrivere e circoscrivere il soggetto entro i modi e le pratiche dell'abitare, viste come forme dell'appropriarsi e del vivere il territorio;

2. altro percorso che ha avvio da questo testo è quello di costruzione del quadro di vita del presente, del quale il testo sulle abitazioni dei bambini è parte integrante.

Il quadro di civiltà del presente

La costruzione di quadri di civiltà ha avvio dalla riflessione sull'esperienza dei bambini, attraverso la quale giungono in primo luogo all'individuazione delle categorie interpretative secondo le quali leggere la realtà: gli indicatori tematici di civiltà, che organizzano nella relativa matrice cognitiva (**fig. 5**). Imprescindibile è, dunque, l'analisi delle caratteristiche dell'ambiente in cui il gruppo umano vive e le relazioni che vi intercorrono, in questo si denota già la complicità disciplinare tra storia e geografia.

Figura 5 - La matrice generativa la descrizione di un quadro di civiltà

Raccogliendo le informazioni prodotte per mezzo della riflessione sulle proprie esperienze e sulle proprie conoscenze, gli alunni elaborano poi le prime semplici definizioni di "che cosa è" il singolo indicatore, quindi "cosa implica" nel tempo attuale. È fondamentale che i bambini implementino le proprie conoscenze confrontandosi col mondo circostante; ritorniamo perciò ad indagare il loro territorio di vita, che ora analizzano per ricercare nuove informazioni da organizzare nei testi descrittivi il loro quadro di vita.

Sollecitiamoli poi a cogliere come queste conoscenze non sono circoscritte solo agli alunni della classe terza di questo particolare territorio, ma che possono essere generalizzate anche alla popolazione di un'area geografica più ampia, quale può essere il contesto del quadro di civiltà occidentale oggi. La struttura del quadro di civiltà del presente e le strategie attivate per la costruzione costituiscono il modello a cui gli allievi faranno poi riferimento per la conoscenza di civiltà vissute in contesti spazio temporali differenti.

Partire dall'esperienza personale, valorizzarla e farne oggetto di ricerca permette all'allievo di recepirsi come agente storico in relazione con il contesto sociale, economico e culturale che lo attornia; quindi non è solo una strategia didattica per la costruzione del sapere storico, ma è un'importante indicazione per la realizzazione della competenza indicata dagli standard nazionali: «*collocare l'esperienza personale in un sistema di regole fondato sul reciproco riconoscimento dei diritti per il pieno esercizio della cittadinanza*».[2]

La costruzione di quadri di civiltà del passato

In classe quarta e quinta si possono proporre percorsi di costruzione di quadri civiltà del passato con strategie didattiche diverse, tra le quali la didattica museale, che prevede l'uso e la lettura dei reperti museali finalizzati alla costruzione di conoscenze di una civiltà del passato. A conclusione del percorso è utile far costruire e analizzare agli alunni la mappa relativa alla provenienza dei reperti museali analizzati per far cogliere la collocazione spaziale, la distribuzione delle tracce che sono state collezionate e organizzate all'interno del museo. A partire da questo, si possono poi far riflettere i bambini sul perché qualcuno ha sentito l'esigenza di istituire

---

[2] Standard nazionali per le competenze di base, consultabili nel sito http://www.irre.toscana.it/obbligo_formativo/standard_compe-tenze_di_base_specimen.doc (consultato il 29/01/2013)

un museo e sulle ragioni per cui è stato creato proprio in quel particolare territorio. Con questo tipo di sollecitazioni si favorisce in loro la consapevolezza del valore del bene culturale, visto anche come raccordo tra la dimensione territoriale e quella storico-sociale. Approfondiamo così il dialogo degli allievi con il territorio, privilegiando un approccio sistemico ai beni culturali, opportunamente contestualizzati e correlati alla complessiva trama territoriale e promuovendo un'elaborazione della conoscenza caratterizzata da un continuo intreccio tra esperienza e riflessione. Facciamo sì che i bambini operino con i propri saperi di geografia e di storia in un'ottica integrata e orientata per costruire memoria. Fare geostoria si carica, dunque, di una forte valenza, in quanto contribuisce a creare le basi di una cittadinanza attiva e consapevole e favorisce comportamenti per la tutela del patrimonio del territorio circostante.

È opportuno far sì che le singole conoscenze dei vari quadri di civiltà a cui portiamo i bambini non rimangano per loro isolate, come semplici nuclei di conoscenze. Per questo attraverso il confronto di carte geostoriche dell'Italia in tempi diversi e la lettura della mappa spazio-temporale è importante aiutare gli alunni a mettere in relazione le rappresentazioni dei diversi stati delle cose a cui giungono per la messa in sistema delle conoscenze e la costruzione del processo di trasformazione dell'Italia caratterizzato da un continuo rimescolamento di genti e culture.

Il profilo dell'alunno in uscita dalla scuola primaria

Attraverso questa proposta curricolare siamo partiti dall'esperienza del bambino e, come richiamano le indicazioni, abbiamo utilizzato queste come vie d'accesso per la conoscenza di orizzonti spaziali e temporali sempre più ampi, abbiamo portato i bambini a saper reagire alla complessità delle conoscenze geostoriche e a saper operare su queste per dare loro significato nell'ottica della conoscenza dell'Italia. Quale profilo del bambino in uscita dalla scuola primaria si delinea con questo percorso?

Al termine di questo itinerario d'apprendimento l'alunno può avere:

• una certa consapevolezza della propria identità, delle proprie capacità, delle proprie conoscenze;

• la conoscenza di un ventaglio di quadri di civiltà e di assetti, di sistemi territoriali, nonché di concetti storici e geografici, attraverso i quali interpretare e dare significato agli elementi rilevati;

• la capacità di compiere operazioni cognitive, tra le quali quelle che permettono ai bambini di rilevare le trasformazioni dello spazio circostante, le permanenze presenti e i suoi mutamenti;

• la conoscenza delle procedure seguite per costruire questo sapere;

• la consapevolezza della relatività del proprio bagaglio conoscitivo e la disponibilità ad integrarlo con nuove informazioni.

Riferimenti bibliografici

Aa.Vv. (1999), *Tesi sulla didattica della storia*, Associazione Clio '92, consultabili nel sito http://www.clio92.it (consultato il 29/01/2013).

Aa.Vv. (2000), *Oltre la solita storia, nuovi orizzonti curricolari*, Associazione Clio '92, Casa editrice Polaris, Faenza.

De Vecchis G., Staluppi G. (2007), *Insegnare geografia. Idee e programmi*, UTET università, Torino.

Gambi L. (1973), *Una geografia per la storia*, ed Einaudi, Torino.

Giorda C. (2006), *La geografia nella scuola primaria*, ed. Carocci, Roma.

Mattozzi I. (a cura di) (1990), *Un curricolo per la storia*, Cappelli editore, Bologna.

MIUR (2012), *Indicazioni nazionali*, 4 settembre 2012.

MPI, Università degli studi di Bologna, *Insegnare la storia-corso ipertestuale per l'aggiornamento in didattica della storia*.

Pasquinelli d'Allegra D. (2009), *La geografia dell'Italia*, ed. Carocci, Roma.

Rabitti M. T. (a cura di) (2009), *Per il curricolo di storia-idee e pratiche*, ed. Franco Angeli, Milano.

Percorsi di geostoria per il triennio della scuola secondaria

di *Livia Tiazzoldi*

Nella didattica, così come nella vita, è impossibile immaginare nuovi percorsi, trovare spazi di dialogo tra le discipline, se non si è disposti ad uscire dalla rigidità delle strade già tracciate per sperimentare uno sguardo ed un pensiero "diverso".

Il lavoro che segue consiste in una bozza di curricolo organizzato a partire da quelle che Lorena Rocca, presidente dell'AIIG Veneto e docente presso tale dipartimento, chiama "le cinque porte della geografia": **spazio; ambiente; territorio; paesaggio; luogo.**[1]

Queste cinque porte sono un efficace espediente per proporre una geografia intesa come ponte fra le scienze e le scienze umane, come rappresentazione della realtà da decostruire, indagandone i contesti, scoprendo il discorso sul mondo che sta dietro il disegno del mondo e che continuamente si modifica nel tempo.

In tal modo si può arricchire, diversificandola, la proposta didattica e far emergere gli innumerevoli intrecci tra storia e geografia da cui deriva la Geostoria.

Il presente della geografia si intreccia col passato della storia, ma si apre anche alle prospettive future. Il futuro si collega alla tematica della scelta, della cittadinanza attiva, della responsabilità personale.

---

[1] Rocca L. (2011), "Sguardo nuovo sul mondo", *La vita scolastica*, n.14, Giunti Scuola, Firenze.

La geografia è intesa sia come insieme di caratteristiche ambientali capaci di condizionare la storia di un popolo e la sua civiltà, sia come realtà presente da indagare (muovendosi su scale spaziali diverse) alla ricerca di segni e testimonianze lasciate dalla storia (dal segno al significato).

Alcune unità di apprendimento si soffermano sull'aspetto metacognitivo, altre si aprono all'ottica interculturale ed alla cittadinanza, allo scopo di formare cittadini sensibili alle problematiche del mondo in cui vivono, consapevoli del fatto che il presente è frutto di scelte ben precise e dotati di uno sguardo responsabile rivolto al futuro.

Per costruire percorsi geo-storici risulta particolarmente efficace partire da temi e problemi che riguardano il mondo attuale e che, coinvolgendo il presente degli studenti, offrono una motivazione più forte ad apprendere. È possibile analizzarli sia in prospettiva spaziale che in prospettiva storica, evidenziandone l'evoluzione temporale.

Risulta pertanto evidente la necessità di superare le divisioni settoriali dei saperi, di rileggere in modo critico le discipline, considerandole strumenti diversi, ma complementari, per l'acquisizione di importanti competenze: [2]

1. competenze sociali e civiche;
2. consapevolezza ed espressione culturale;
3. imparare ad imparare: prevede una serie di attività metacognitive inserite nel curricolo legate alla "grammatica" delle discipline, alla loro specifica testualità, all'uso di strumenti e linguaggi adeguati, compreso il manuale;
4. competenza digitale: utilizzo delle tecnologie della comunicazione e dell'informazione.

Vanno altresì individuati:

---

[2] "Otto competenze chiave di cittadinanza", *Raccomandazione del Parlamento Europeo 2006* e *Indicazioni Nazionali per il curricolo della scuola dell'infanzia e del primo ciclo di istruzione* del 4-09-2012.

a. i concetti fondamentali su cui costruire le unità di apprendimento;

b. i contenuti disciplinari utili all'acquisizione di tali concetti, anche attinenti a più discipline, e declinati secondo scale diverse: geografia e storia a scala locale, regionale, mondiale;

c. alcune conoscenze significative e abilità atte a costruire e consolidare le competenze;

d. immagini e carte, indispensabile strumento didattico per la geostoria;

e. possibili uscite nel territorio dove utilizzare i concetti appresi come strumento di lettura della realtà.

L'esempio di curricolo che segue si pone l'obiettivo di evidenziare le connessioni tra le discipline, mettendo in primo piano l'approccio geografico ed accogliendo la suggestione di Fernand Braudel secondo il quale: «*Lo spazio non rappresenta solo lo scenario della vicenda umana, ma uno dei soggetti di quella stessa vicenda*».[3]

Questo stesso curricolo potrebbe comunque essere rideclinato dando priorità alla tematizzazione storica ed evidenziando poi l'imprescindibile collegamento con la geografia.

Spazio

Questa prima porta apre al dato naturale antecedente alla progettazione sociale ed a qualunque tipo di intervento umano. Appartiene a quest'ambito la descrizione della superficie terrestre con i propri attributi fisici e vi si associano competenze relative all'orientamento.

Passando però dallo spazio indagato allo **spazio rappresentato**, è possibile attivare livelli progressivi di decostruzione delle carte, integrando così lo sguardo del geografo con quello dello storico ed

---

[3] Braudel F. (1998), *Storia misura del mondo*, Il Mulino, Bologna.

esercitando competenze geostoriche come la localizzazione (corrispondente alla datazione in storia), l'estensione (corrispondente alle lunghe e brevi durate in storia), la transcalarità (confronto continuo fra realtà locali e globali, vicine e lontane).

Classe prima

Geografia fisica e politica dell'Italia

- carta a mano libera in cui localizzare elementi di geografia fisica e politica appresi alla scuola primaria.
- focalizzazione dei luoghi visitati (paesaggi del cuore).
- città storiche e toponimi.

Mappe mentali su regioni d'Italia

Lavoro individuale e di confronto collettivo sulla regione preferita, con riferimento anche alla percezione degli alunni stranieri presenti in classe.

Storia e geografia come rappresentazione

Gli allievi vengono gradualmente condotti a scoprire affinità e differenze fra queste due modalità, inevitabilmente soggettive, di rappresentare il tempo e lo spazio. Comprendono per via induttiva che le operazioni necessarie a produrre i due tipi di rappresentazione sono le stesse:

- tematizzare;
- selezionare alcuni aspetti in base allo scopo che si vuole ottenere;
- usare un criterio di rappresentazione (scala e operatori temporali);
- usare dei simboli convenzionali;
- orientare il testo (punti cardinali, uso della cronologia).

Riflessioni conclusive

La storia è rappresentazione del tempo nello spazio; la geografia è rappresentazione dello spazio nel tempo.

Classe seconda

La nascita dell'economia-mondo europea

Processo di trasformazione di storia mondiale basato sul modello interpretativo di Braudel e Wallerstein che evidenzia lo **spostamento geografico nel tempo di centri e periferie.**

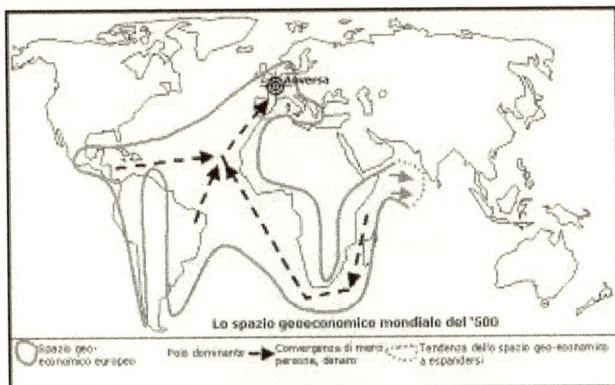

Lo spazio geoeconomico mondiale del '500

Spazio geo-economico europeo ◯ — Polo dominante ● — Convergenza di merci, persone, denaro ➤ ⋯ Tendenza dello spazio geo-economico a espandersi

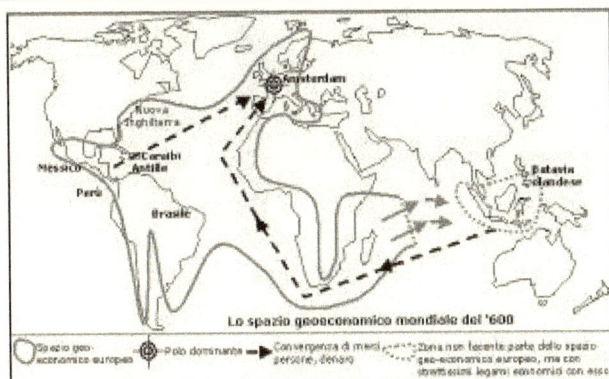

Lo spazio geoeconomico mondiale del '600

Nuova Inghilterra · Caraibi Antille · Messico · Perù · Brasile · Batavia olandese

Spazio geo-economico europeo ◯ — Polo dominante ● — Convergenza di merci, persone, denaro ➤ ⋯ Zona non facente parte dello spazio geo-economico europeo, ma con strettissimi legami economici con esso

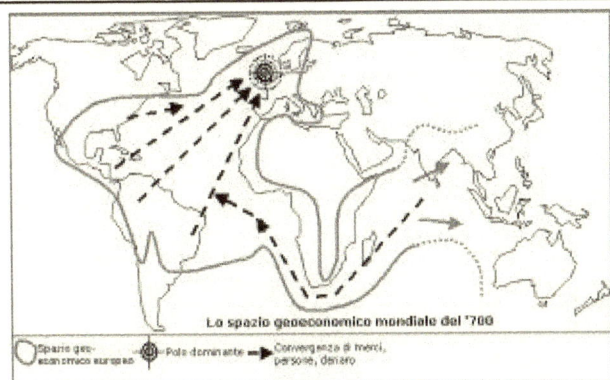

Lo spazio geoeconomico mondiale del '700

Spazio geo-economico europeo ◯ — Polo dominante ● — Convergenza di merci, persone, denaro ➤

La cartografia storica

Dimensione diacronica della geografia che permette di vedere come sia cambiata nel tempo la rappresentazione del mondo.

Classe terza

Le rivoluzioni spaziali nella storia

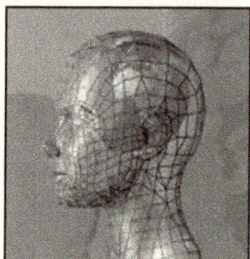

- Il neolitico: quando la scoperta dell'agricoltura comporta lo stanziarsi degli uomini, il loro radicarsi in un luogo e la sua trasformazione mediante il lavoro.
- Le scoperte geografiche tra il '400 e il '500: si scopre che il mondo è infinitamente più grande di quanto immaginato fino a quel momento.
- La nascita degli stati nazionali.La rivoluzione dei trasporti e delle telecomunicazioni.
- La nascita dello spazio sociale globale.[4]

[4] Revelli M. (2001), "Ritornare nei territori", *Animazione sociale*, 10, Editrice Gruppo Abele, Torino, pp. 18-24, consultabile nel sito www.animazionesociale.it (consultato il 29/01/2013), Archivio online 1998-2009.

104

Il succedersi nella centralità degli oceani nella storia mondiale

- Oceano Indiano e mare Mediterraneo.
- Oceano Atlantico.
- Oceano Pacifico.[5]

La storia della geografia

- 300 a. C: Alessandro Magno incarica dei geografi di descrivere l'estensione e la varietà dell'ecumene.
- 150 d. C: Tolomeo e Strabone disegnano le prime carte.
- 1099: l'arabo El Idrisi propone un atlante con 70 carte.
- 1500: svolta nella cartografia dopo le scoperte geografiche.
- Google Earth: il mondo a portata di mouse.

Ambiente. Vie di comunicazione ed aree strategiche

Questa porta apre ai concetti di ecosistema, risorse, cambiamento climatico, diversità bioculturale, processi economici globalizzanti e valorizzazione delle specificità locali. Apre al futuro ed alla cittadinanza come educazione alla sostenibilità,[6] come ricerca di risposte a problemi sociali, economici e politici da parte dei gruppi umani insediati in ciascun ambiente.

La geostoria è la storia che l'ambiente impone agli uomini, condizionandoli, ma anche la storia dell'uomo alle prese con il suo spazio contro cui lotta di continuo.[7]

Classe prima

Le isole Aran

Un modello per comprendere il sistema delle relazioni uomo-ambiente.[8]

[5] Modello proposto da A. Brusa che rilegge la storia mondiale attraverso oceani e mari.

[6] Braudel F. (1998), op. cit., p. 100.

[7] Agenda 21, documento programmatico sullo sviluppo sostenibile sottoscritto al termine della Conferenza ONU su Ambiente e Sviluppo di Rio de Janeiro nel 1992.

[8] Mezzetti G. (2004), "Le isole Aran alla periferia dell'Europa", *I territori e la storia*, L'iperlibro dell'Europa, vol. B, La Nuova Italia, Firenze, pp. 202-212.

Ambiente-popolazione-risorse-cultura materiale: unità di apprendimento a scala spaziale mondiale e di lunga durata, per riepilogare alcune importanti concettualizzazioni studiate alla scuola primaria. Si tratta di:

* differenza fra nomadi e sedentari;
* civiltà fluviali;
* nascita delle città;
* nascita degli imperi.

L'uda ha un particolare focus sul **Mediterraneo**.

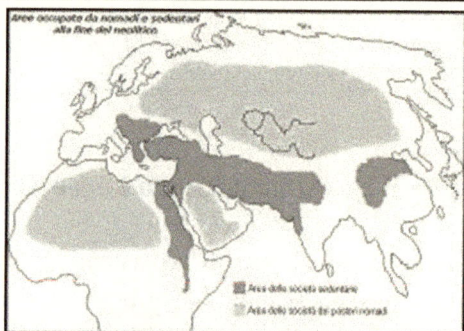

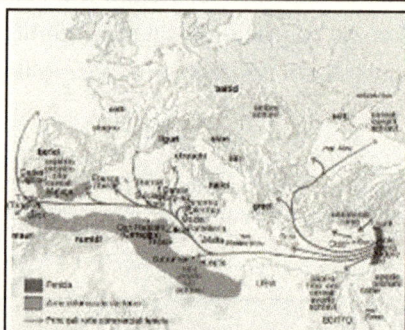

Grano, riso, mais, piante di civiltà, a confronto

Si tratta di specie vegetali capaci di condizionare, con la scansione temporale del loro ciclo di
vegetazione, la vita privata e pubblica, l'economia, la cultura, le pratiche religiose e persino il potere politico delle popolazioni che le coltivano.[9]

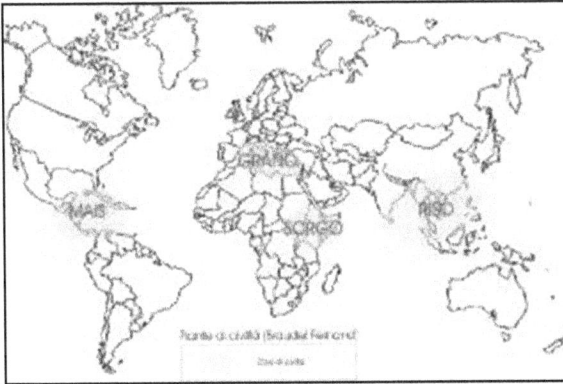

Otto circuiti del sistema mondiale nel XIII secolo

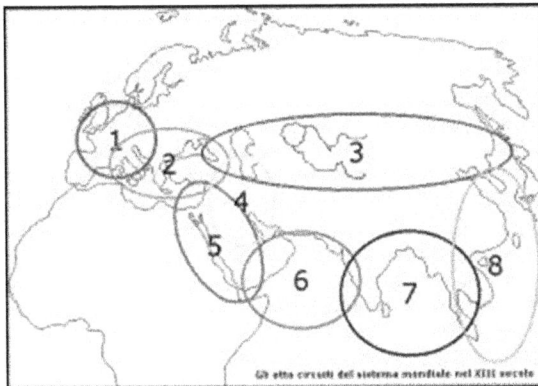

[9] Braudel F. (1979), *Civiltà materiale, economia e capitalismo. Le strutture del quotidiano (secoli XV-XVIII)*, Einaudi, Torino.

La via della seta e la via delle spezie

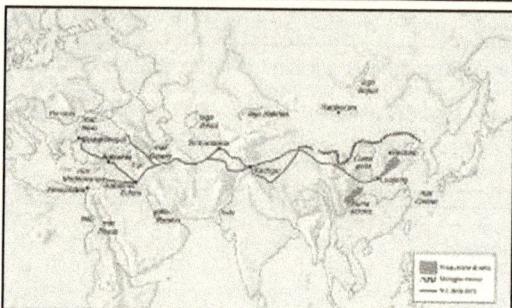

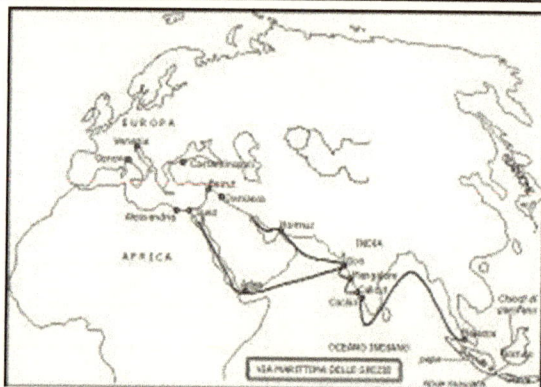

Classe terza

Biodiversità culturale fra popoli del mondo

Popoli indigeni: passato storico e prospettive future, sviluppo sostenibile.

Fonti di energia nel tempo e nello spazio

Analisi delle varie fonti di energia, a partire da quella muscolare, per arrivare a quelle alternative del presente.

Il diritto di accedere alle risorse della Terra dovrebbe essere garantito a tutti in modo equo.

Le aree e le risorse strategiche variano nel tempo e nello spazio e possono essere fonte di conflitto:

- stretti e canali: stretto di Ormuz, canale di Suez, Panama.
- il petrolio.
- l'acqua potabile: aree dove scarseggi.

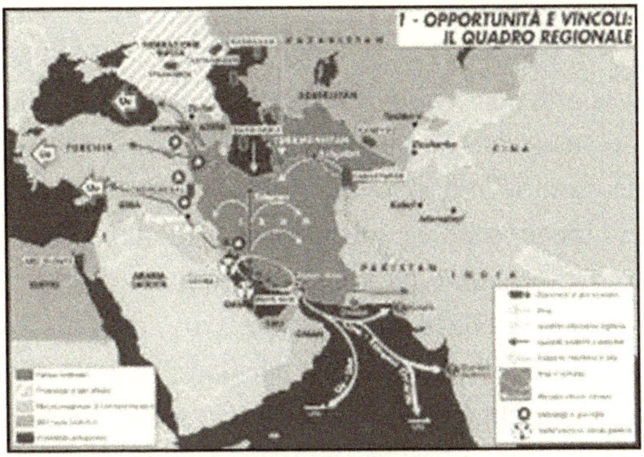
1 - OPPORTUNITÀ E VINCOLI:
IL QUADRO REGIONALE
TURCHIA
PAKISTAN
INDIA

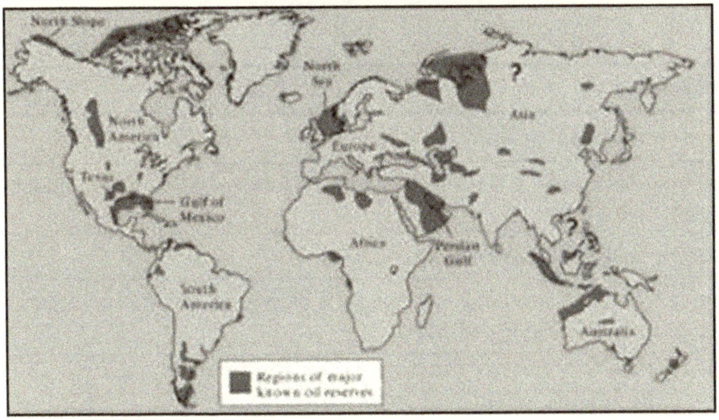
North Slope
North Sea
North America
Texas
Gulf of Mexico
Europe
Asia
Africa
Persian Gulf
South America
Australia
Regions of major known oil reserves

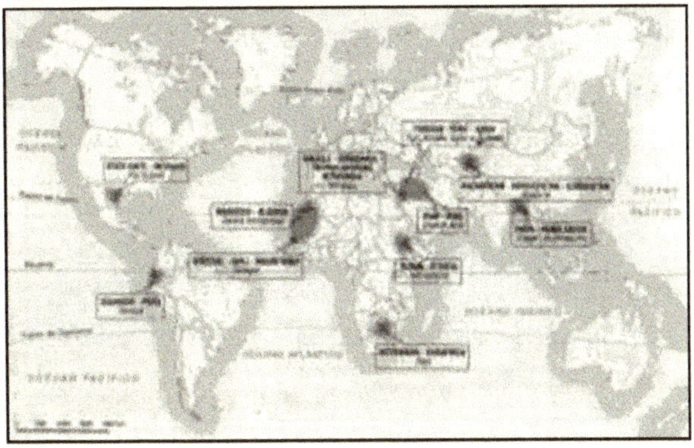

Territorio

È un prodotto socio-culturale, un sistema formato da elementi strettamente interrelati fra loro, proiezione al suolo dei valori di una società, dei miti, della religiosità.

È spazio umanizzato ed antropizzato e in quanto tale processo in continua evoluzione. Il termine territorializzazione indica infatti le trasformazioni della natura operate dall'uomo nel corso del tempo (la storia nella geografia), peculiare oggetto di indagine della geostoria. Letteratura, poesia, fotografia e cinema possono essere utilizzati come ulteriori strumenti di conoscenza del territorio.

Classe prima

I territori e la storia d'Italia

Trasformazioni agrarie e del paesaggio urbano attraverso una serie di carte e di immagini diacroniche.

L'esempio della laguna di Venezia

Come mai non si è interrata? La risposta si ottiene da uno studio integrato tra storia, geografia, economia ed arte.[10]

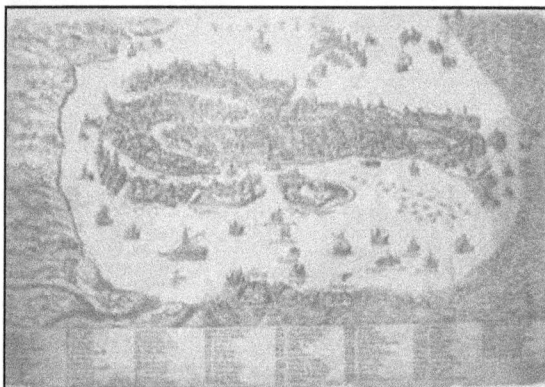

Venezia nel 1568

---

[10] Mezzetti G. (2004), *I territori e la storia*, L'iperlibro dell'Europa, vol. B, La Nuova Italia, Firenze, pp. 154-196.

Venezia oggi dal satellite

Classe seconda

La trasformazione dei territori europei illustrata mediante una serie di diorami

---

Strategia grafica per ricapitolare avvenimenti di lunga durata evidenziando la trasformazione dei territori sia dal punto di vista geografico che storico.[11]

Si parte dall'età glaciale (da 20.000 a 12.000 anni fa) con i cacciatori di Cro-Magnon che hanno soppiantato gli uomini di Neandertal (tracce storiche: es.grotte Lescaux) per arrivare alla devastazione del territorio operata dalle guerre mondiali, passando attraverso una serie di tappe intermedie:

- età del ferro: dal 1000 al 500 a.c. foreste e agricoltura praticata da popoli indoeuropei;
- dal 5° secolo a.c. al 5° secolo d.C.: impronta romana e diffusione civiltà urbana (strade e centuriazioni come strumenti di conquista);
- dall'11° al 14° sec.:
  a. società feudale: feudi, castelli, monasteri bonifiche, età della radura;
  b. rinascita urbana.
- dal 16° al 18° sec.: armi da fuoco e trasformazione città (bastioni angolari);
- dal 1750 al 1815: da Napoleone in poi nuove tecniche di guerra che usano il territorio, mare compreso, per scopi strategici. Necessaria anche una nuova cartografia;
- industrializzazione: ferrovie, industrie, urbanizzazione.

---

[11] Mezzetti G. (1998), *La storia e l'ambiente,* La Nuova Italia, Firenze.

111

Dal cyberspazio all'idea di confine nella storia: riflessione sulla trasformazione dell'idea di confine nel tempo

Nel 18° e 19° secolo è definito come linea di demarcazione, spazio chiuso, separazione di realtà socio-ambientali e politico-culturali diverse, ma omogenee al proprio interno. In base a tale definizione si crea una grande frammentazione territoriale che non tiene conto del concetto di regione basata sul principio di unitarietà geografica.
Oggi, ai tempi del "villaggio globale", che senso ha l'uso del termine confine con questa stessa accezione?
E' più adeguata l'idea di regione geografica usata come riferimento da organismi sovranazionali come ONU, UE, ONG (con finalità positive), ma anche da organismi meno "positivi" come mafie e transnazionali.
Più che barriere le aree di confine sono in realtà aree di dialogo e permeabilità (intercultura).

Popolamento, migrazioni

Questa tematica presenta molte possibili connessioni tra storia e geografia, coniugate anche attraverso lo sguardo interculturale.
Ad esempio, uso del linguaggio: migrazione, emigrazione, immigrazione, barbaro, straniero, profugo, invasione ecc.

Paesaggio e punto di vista

Secondo la *Convenzione Europea sul paesaggio*, questo termine «*designa una determinata parte di territorio, così com'è percepita dalle popolazioni, il cui carattere deriva dall'azione di fattori naturali e/o umani e dalle loro interrelazioni*».[12]

Il paesaggio ha natura diacronica: a partire dalla lettura del suo presente, è possibile rinvenire le tracce del passato, ma anche quelle di progettualità future.

L'analisi attenta dei suoi elementi, dei fattori che lo costruiscono e incessantemente trasformano, rende possibile capire «*da dove veniamo e dove stiamo andando*».[13]

---

[12] *Convenzione Europea sul paesaggio* (2000), Consiglio d'Europa, Firenze, 20/10/2000.
[13] Ibidem.

L'idea di territorio **percepito** apre alla riflessione sul punto di vista e permette l'introduzione nel curricolo di tematiche interculturali.

Classe prima

Il paesaggio

- Elementi geografici e naturali
- Elementi artificiali del paesaggio dovuti all'azione dell'uomo nel tempo
- Paesaggi armoniosi
- Paesaggi del degrado
- Riflessione sulla relazione più o meno equilibrata delle attività umane con il territorio.[14]

Cosa significa essere europei?

Riflessione sui caratteri comuni agli europei partendo dalla lettura di un testo tratto da *L'Europa raccontata ai ragazzi* di Le Goff.
Un viaggiatore, spostandosi in aereo da Milano ad Istanbul, alla Russia, alla Gran Bretagna, all'Italia entra a contatto in breve tempo (cinque ore di volo) con paesi molto diversi fra loro, da ogni punto di vista. Eppure sono tutti europei. E allora si chiede: cosa vuol dire essere europei?

Classe seconda

La percezione del paesaggio è condizionata da fattori storici e culturali

---

Esempio: il deserto nella descrizione di Marco Polo e Ibn Battutah a confronto.

---

[14] Mezzetti G. (2004), *L'iperlibro dell'Europa,* La Nuova Italia, Firenze.

113

Lettera di un Cinese agli Aztechi (EMI)

Filmato giocato sulla logica del "mettersi nei panni di", in cui si immagina che siano stati gli Aztechi a partire dall'America, approdare in Europa, scambiarla per la Cina, sfruttandola a proprio vantaggio.

Classe terza

Il punto di vista nelle carte geografiche

Confronto fra le proiezioni Mercatore, Peters e altre. Implicazioni storiche a monte delle diverse proiezioni.

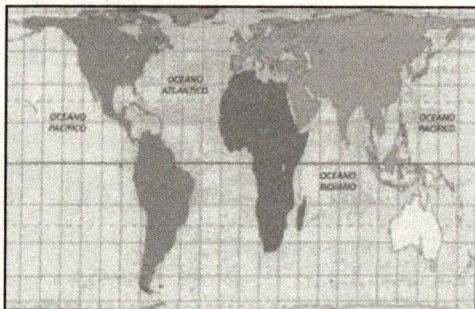

Uso dei termini geografici in senso storico: da indicatori geografici a termini geo-politici

Oriente e occidente dal punto di vista geografico ed astronomico indicano il luogo del cielo dove il sole sorge e tramonta, ma hanno assunto un significato diverso e in questo senso si scrivono con l'iniziale maiuscola. E' stata l'Europa, a determinare l'Oriente. E al tempo stesso ne è stata determinata diventando l'Occidente.[15]

Luogo. Educazione al Patrimonio

Il luogo è la porta che apre sul vissuto emotivamente connotato, dove la soggettività è posta al centro.

Entra in campo la memoria ed anche a questo livello l'intreccio fra storia e geografia può portare ad interessanti proposte didattiche.

Leggere il tempo nello spazio: il senso del passato nei luoghi che di quel passato sono stati teatro.

Classe prima

Visita al museo dei grandi fiumi di Rovigo: Adige e Po

Storia locale e storia d'Italia si intrecciano molto bene in questo museo ed anche la geografia gioca un ruolo importante.
Si ripercorre la storia delle civiltà nate lungo i due fiumi in quel territorio e le si confronta poi con una civiltà, quella romana, che al fiume ha sostituito le strade.
In tal senso la visita diventa anche un'ottima ricapitolazione delle conoscenze acquisite alla scuola primaria.

---

[15] Marco Fossati, *Oriente e Occidente*, http://www.presentepassato.it (consultato il 29/01/2013).

Classe seconda

Uscita a Padova

Per ritrovare nel territorio i segni della storia della città.

Origine del termine Europa connotato dalla storia

- Usato per la prima volta dai Greci ad indicare le terre di libertà da loro abitate, contrapposte alle terre di schiavitù dell'impero persiano;
- Dopo Poitiers usato per connotare le terre abitate da genti di origine romana e germanica, escludendo il Medio Oriente arabo.

Classe terza

Uscita nella propria città

Alla ricerca di tracce locali della grande storia.

Uscita museo della guerra di Rovereto

Segni sul territorio lasciati dalla guerra, la propaganda, il fronte interno.

Toponomastica: origine dei nomi degli stati del mondo

Legati alla geografia fisica e antropica o alla storia della loro conquista.

Stati, nazioni e rivoluzioni politiche

Parte del processo di trasformazione è focalizzata su nomi di vie, statue di eroi risorgimentali, ma anche luoghi, quartieri, edilizia legata alla presenza di popoli diversi che convivono oggi in Italia.

Insegnare storia e geografia nei licei

di *Mario Pilosu*

Modalità di progettazione

Come docenti del Dipartimento Area Storico-Sociale, nella riunione iniziale per la progettazione del percorso di Storia/Geografia del biennio del Liceo Scientifico, opzione Scienze Applicate, dell'I.I.S. 'Italo Calvino' di Genova, abbiamo iniziato dall'analisi delle competenze presenti nel DM 22/8/2007 –*Assi culturali dell'area storico-sociale*– e delle relative Abilità e Conoscenze, ma anche, nello stesso Decreto, delle *Competenze chiave della Cittadinanza*. Da qui è iniziata la progettazione della programmazione biennale. Il percorso più breve poteva essere quello di trasferire le nuove indicazioni direttamente nelle programmazioni precedenti, risparmiando tempo e fatica. L'operazione potrebbe sembrare semplice e immediata, ma:

- le Indicazioni Nazionali per i Licei non sono assolutamente sistematiche
- mancano le indicazioni sulle Abilità da raggiungere alla fine del biennio
- le Conoscenze sono solamente elencate, come un indice di un manuale

Abbiamo quindi analizzato con attenzione le *Indicazioni Nazionali*, partendo dalle indicazioni presenti nel PECUP. Poi abbiamo analizzato, all'interno delle *Indicazioni* della disciplina Storia e Geografia, le linee generali e le Competenze auspicabili al termine del quinquennio, sempre indicate separatamente, anche se la valutazione è unica.

Quindi abbiamo evidenziato le Conoscenze e le Abilità indicate, a cui abbiamo aggiunto (o sostituito) quelle ritenute indispensabili per raggiungere al termine del biennio il traguardo di competenza individuato, in poche parole «*saper utilizzare gli elementi spaziali e temporali adatti che permettano di comprendere i fenomeni che si verificano, o che si sono verificati, all'interno del contesto considerato*».[1] I fenomeni storici e geografici sono stati poi esplicitati nelle varie UdA coordinate di Storia e Geografia, qui schematizzate con la sola tematizzazione.

Storia	Geografia
UdA1 (18h)	
Popolamento della Terra (100.000 anni fa XXI secolo). Dalla società di caccia/raccolta alla transizione neolitica. Fattori ambientali e socioeconomici.	Uso delle risorse e delle fonti energetiche; dinamiche della popolazione nel tempo e nello spazio.
UdA2 (17h)	
Caratteristiche politiche, ambientali e socioeconomiche delle civiltà idrauliche. La nascita dello Stato-VII millennio a.C.	Evoluzione e caratteristiche dei paesaggi urbani.
UdA3 (18h)	
Le civiltà del Mediterraneo: spostamenti di popolazione, contatti e colonizzazioni tra XV e VI secolo a.C. Fattori socioeconomici e ambientali.	Il mondo attuale. Caratteristiche delle Macroregioni selezionate

Qui la schematizzazione di Abilità e Conoscenze della UdA1:

Popolamento della Terra (100.000 anni fa-XXI sec.). Dalla società di caccia/raccolta alla transizione neolitica. Fattori ambientali e socioeconomici. Uso delle risorse e delle fonti energetiche; dinamiche della popolazione nel tempo e nello spazio

---

[1] Dal Verbale del Coordinamento di Dipartimento Area Storico-Sociale, 9/9/2010-I.I.S. "Italo Calvino", Genova.

118

- Riferire le caratteristiche delle dinamiche demografiche nella storia dell'umanità.
- Riferire la relazione tra mutamenti economici e sociali nel Neolitico.
- Utilizzare elementi antropici, geografici e ambientali per costruire un PdT da caccia/raccolta a domesticazione.
- Analizzare e esporre il rapporto tra cultura/tecnologia e uso di risorse.
- Trarre conclusioni e ipotesi generali sulla base di fonti e informazioni semplici.
- Scrivere un breve testo su un argomento specifico dell'UdA utilizzando termini e concetti indicati.
- Costruire un QdC con indicatori.
- Leggere una carta tematica, un grafico e tradurli in linguaggio verbale.
- Costruire grafici sulla base di dati forniti, e tradurli in linguaggio verbale.

Conoscenze UdA1

- Fattori geografici e antropici del popolamento e dinamiche demografiche; teorie esplicative.
- Caratteri dei mutamenti demografici e degli spostamenti della popolazione nel passato e nel presente.
- Situazione attuale di diseguaglianza tra zone del mondo e i suoi possibili fattori di lunga durata.
- L'influenza dei fattori ambientali sulla differenziazione delle civiltà.
- Le caratteristiche principali del pdt da caccia/raccolta a domesticazione.
- Caratteristiche storiche, politiche ed economiche del fenomeno del sottosviluppo.
- Tipologie varie risorse naturali, distribuzione geografica, ruolo nei sistemi economici.
- I vari tipi di fonti di cui si servono la storiografia e la geografia.
- Termini e concetti fondamentali del linguaggio storico e geografico in relazione al tema.
- Caratteristiche delle rappresentazioni grafiche di fenomeni storici e antropici.

In ogni UdA abbiamo cercato di individuare Conoscenze e Abilità collegate alle singole Competenze base, anche in relazione alla necessità di compilazione del Certificato delle Competenze di Base da consegnare al termine del Biennio e anche al termine del Primo anno.

Quali modalità di selezione delle Conoscenze?

Ma come selezionare le Conoscenze? Quali criteri per scegliere quelle più significative?

Come per la Storia, bisogna individuare quelle che in maggior misura sono utilizzabili per spiegare il Presente, cioè le caratteristiche e i processi del mondo attuale; che presentino una chiara tematizzazione, che possano essere integrate in sistemi di conoscenza di scala maggiore, che abbiano una dimensione storica. In pratica quelle che offrono i modelli utili per comprendere come funziona (o ha funzionato) il mondo; la spiegazione (o il tentativo di spiegazione) della realtà che essa descrive.

Strumenti e metodologie

Strumenti

- Manuale o altri testi –articoli giornale, testi su web–.
- Dati statistici, diagrammi, grafici, carte tematiche.
- Video trasposti (documentari o docufilm).
- Fonti contemporanee, materiali, scritte e iconografiche.
- Testi storici esperti trasposti.
- Visite ad istituzioni musealei anche nell'ambito del patrimonio.
- WebQuest.
- Uso di carte e mappe da reperire o costruire sul web.[2]

Metodologie

- Costruzione di mappe e grafici temporali e/o tematici a partire dal manuale o da testi esperti trasposti.
- Applicazione strategie di approccio al manuale e ad altri testi esperti; analisi fonti e cartine.

[2] Per esempio, http://www.worldmapper.org/, http://commons.wikimedia.org, http://d-maps.com/, *Map Maker Interactive* sul sito del *National Geographic* http://education.nationalgeographic.com/ (consultati il 29/01/2013).

- Lettura selettiva del manuale, per individuare fenomeni e temi dominanti.
- Schematizzazione dei fenomeni in forma di diagrammi, tabelle, mappe concettuali.
- Ricerche guidate sui temi indicati, WebQuest, ricerca di mappe e carte tematiche, apparati iconografici, documentazione.
- Costruzione e confronto di qdc schematici sulle civiltà considerate.
- Individuazione di pdt sul manuale e su testi di storia esperta trasposti.
- Costruzione guidata di mappe concettuali e/o di ricostruzione dei fenomeni considerati.
- Individuazione rapporti tra bisogni e risposte, anche in riferimento a società contemporanee.
- Attività di educazione al patrimonio in istituzioni museali o archivi.
- Costruzione di presentazioni digitali su argomenti definiti.
- Operazioni di riconoscimento e di esposizione delle caratteristiche dei fenomeni di spostamento e di aumento/diminuzione di popolazione.

Come coordinare le due discipline?

Nella discussione iniziale di programmazione ci si è dichiarati d'accordo nel non utilizzare lo schema: 2 ore di Storia e 1 di Geografia alla settimana (divisione che non compare, né ufficialmente, né ufficiosamente, in alcun documento), perché costringerebbe a "parcellizzare" i processi di insegnamento/apprendimento. Si è quindi considerato un monte ore annuale di 99 ore (teorico), cercando di progettare UdA che permettessero di raggiungere, al termine, Abilità, Conoscenze e Competenze delle due materie, talvolta coincidenti. Ci si è proposti quindi di effettuare l'insegnamento/apprendimento della disciplina Storia/Geografia in maniera coordinata, tenendo quindi conto delle caratteristiche complementari delle due materie (Storia "contestualizzazione"-Geografia "attualizzazione") ed inserendo le attività relative, di norma, nella stessa UdA

Quale modello di coordinazione?

Una possibilità è quella per cui, all'interno della singola UdA, la fase del Presente (tematizzante) venga svolta utilizzando le conoscenze del mondo attuale, sia già in possesso degli studenti (*brainstorming*), sia acquisite attraverso brevi testi esperti, carte tematiche, dati statistici, immagini. A questa prima fase segue la problematizzazione, cioè la messa in campo delle questioni storiche alla base della situazione attuale individuata. L'analisi dei processi e dei fenomeni storici (presentati in varie modalità) dovrebbe condurre ad una spiegazione, o almeno all'individuazione di possibili spiegazioni, sia dei singoli fenomeni sia del processo globale. Una volta consolidata l'acquisizione delle abilità e delle conoscenze su quel tema dell'UdA, si passerà ad un'altra situazione attuale, ovviamente collegata alle precedenti, e così via. Nel caso presentato, gli elementi messi maggiormente in evidenza saranno gli aspetti ambientali (presenti nei contesti del Presente e del Passato), i loro mutamenti, e i Processi di Trasformazione globali, almeno su scala macroregionale.

L'altra possibilità è quella di procedere in maniera tale da far seguire ad un'UdA di Geografia, costruita e svolta secondo le indicazioni programmatiche, l'UdA di Storia che presenta fenomeni e processi utili per rispondere alle questioni storiche risultato delle riflessioni sul Presente oggetto dell'UdA di Geografia.

La struttura di ciascun percorso si articola in tre fasi: il *Presente*, il *Passato*, il *Ritorno al Presente*.

Nella prima fase il processo di insegnamento ed apprendimento si svolge in riferimento ad un tema del mondo attuale con gli strumenti della geografia. A questa fase segue un processo che riguarda una conoscenza storica in cui le abilità e le conoscenze geografiche possano essere investite per studiare e comprendere il passato. L'itinerario didattico si completa con una nuova riflessione sul presente investigato alla luce delle nuove conoscenze e delle abilità messe a punto nelle fasi precedenti.

Esempio: Unità di Apprendimento 1

La prima UdA è quella che introduce in maniera più evidente la coordinazione tra le 2 materie e che motiva quindi gli studenti allo studio coordinato per comprendere i processi e le caratteristiche del mondo d'oggi.

Si è pensato di introdurla con una presentazione sul popolamento della terra, secondo lo schema Presente-Passato-Presente, che permettesse di avere una visione globale, di Geostoria mondiale, sia delle caratteristiche generali, sia delle situazioni e dei mutamenti in varie macroregioni. In questo modo vengono presentate sia conoscenze di geografia storica (per esempio le grandi migrazioni del passato e del presente, la distribuzione passata e attuale della popolazione) sia di Geostoria (le migrazioni di popolamento e di sovrapposizione nel corso della storia, la diversa distribuzione della popolazione).

Esempio: Unità di Apprendimento 3

Un altro esempio è tratto dalla fase iniziale dell'UdA 3, "Le civiltà del Mediterraneo: spostamenti di popolazione, contatti e colonizzazioni tra XV e VI sec. a.C. Fattori socioeconomici ed ambientali-Il mondo attuale. Macroregioni".

Esempio: Unità di Apprendimento 3

Le civiltà del Mediterraneo: fenomeni e caratteristiche socioeconomici e ambientali

Introduzione:
"Il Mediterraneo: ambiente e storia"
1. Caratteristiche dell'ambiente del Mediterraneo
2. Il Mediterraneo antico (IX-I millennio a.C. – mare come ostacolo – commerci e spostamenti – lo sviluppo – I 2 Mediterranei - Il mare interno...)
3. 2010 (situazione attuale e possibili sviluppi futuri)

Gli alunni, sulla base di carte, dati, e testi storiografici, sono invitati a:
a) costruire presentazioni sul Mediterraneo attuale utilizzando i modelli storico-geografici presentati
b) costruire presentazioni sul Mediterraneo antico per periodi successivi al modello presentato

In questo caso sono utilizzate 2 presentazioni, una, di tipo prevalentemente geografico sull'ambiente del Mediterraneo, l'altra, geostorica, sulle caratteristiche del rapporto tra civiltà e Mediterraneo dal Neolitico all'Età del Ferro (in prospettiva di un prolungamento fino al Mediterraneo romano e così via). Come nel caso precedente, si fa un largo uso di carte tematiche e di considerazioni geostoriche che le accompagnano. In questo caso si parte dall'ambiente e si affronta la lunga storia del suo rapporto con le civiltà del Mediterranee e con quelle appartenenti al Mediterraneo più vasto.

Strumenti: testi esperti trasposti

Fra gli strumenti indicati compaiono ovviamente, oltre al manuale, testi storici e geografici; si tratta di testi che il docente sceglie in funzione dell'UdA, e quindi delle Abilità e Conoscenze conseguenti.

In qualche caso il testo, o la tesi storico/geografica che ne è alla base, può essere utilizzato per progettare intere parti di una UdA.

Gli esempi riportati sono testi che, utilizzando un approccio storico/geografico, cercano di rispondere a questioni storiche presenti in più Unità di Apprendimento.

Il primo è *Armi acciaio e malattie* di Jared Diamond,[3] ormai ampiamente utilizzato in ambito scolastico, in maniera semplificata o trasposta. L'utilità del testo di Diamond risiede infatti nella tesi iniziale: le diversità economiche e sociali tra i gruppi umani che oggi conosciamo derivano dalle differenze ambientali. Più specificamente dalle differenze nell'ambito di specie selvatiche animali e vegetali adatte per la domesticazione, a loro volta effetto in gran parte di situazioni geografiche particolari (per esempio forma e orientamento dei continenti). Ovviamente il testo si può utilizzare anche in maniera critica, o come spunto di attività sia nell'ambito della Geostoria, sia con altre discipline concorrenti, (per esempio Scienze della Terra).

Dello stesso autore *Collasso*,[4] qui Diamond analizza diversi fattori, tra cui le condizioni geografico-ambientali, i mutamenti climatici, lo sfruttamento eccessivo delle risorse da parte dell'uomo, l'eccessiva espansione demografica. Diamond porta diversi esempî di civiltà che, di fronte a crisi analoghe, sono riuscite e sopravvivere o, invece, hanno fallito. «*[...] il passato può insegnarci perché alcune società sono più instabili di altre, e come alcune società hanno agito per superare i propri problemi ambientali*»[5] (anche in DVD)

Un altro testo è *Le secret de l'Occident* di David Cosandey.[6] In questo caso la presenza della Geografia, in vario modo, è preponderante; l'ipotesi base è che la supremazia che l'Occidente ha assunto nel mondo fino alla fine del XX secolo sia il risultato di fattori di geografia fisica (il rapporto tra superficie di un territorio e

[3] Diamond J. (2006), *Armi, acciaio e malattie,* Einaudi, Torino.
[4] Diamond J. (2007), *Collasso*, Einaudi, Torino.
[5] Ibidem.
[6] Cosandey D. (2007), *Le secret de l'Occident*, Flammarion, Paris.

l'estensione delle sue linee di costa) economica e sociopolitica (economia prospera e divisione politica stabile).

Il terzo è *Memorie del Mediterraneo* di Fernand Braudel,[7] una panoramica nel tempo del rapporto fra Mediterraneo e civiltà antiche dal Neolitico fino all'Impero Romano, in cui sono utilizzate tutte le tematiche del rapporto tra spazio e civiltà presenti nell'opera braudeliana. A questo si può affiancare la raccolta di saggi (a cura di Braudel) *Il Mediterraneo.*[8]

Il vantaggio di questo tipo di testi è che ad una struttura che possiamo considerare di storia mondiale, o almeno macroregionale, si accompagnano sempre analisi di casi particolari, su scala regionale o persino locale; cosa che permette di compiere facilmente quelle operazioni di cambiamento di scala basilare per l'apprendimento/insegnamento della Geostoria.

L'altro vantaggio è la presenza di una tesi "forte", chiaramente esposta e riconoscibile, che può essere applicata anche ad altri fenomeni storico geografici o a spiegazioni del presente, ma che può anche essere sottoposta, utilizzando altra documentazione, a critica.

Strumenti: siti web e manuali

Tra i tanti siti web utilizzabili, uno in particolare sembra utile per raggiungere gli obiettivi indicati, http://www.worldmapper.org/. È una collezione di mappe del mondo, in cui le superfici dei territori, o delle nazioni, sono ingrandite o ridotte in funzione della tematica considerata. Sono presenti anche animazioni scaricabili.

Tra i tanti manuali editi in occasione della riforma della Scuola Secondaria Superiore, uno in particolare sembra maggiormente

---

[7] Braudel F. (2004), *Memorie del Mediterraneo. Preistoria e antichità*, Bompiani, Milano.
[8] Braudel F. (a cura di) (2002), *Il Mediterraneo. Lo spazio e la storia, gli uomini e la tradizione*, Newton Compton, Roma.

presentare una struttura didattica utile per raggiungere gli obiettivi auspicabili.

Il manuale *L'atlante delle storie* di Antonio Brusa,[9] è costruito secondo il criterio che l'autore indica nel testo [*Backstage*], corposo e ricco, per i docenti.

«Un primo soccorso [*sulla questione della scelta dei contenuti*] è costituito dalla concezione "transcalare"della storia. Spesso noi immaginiamo la storia come un flusso che proviene dal passato. La transcalarità ci invita a costruircene un'immagine "geografica". [...] Esattamente come un atlante, la storia racconta storie a dimensione mondiale, a scala regionale, di dettaglio su una città o un campo».[10]

La parte chiamata "Panorama" fornisce un "tempo cornice" comprensibile e molto concreto, perché legato alla fisicità della Terra. Parla di fenomeni che sono rappresentabili con mappe, e quindi più facilmente immaginabili e memorizzabili. Il suo forte raccordo con la geografia costituisce inoltre un vantaggio, sia dal punto di vista del collegamento interdisciplinare, sia dal punto di vista del risparmio del tempo.

Utilizzo del protocollo WebQuest

Comporta un lavoro di collaborazione, che si svolge in un ambiente complesso. In questo modo si cerca di privilegiare la dimensione di comunicazione socio-cognitiva, la collaborazione interna ed esterna al gruppo, la collaborazione come *co-costruzione*, l'attivazione di gruppi paralleli e interattivi; la suddivisione del carico di lavoro, la pratica delle abilità creative e del pensiero critico.

Caratteristiche generali

---

[9] Brusa, A. (2010), *L'Atlante delle storie*, Palumbo, Palermo.
[10] Brusa A. (2010), *L'Atlante delle Storie-Backstage*, Palumbo, Palermo.

- WebQuest reale: attività strutturata su Internet, con risorse precedentemente selezionate dal docente.
- WebQuest virtuale: le risorse selezionate sono inserite dal docente nella rete interna della scuola.
- Breve (da 1 a 3 unità orarie) o lunga (fino a 20 u.o.) durata.
- Individuazione e acquisizione di informazioni.
- Rielaborazione: testo di sintesi, mappa concettuale, presentazione.

Un modello di WebQuest ben strutturato richiede da parte degli studenti uno sforzo in più rispetto alla semplice attività d'inchiesta. Si chiede loro di analizzare una serie di risorse e di mettere in pratica le proprie abilità creative e di pensiero critico, per arrivare a risolvere un problema. I WebQuest aiutano gli studenti nel processo di analisi, sintesi e valutazione delle informazioni.

Questa metodologia può avere straordinarie possibilità applicative nella disciplina geografica in quanto favorisce l'acquisizione di un metodo di ricerca di informazioni che può essere replicato in altri contesti e determina la capacità di rielaborare le informazioni finalizzandone l'acquisizione verso obiettivi di tipo professionale.

Struttura di un WebQuest (per esempio Storia/Geografia)

- **Introduzione**: individua il quadro di riferimento dell'ambiente formativo e determina le motivazioni ad intraprenderne il percorso; scopo dell'introduzione è di preparare il lettore e di tenere vivo il suo interesse.
- **Compito**: descrive quale sarà il risultato delle attività degli studenti; se il prodotto prevede l'utilizzo di alcuni strumenti (come ad esempio, Word, PowerPoint o Internet), questa sezione deve comprendere un'utile descrizione.

- **Percorso-processo o procedura**: una descrizione delle attività che gli studenti debbono mettere in atto nella effettuazione del compito previsto; eventualmente una **guida (suggerimenti)** che contiene tutti quegli elementi utili ad organizzare e a guidare lo svolgimento dei compiti affidati all'allievo in modo da rendere più produttivo il percorso di apprendimento.
- **Risorse**: le risorse occorrenti per portare a termine il compito.
- **Valutazione**: necessaria all'allievo ad autovalutarsi e/o a prendere conoscenza dei parametri sui quali sarà valutato.
- **Conclusione**: invita l'allievo a riflettere su cosa ha appreso in termini di conoscenze e abilità e a riprovare la stessa esperienza di apprendimento in altri contesti; riepiloga l'attività portata a termine o ciò che gli studenti hanno appreso completando questa specifica attività; si possono aggiungere domande di approfondimento o ulteriori collegamenti per stimolare gli studenti ad andare oltre il mero contenuto del WebQuest.

Conclusione: Geografia e mappe

«La riduzione della realtà a mappa limita e impoverisce la nostra possibilità di comprensione del mondo [...] Quando nei salotti una signora chiese ad Alexander von Humboldt dove fosse Benares, la sua risposta fu: "Signora, io faccio il geografo, per la sua informazione basta un atlante". Humboldt voleva dire che la geografia è sempre stata la critica della mappa, non la descrizione e nemmeno la riduzione del mondo a una mappa».[11]

«Possiamo orientarci nel nuovo ordinamento mondiale soltanto se possediamo solide conoscenze delle condizioni e dei rapporti spaziali e quindi geografici. È la riscoperta di qualcosa di fondamentale, a lungo dimenticato o ignorato: che il nostro mondo e la storia esistono sempre nello spazio e nel tempo».[12]

[11] Farinelli F. (2011), "L'ossessione delle mappe", *La Repubblica*, 11/1/2011.
[12] Karl Schlögel, citato in Di Stefano P. (2011), "La nuova geografia. Capire l'interazione fra l'uomo e il pianeta", *Corriere della Sera*, 15/5/2011.

"Progettiamo l'Unità d'Italia"

di *Maila Pentucci*

Il presente intervento è il resoconto di una iniziativa di sensibilizzazione legata al potenziamento della didattica della storia nelle scuole marchigiane, che ha preso spunto dall'anniversario dell'Unità d'Italia del 17 marzo 2011, dal quale si è sviluppato un lavoro lungo ma interessante e capillare di osservazione, ricerca e ricaduta nella formazione dei docenti, messo in atto dalla Rete "Le Marche fanno storie". L'eco di questo progetto ha permesso alla Rete, nata dalla volontà di alcuni insegnanti e dirigenti di diffondere sul territorio una cultura della didattica di qualità per le discipline storico-sociali, di far conoscere il proprio operato anche al di fuori del contesto regionale e di avviare collaborazioni e scambi con università, istituti di ricerca, enti ed associazioni che si occupano di didattica della storia.

Il progetto che qui verrà illustrato è solo un punto di partenza, significativo e caratterizzante, per un percorso che vorrebbe essere innovativo e di sostegno ai docenti in modo che la storia insegnata non rimanga una tra le tante discipline del curriculum scolastico, ma assuma centralità nella formazione delle competenze di cittadinanza, restituendo alla società studenti –e dunque cittadini– più consapevoli, critici, liberi.

Chi scrive rappresenta dunque la Rete "Le Marche fanno storie" e si fa portavoce delle riflessioni e delle considerazioni comuni attivate nel corso dello svolgimento del progetto ed al termine di esso.

Il 150° dell'Unità nazionale ha offerto alla Rete, che già si muoveva nel contesto della formazione degli insegnanti di storia, l'occasione di collaborare con l'Assessorato alla scuola della Regione Marche, il quale ha commissionato un progetto da estendere a tutti gli istituti scolastici, legato alle tematiche storiche risorgimentali, che in qualche modo potessero essere ricondotte a quello che è stato di sicuro l'evento catalizzatore dell'anno.

Mettere in discorso l'evento 150° formulando a partire da esso un'idea che non si limitasse ad aggiungere un ulteriore stimolo alla miriade di proposte progettuali che ogni anno calano dall'alto sulle scuole e si intensificano in occasione dei momenti topici del calendario civile, ha portato a diverse riflessioni che hanno orientato il senso e le linee procedurali dell'iniziativa.

Innanzi tutto si è trattato di scardinare lo stereotipo della scuola considerata come un **contenitore** vuoto o comunque neutro da riempire di contenuti differenti ed eterogenei, provenienti da agenzie interne o esterne, spesso completamente sganciate dal contesto scolastico o didattico, senza alcuna attinenza con i curricula delle discipline, con la politica scolastica degli istituti, con le stesse indicazioni ministeriali che scandiscono cronologicamente saperi e competenze, proposte che poi i docenti si trovano a dover adattare alle proprie esigenze di programmazione, spesso subendoli più che scegliendoli.

La scuola in verità è **produttrice** essa stessa di cultura e di pratiche didattiche spesso innovative ed originali, che troppo spesso rimangono sommerse, isolate e non riescono ad uscire dall'autoreferenzialità del singolo istituto o dalla prassi quotidiana del singolo insegnante. Il lavoro storico che viene svolto è pertanto materiale prezioso che può essere valorizzato e soprattutto messo in circolo, partecipato all'interno di una comunità di pratica che condivida finalità ed esigenze, nel momento in cui le esperienze positive di ciascuno diventano patrimonio di tutti.

Alla base dell'iniziativa c'è dunque un'idea di scuola che produce e promuove il sapere storico a partire dalle esperienze individuali e collettive, dalle procedure e dalle scelte didattiche, disciplinari, storiografiche, civili, valoriali dei docenti e dei dipartimenti disciplinari ai quali essi afferiscono.

In seconda battuta si è ritenuto opportuno uscire dalla logica concorsuale, focalizzata sulla premiazione dell'elaborato finale, a favore invece di un lavoro più diffuso di emersione di idee e di *feed back* sulle strategie e sui percorsi di lavoro proposti, che ci restituisse anche un quadro di insieme il più possibile ampio e differenziato di quanto nelle scuole si fosse attivato a partire dallo stimolo offerto dall'evento celebrativo dell'Unità nazionale.

L'organizzazione

L'attività, denominata "Progettiamo l'Unità d'Italia", è stata strutturata in due fasi, che hanno voluto tener conto anche della tempistica entro cui si è trovata a nascere. La fine dell'anno scolastico 2010-2011, all'interno del quale cadeva la ricorrenza del 150°, è stata dedicata alla ricognizione delle buone pratiche che le scuole marchigiane avevano –con varie modalità e secondo itinerari propri– attivato, a partire dalle moltissime sollecitazioni formali ed informali, giunte sia dalle istituzioni, sia dalla stampa, sia da enti ed associazioni che si sono legate in qualche modo alla tematica per lanciare proposte ed attività. Contestualmente è stata formata una commissione (composta esclusivamente da soggetti provenienti dal mondo della scuola) che si è incaricata di leggere ed analizzare tali lavori. La visione dei lavori non aveva come scopo quello di esprimere un giudizio di merito o di stilare classifiche, ma soltanto quello di estrapolare alcuni esempi significativi che potessero rappresentare tipologie differenti di prassi didattiche e modalità originali ed efficaci per far lavorare studenti ed alunni in situazione.

A questa fase è stato dato il nome "La scuola dei mille progetti", proprio a significare la centralità delle esperienze scolastiche per il dipanarsi dell'attività.

La seconda parte invece si è aperta in concomitanza con la ripresa della nuova annualità ed intendeva offrire quattro appuntamenti di formazione e di presentazione di pratiche, dislocati a livello provinciale. Tali giornate sono state costruite proprio a partire da quanto la commissione era riuscita a rilevare dal lavoro di analisi: sia il taglio tematico, quanto gli interventi degli esperti chiamati a tenere i seminari sono stati scelti sulla base delle esigenze che emergevano dai progetti, dai loro punti di forza e di debolezza, dai grandi macrotemi che il panorama generale aveva messo in evidenza. Ogni seminario inoltre aveva come momento centrale proprio la presentazione, da parte degli stessi docenti che li avevano ideati e realizzati nelle proprie classi, di alcuni lavori selezionati dalla commissione.

La prima fase: il monitoraggio

Entriamo nello specifico del progetto per accompagnare la descrizione alle osservazioni che via via la commissione de "Le Marche fanno Storie" ha potuto realizzare.

La premessa all'attività è stata quella di stabilire finalità precise e condivise da tutti, che si configurassero come veri e propri fili rossi, tanto nella progettazione globale del percorso, quanto nelle singole operazioni che esso prevedeva. Esse si possono così riassumere e schematizzare:

1. Fare un'analisi della situazione reale dell'insegnamento della storia nelle scuole marchigiane, per selezionare alcune pratiche convincenti da diffondere e condividere tra colleghi, in una logica di *peer education* e di riproducibilità dell'azione educativa efficace.

2. Rilevare le necessità, espresse e latenti, cioè insite nelle storture e nei "buchi" della didattica, di aggiornamento, di approfondimento metodologico, storiografico e dei contenuti.

3. Procedere a coniugare e metter in relazione il sapere storico esperto con il sapere storico insegnato, facendo incontrare e dialogare i disciplinaristi e gli specialisti di didattica della storia con i docenti

Il percorso seguito, che ha connotato la progettazione dell'iniziativa, è stato quello che parte dall'essere, cioè dalla situazione reale, per giungere al dover essere, ovvero alla scoperta comune e condivisa degli strumenti e delle azioni necessari per realizzare i principi fondanti del paradigma epistemologico della storia.

La prima azione da portare avanti, che ha richiesto una forte sinergia tra Rete (e relativa commissione), Ufficio scolastico regionale, singole scuole e loro compartimenti disciplinari, Istituti storici (cha hanno funzionato da centri di raccolta provinciali dei progetti), è stata quella di far emergere le pratiche didattiche legate all'occasione "anniversario dell'Unità d'Italia" ed alle costruzioni messe in atto attorno ad essa.

In base alle sopracitate finalità, ciò che era al centro dell'interesse della commissione, in quanto vero punto di partenza della ricerca, era focalizzare l'attenzione sui **processi** storici attivati in classe, a partire dall'evento centocinquantesimo.

Meno interessanti invece sono fin da subito sembrati i **prodotti**, in quanto dietro un oggetto finale ben realizzato, piacevole esteticamente o accattivante nelle modalità di comunicazione, non sempre è facile desumere il percorso storico effettivamente realizzato in classe con gli alunni e gli studenti, l'avvicinamento a determinati concetti e le modalità di trasmissione degli operatori cognitivi fondanti del sapere storico.

Per uniformare la richiesta inviata alle scuole è stata elaborata una **scheda** di descrizione dei progetti, a partire proprio dalle esigenze di analisi e soprattutto dalla necessità di rilevarne alcuni aspetti che ne mettessero in evidenza i principi di progettazione, i dispositivi necessari per l'azione e la centralità del compito individuato. L'utilizzo di una scheda voleva proprio offrire una traccia comune di riflessione sulle azioni attivate ed un tentativo di rendere omogenee le descrizioni dei progetti in modo da poter partire da una base comune per la loro analisi e selezione.

Le voci individuate per la declinazione delle idee di progettazione riguardavano la tematizzazione, la metodologia, lo spazio offerto a linguaggi tradizionali e non tradizionali sia a livello di ricezione (reperimento ed utilizzo delle fonti) che a livello di produzione (costruzione di elaborati attraverso codici iconici, filmici, musicali, multimediali), la descrizione dell'attività possibilmente evidenziandone le fasi di sviluppo.

La risposta delle scuole

L'iniziativa, partita nel secondo quadrimestre dell'anno scolastico 2010-2011, con una diffusione piuttosto capillare ed affidata esclusivamente al web, supportata sia dagli Istituti storici, sia dall'Ufficio scolastico regionale –che è stato il tramite prioritario per la comunicazione con le scuole ed i docenti– e pubblicizzata con tutti i mezzi a disposizione, dai siti internet delle associazioni in qualche modo legate alla rete, ai *social network*, alle *mailing list* ed agli indirizzari istituzionali dei vari soggetti coinvolti, ha avuto una buona risposta da parte degli istituti scolastici, soprattutto considerando che si trattava solo di un monitoraggio e non di un concorso a premi, ed aveva come unico riconoscimento la possibilità di presentare e condividere il lavoro con colleghi ed esperti.

Una semplice disamina dei numeri ci può dare l'idea della vastità e della risonanza che l'iniziativa ha avuto, considerando una realtà tutto sommato circoscritta come quella delle Marche, con un territorio ridotto, una popolazione quantitativamente limitata, una realtà scolastica spesso frammentata e fatta di piccole entità.

In totale infatti hanno partecipato centonove istituzioni scolastiche (ovvero circa un terzo delle scuole pubbliche della regione), distribuite in maniera piuttosto omogenea tra le cinque provincie. Di queste scuole trentotto riguardavano l'istruzione di base, ovvero erano Istituti comprensivi o Circoli didattici o Scuole secondarie di primo grado, le restanti erano Scuole superiori, come si può evincere dalla tabella seguente.

Tabella 1. Scuole partecipanti al progetto

	Ancona	Ascoli Piceno	Fermo	Macerata	Pesaro Urbino	Totale
Istruzione di base	21	2	3	7	5	38
Istruzioni secondaria superiore	9	10	14	17	21	71
Totale	30	12	17	24	26	109

Di queste scuole, molte hanno inviato più progetti, tantoché in totale le attività schedate e sottoposte all'analisi della commissione sono state circa duecentoventi, alle quali nel corso dei lavori se ne sono aggiunte altre, all'incirca una trentina, che sono state segnalate direttamente dagli insegnanti della rete, o che non erano state concluse al momento dell'invio del bando o penalizzate nell'invio dalla difficoltà di comunicazione e di pubblicizzazione delle iniziative che purtroppo affligge il mondo della scuola. I membri della commissione hanno ritenuto di non escluderle, ma anzi di valorizzarle in quanto la raccolta non si configurava come un concorso a premi che avrebbe in qualche modo penalizzato qualcuno a favore di altri, ma come un report della situazione della didattica della storia a livello regionale, che sarebbe dunque stata più completa e rispondente alla realtà tanto più fosse stata ampia e partecipata.

L'analisi

L'analisi e lo spoglio delle schede hanno richiesto parecchio tempo soprattutto perché sono stati importanti momenti di riflessione e discussione finalizzate a fissare le modalità delle fasi successive del progetto.

È stata avviata una doppia lettura: una più sintetica e globale, per avere uno sguardo d'insieme sullo stato delle cose ed una analitica e dettagliata, che invece scendesse nel dettaglio delle singole progettualità, per ricavarne modellizzazioni e costanti procedurali.

L'analisi generale emersa dalla prima lettura ha restituito innanzi tutto il panorama delle modalità della ricezione del 150° dell'Unità nazionale, occasione contingente dell'iniziativa, ed in sostanza delle festività civili nelle scuole, in seconda battuta un quadro d'insieme interessante su metodi, criteri e parametri del lavoro dei docenti di storia, tanto da poterne delineare una sorta di canone della didattica della storia.

La prima conclusione a cui si è giunti è stata quella della grande risonanza che il 150°, partito in sordina e tra varie polemiche di stampo politico e scarso interesse presso l'opinione pubblica, ha in realtà avuto grandissima risonanza nelle scuole marchigiane. Alunni e studenti hanno realizzato, ispirandosi variamente all'Unità d'Italia ed al tricolore, bandiere, coccarde, nastrini, rose, pergamene, medaglie, poster, aquiloni, abiti, scarpe, diorama, addobbi, festoni, palloncini, calendari, mantelli, pon pon, francobolli, aiuole celebrative, disegni, video, ricette, festoni, manifesti, gioielli.

Hanno organizzato o partecipato a diverso titolo cerimonie, alzabandiera, cori, spettacoli, convegni, concerti, mostre, carnevali, sfilate, pranzi e cene a tema.

Hanno collaborato con comuni, provincie, comunità montante, biblioteche ed archivi, centri studi, bande e corali cittadine, associazioni commercianti, archeoclub, associazioni combattentistiche, carabinieri, prefetture, musei ed infine istituti storici della Resistenza e dell'età contemporanea.

Non c'è stato alunno nelle Marche che non abbia cantato, ascoltato, letto, interpretato il "Canto degli italiani", il coro del "Nabucco" e dei "Lombardi alla prima crociata" o "Addio mia bella addio", che non sia stato coinvolto attivamente o come spettatore in una manifestazione o cerimonia ufficiale e pubblica, che non abbia sentito parlare di Garibaldi, Mazzini, Cavour, Vittorio Emanuele II o che addirittura abbia indossato barba e baffi per impersonarli e drammatizzarne le gesta.

Questa non è che l'impressione che si è ricavata dalla lettura, la quale è stata seguita da un approfondimento nell'indagine dei singoli progetti; essa ha portato ad una serie di riflessioni e ad alcune conclusioni che possiamo definire provvisorie:

1. Molti tra i progetti analizzati sono stati individuati in quanto portatori di tratti interessanti per metodologie sperimentate, innovazione didattica ed originalità dei percorsi intrapresi; dalla descrizione sono emersi solidi processi di ricerca storica a supporto della trasposizione didattica e reale utilizzo di strategie di tipo laboratoriale e collaborativo nella trasmissione del sapere storico.

2. Di contro, le difficoltà incontrate in sede di lettura delle schede, ma anche di ricezione delle stesse, hanno resa esplicita la riflessione sulla **documentazione** delle pratiche didattiche e sull'urgenza che la scuola e la classe docente presenta come problematica nel far emergere i nodi concettuali delle attività condotte con gli alunni/studenti e nell'esplicitare e rendere chiara la metodologia utilizzata reificando i processi di apprendimento ed insegnamento sottesi alla quotidianità dei curricula storici.

3. Infine la riflessione sul 150° dell'Unità d'Italia, che è diventato emblematico e rappresentativo delle modalità in cui il calendario civile viene recepito nelle scuole, calendario che anno dopo anno è arricchito di nuove date, spesso individuate più per esigenze di par condicio politiche che di effettivo riconoscimento di significatività storica e di cittadinanza.

Ombre e luci nelle prassi di didattica della storia

La questione legata al calendario civile ha aperto una interessante prospettiva relativa all'uso che a livello politico e pubblico si fa della scuola, intesa troppo spesso come cassa di risonanza per le celebrazioni legate alle cosiddette giornate istituzionali. Nei nove mesi di lezione, dalla metà di settembre alla metà di giugno, se ne concentrano ben undici, tutte accompagnate dalle circolari ministeriali che giungono negli istituti sollecitando dirigenti e docenti a ricordare agli alunni l'importanza civile e gli alti valori morali sottesi alla ricorrenza. Ovviamente l'eccessivo affollamento provoca un effetto assolutamente contrario al senso dell'unicità dell'occasione, quello di una consuetudine che non scalfisce né la *routine* quotidiana né tanto meno l'immaginario degli studenti e si limita a diventare un esempio di pedagogismo civile di fatto inutile nella formazione del cittadino e nella costruzione di quel sistema di principi e fondamenti che dovrebbe concorrere all'identità civile.

Infatti troppo spesso la preoccupazione sia delle istituzioni che delle scuole e dei docenti che ne recepiscono il mandato è relativa al dover essere, cioè alla trasmissione di un messaggio inviato dall'altro in maniera spesso acritica e non mediata, ma non del saper essere, cioè dell'opportunità, della selezione e della mediazioni didattica nel trattare certe tematiche storiche e civili.

Il 150° è stato a tal proposito un episodio paradigmatico, ma nello stesso tempo un unicum nell'esperienza scolastica, in quanto è stata la prima volta dopo il centenario del 1961 che si sia ricordato il compleanno della nazione. La ricorrenza, anche per la vasta eco e le contrapposizioni che ha suscitato a livello politico e di opinione pubblica, eco di sicuro amplificata e veicolata dai media, ha coinvolto massicciamente gli istituti scolastici e proprio l'eccezionalità dell'evento ed il dovere alla partecipazione (incoraggiato dall'adesione convinta del Presidente della repubblica, figura istituzionale dall'autorevolezza universalmente riconosciuta e condivisa) hanno messo in evidenza ombre e luci delle modalità in cui la storia insegnata ha accolto tale forte sollecitazione.

Intanto quasi tutti i docenti di storia si sono sentiti in dovere di **celebrare** l'Unità d'Italia, più che di insegnarla, spesso senza riuscire ad inserirla in modo organico nei curricula. Dall'analisi dei progetti si è notato che è prevalsa quasi ovunque una visione oleografica del Risorgimento, una sua trattazione cronologica, per battaglie o per medaglioni, recuperando le biografie dei protagonisti in modo agiografico o come **exempla**.

Molto diffuso è stato il richiamo ai valori ed ai simboli, come la bandiera o l'inno, utilizzati in senso emozionale prima che storico; dopo anni in cui questa parte della storia è rimasta defilata nelle programmazioni scolastiche, anche a causa della sua collocazione nella scansione dei contenuti (a cavallo tra penultimo ed ultimo anno, sia nell'istruzione di I che di secondo grado), quest'anno se ne è recuperata la valenza identitaria e celebrativa tipica dell'Italietta umbertina, con ritratti, drammatizzazioni, canti e recite di poesie che ricordano per alcuni tratti la scuola del libro Cuore.

Molti istituti, più di un terzo di quelli censiti, hanno variamente aderito, partecipato o collaborato alle manifestazioni civili dei propri comuni, facendo della cerimonia pubblica il culmine del percorso, ma spesso senza un'adeguata preparazione storica che gli conferisse significato e lo motivasse agli occhi degli alunni/studenti, o nel migliore dei casi con percorsi affrettati, veloci (pochi giorni, al massimo due settimane), inseriti "a forza" e quasi per dovere nei curricula.

L'impressione che se ne trae è che molti insegnanti, presi quasi alla sprovvista dalla sopravvenuta esigenza di celebrare il Risorgimento, abbiano ritrasferito ai loro alunni le modalità in cui il Risorgimento è stato narrato a loro: in maniera epica, retorica, agiografica.

Le difficoltà maggiori sono emerse proprio in quegli ordini di scuola o in quelle classi nelle quali il Risorgimento non fa parte del cosiddetto "programma", per cui i ragazzi non ne hanno di fatto mai sentito parlare, non lo possiedono nel loro bagaglio storico: le scuole primarie e la prima e seconda di secondaria di primo grado. In questi casi molti docenti si sono lasciati prendere la mano dall'accumulo di nozioni e fatti, che hanno ritenuto essere necessari per contestualizzare la situazione, facendo ritorno, forse non consapevolmente, all'*histoire-bataille* preannalistica.

Altri docenti, per superare le difficoltà di un argomento sentito estraneo rispetto alla periodizzazione storica delle proprie programmazioni, hanno utilizzato l'espediente dell'esperto conferenziere, delegando così a terzi la responsabilità della mediazione didattica, ma nello stesso tempo rendendo nella percezione dei ragazzi ancora più avulso il contenuto dalla routine scolastica e soprattutto ammettendo implicitamente di non sentirsi essi stessi i veri esperti di didattica della storia, come invece in realtà dovrebbe essere.

La sensazione, che viene anche dalle esperienze dirette e personali dei docenti componenti la commissione di ricerca, è che tali problemi emersi in questo ambito specifico, in realtà siano latenti e generalizzati nel processo di apprendimento-insegnamento della storia: è palese lo scadimento nei risultati in storia presso gli alunni/studenti, che di sicuro deriva dallo scadimento della qualità della didattica e dall'abbandono della funzione di mediazione e trasposizione del sapere storico da parte dell'insegnante, che tendo a delegare tali importantissime operazioni ai manuali, ai supporti multimediali (film o documentari proposti in forma trasmissiva e non ragionata), agli specialisti esterni.

Ovviamente non solo lati negativi sono emersi dal contesto analizzato: infatti la ricorrenza del 150° è diventata occasione importante nel processo di apprendimento-insegnamento della storia nel momento in cui i docenti hanno scelto di declinarla attualizzandola ed avvicinandola al vissuto dei ragazzi.

Le principali notazioni positive, che sarebbero potute diventare ottimi punti di partenza per una condivisione di pratiche didattiche e per la diffusione di metodologie e percorsi interessanti ed originali, hanno riguardato soprattutto i seguenti aspetti:

1. La storia locale: la ricorrenza dell'Unità nazionale è stata uno spunto per molti docenti che hanno deciso di declinarla in chiave territoriale, costruendo percorsi nuovi ed autonomi i quali, non essendo contenuti nei veicoli tradizionali, come i libri di testo, hanno spinto docenti e studenti ad intraprendere la via della ricerca e del laboratorio. Si sono fatte molte esperienze negli archivi e nelle biblioteche comunali, sollecitando gli alunni anche alla conoscenza degli spazi cittadini ed alla loro risemantizzazione in luoghi della memoria, coniugando patrimonio, paesaggio e territorio in veri e propri moduli di tipo geostorico.

2. La tematizzazione: in particolare le scuole secondarie di secondo grado hanno fatto ricorso alle situazioni-problema, tematizzando aspetti particolari del Risorgimento, spesso legati anche alle contingenze territoriali ed hanno prodotto interessanti percorsi di storia di genere, di storia urbana, di storia sociale.

3. I processi di cittadinanza: molti insegnanti hanno ritenuto opportuno coniugare il Risorgimento con la cittadinanza, intendendo il processo risorgimentale come genesi costituzionale e delle libertà democratiche, inserendolo nel discorso della costruzione dell'identità nazionale, mettendolo in relazione con le necessità interculturali fra accoglienza e senso di appartenenza. Molti spunti in questo senso erano davvero interessante anche se non sempre il loro sviluppo mostrava esiti adeguati, spesso semplicemente per mancanza di tempo, avendo come scadenza la data della celebrazione. L'errore di molti consisteva inoltre nel partire dal "lontano" e non dal "vicino", dall'oggi: si è tentato di costruire il senso di appartenenza o di far riferimento all'identità di popolo attraverso la bandiera o l'inno, simboli che i ragazzi percepiscono come vetusti e avulsi dal proprio mondo.

In conclusione del lungo e laborioso procedimento di analisi dei progetti è stato inoltre evidenziato un nodo di tipo sovrastrutturale che ha sicuramente influenzato la lettura e l'interpretazione del lavoro dei docenti: non sempre il processo storico attivato nelle classi era desumibile dalle schede, nonostante queste fossero state ideate proprio con tale finalità.

È emersa infatti una difficoltà nel documentare il prezioso e a volte misconosciuto lavoro che si compie a livello didattico nelle scuole: le voci della scheda raramente sono state rispettate, facendo prevalere una descrizione accurata del prodotto finale, che emerge come vero fulcro delle attività che si portano avanti, in particolare si trascura la tematizzazione, il tema viene confuso con il titolo, con la finalità o con il prodotto stesso e questo crea oscurità nell'individuare i percorsi storici e gli ambiti di competenza. Se pensiamo che una delle difficoltà più evidenti negli studenti alle prese con il sapere storico è proprio quello di tematizzarlo, ovvero di assegnare gli eventi, il loro svolgimento, i rapporti di causa ed effetto alla giusta categoria concettuale, non possiamo non mettere in relazione il problema nel processo di apprendimento con lo stesso problema nel processo di insegnamento.

L'importanza della documentazione è essenziale perché tanto lavoro non resti confinato entro le mura di una singola scuola o di una singola classe, ma possa essere condiviso, replicato, migliorato in modo collaborativo in modo da creare comunità educanti e di pratica che partano da basi comuni.

Anche i linguaggi utilizzati nella documentazione spesso non sono condivisi: si tende ad utilizzare le parole del "didattichese" ma deprivate del loro senso scientifico: "ricerca-azione", "*cooperative learning*", "*problem solving*" sono più che altro suoni rassicuranti che dovrebbero dare una veste scientifica alle descrizioni, ma dietro cui si celano pratiche tutt'altro che scientifiche. Si evince una certa fatica nell'isolare i nodi concettuali alla base di progetti ed attività: il "cosa fare" prevale sul "perché" e sul "come farlo", come detto in precedenza, il **prodotto** prevale sul **processo**.

Questo ribaltamento della prospettiva didattica si nota anche in un ulteriore aspetto. Contestualmente alla selezione dei progetti infatti è sembrato interessante monitorare l'utilizzo negli stessi di linguaggi alternativi e di fonti non tradizionali, quali la canzone, il cinema *fictional* o non *fictional*, i manufatti artistici. Tali linguaggi sono molto utilizzati nel prodotto finale, ma non fanno parte delle procedure né dei processi messi in atto. Si utilizzano i dvd per contenere o raccogliere, la videocamera per riprendere la manifestazione, ma non se ne fa uso meta didattico, né si prendono in considerazioni fonti multimediali o comunque non strettamente verbali, come la musica, l'arte, il cinema, se non a corredo, come colonna sonora o sfondo per l'attività.

La progettazione della fase di restituzione

Nell'elaborazione della seconda fase dell'attività sono stati considerati i bisogni emersi dalla lettura delle schede.

In primo luogo emerge fortissimo un bisogno di formazione dei docenti che riguardi sia la conoscenza storica e storiografica, sia il metodo didattico, per abbandonare gli stereotipi della storia-battaglia, per uscire dalla trasmissività e soprattutto per sfuggire alla centralità del manuale, che non può dettare la linea storiografica, concettuale ed ideologica della curriculazione dei saperi, la quale deve essere esclusivo appannaggio del docente, sulla base delle indicazioni ministeriali.

Manca poi una diffusione dell'uso delle fonti, di tipologie differenti, che comprendano anche il territorio stesso inteso come fonte e quindi come tale indagato e manipolato.

Manca inoltre l'attenzione nel documentare e conservare le esperienze didattiche per condividerle e trasmetterle ai propri colleghi.

Tenendo conto di tali presupposti sono state progettati quattro momenti, diffusi in tutta la regione, per dare modo ai docenti di trovare comunque un'opportunità di formazione sul proprio territorio. Tali momenti sono partiti dalla scelta e dal raggruppamento di alcuni progetti che ci sono sembrati significativi da mostrare e far esporre dai propri ideatori, sulla base dei punti di riflessione preventivamente fissati: in base a questa sorta di tematizzazione dei progetti è stata allestita intorno ad essi la formazione disciplinare vera e propria, affidata ad un disciplinarista che si occupasse della specifica esigenza emersa.

L'intento era quello di creare un osmosi, uno scambio tra sapere storico esperto e sapere storico insegnato, in cui la teoria fosse reificata dalla presentazione di pratiche didattiche effettivamente realizzate in classe.

I quattro incontri sono stati così strutturati:

1. Il primo, "L'Unità d'Italia raccontata ai ragazzi" riguardava la letteratura e la narrazione, utilizzate come fonte storica e le modalità in cui esse erano stata trasposta in percorsi di didattica della storia. A questo proposito sono stati chiamati due relatori: Antonio Faeti, esperto di illustrazione e di libri per l'infanzia nonché ex maestro, il quale ha portato a Pesaro, prima tappa del percorso itinerante di formazione, la sua mostra "la spada di Domokos", sull'uso pubblico della storia attraverso le illustrazioni dei libri e dei fumetti per i ragazzi ed ha centrato il suo intervento sull'iconografia come mezzo di narrazione di storie e di storia. Walter Fochesato invece, anch'egli studioso di letteratura per l'infanzia, ha presentato il suo libro "Raccontare la guerra", ponendo l'attenzione sulle modalità di narrazione della storia per giungere alla presa di coscienza da parte degli alunni.

2. Il secondo incontro, "A tu per tu con il Risorgimento" localizzato nella provincia di Fermo, invece riprendeva il tema sopra accennato dell'utilizzo di linguaggi alternativi sia come fonte, sia per raccontare la storia. Si sono selezionati progetti che mostravano come la musica classica, il disegno ed addirittura la moda potevano prestarsi a ricostruire processi storici nei loro nodi concettuali, attivando anche forme di meta cognizione. Il

relatore che ha introdotto questo incontro è stato Stefano Pivato, professore di storia sociale (nonché Rettore dell'Università di Urbino), che ha parlato della canzone come fonte storica, illustrandone gli usi per una lettura comparata e da una prospettiva sociale e pubblica di diversi periodi storici.

3. Il terzo incontro, tenuto a Macerata, ha voluto offrire una disamina dell'uso delle fonti e della loro manipolazione, e soprattutto del patrimonio (quindi della città, del paesaggio, dei luoghi della memoria) come fonte storica. Il titolo "Tracce di Risorgimento. Ricostruire la storia attraverso i luoghi della memoria" faceva riferimento proprio a questa esigenza di considerare centrale nella ricostruzione storica la traccia, che diventa fonte se opportunamente interrogata. La formazione è stata affidata a Maria Teresa Rabitti, esperta di didattica della Storia in laboratorio, co-fondatrice di Clio '92.

4. Infine la chiusura, con l'incontro intitolato "Fare storia, crescere cittadini" si è tenuta ad Ancona ed ha avuto il suo tema nelle competenze di cittadinanza. Sono stati presentati i molti progetti che come si diceva legavano tematiche civiche e costituzionali al Risorgimento ed all'Unità nazionale e la relazione iniziale è stata tenuta da Aurora Del Monaco, presidente della commissione didattica nazionale degli Istituti per la storia del Movimento di liberazione, i quali negli ultimi anni, su mandato ministeriale, hanno proprio diffuso tra i docenti percorsi di cittadinanza intrecciati al curriculum storico.

Come si diceva nelle battute iniziali di questo intervento, il progetto qui illustrato ha avviato la riflessione ed il dibattito in seno alla Rete "Le Marche fanno storie", che sta procedendo proprio alla documentazione di questa interessante e faticosa esperienza per accentuarne il carattere di condivisione e di scambio di pratiche. Dunque si può affermare che il lavoro sia ancora *in progress* e porterà ulteriori sviluppi aprendo nuove piste di ricerca e spunti storici da analizzare e sui quali lavorare nel prossimo futuro.

Vorrei chiudere proprio con una di queste sollecitazioni di tipo storico, forse non la più evidente, ma di sicuro importante nel processo di costruzione dell'identità personale e pubblica a cui la storia insegnata dovrebbe tendere: dalla grande varietà delle attività prese in esame è emersa con chiarezza una cifra storica condivisa dagli insegnanti, ovvero che il Risorgimento è processo ed evento fondativo per la nostra Nazione e strettamente connesso e richiamato nella genesi della Costituzione. È invece assente qualsiasi riferimento alla Resistenza, sia nell'interpretazione storiografica di secondo Risorgimento, sia nei percorsi in cui si cercano le origini della Carta costituzionale. Probabilmente la costruzione del mito del Risorgimento, operata dalle classi politiche dell'Italia liberale, sia pur con metodi discutibili di ricomposizione forzata dei conflitti, ha dato ad esso valore di punto di riferimento per la nostra storia nazionale. La Guerra di liberazione invece sembra essere percepita non come memoria collettiva, ma come appannaggio di una certa parte politica. Può essere nostro compito quello di assegnare alla Resistenza lo stesso valore che viene riconosciuto al Risorgimento, quello cioè di fatto fondante sia per la scrittura della Costituzione, sia per la nostra storia repubblicana comune, e quindi determinante per la nostra identità di cittadini.

PARTE SECONDA
Temi esemplari di storia e geografia

"Nello spazio leggiamo il tempo": immagini cartografiche per ripercorrere la storia del territorio

di *Maria Augusta Bertini*

Premessa

La storia dell'umanità, sin dalle epoche più remote, è stata connotata dall'esigenza e dalla capacità di misurare il tempo e, con esso, le distanze per fissare parametri cronologici e topografici sulla cui base scandire i ritmi esistenziali.

Di conseguenza, fondamentale e costante è apparsa per l'uomo la necessità di conoscere il mondo, naturale scenario degli eventi, di esaminarne peculiarità e possibili funzioni, di misurarne i confini mediante punti fermi e limiti.

A ciò è riconducibile l'essenza stessa della trasposizione grafica dello spazio sostanziata nel disegno cartografico che, pertanto, assume valenza di prodotto culturale.

In tale prospettiva, come avviene per tutte le espressioni antropiche, fondamentale è considerare l'influenza del contesto di elaborazione, della trama in cui si inquadrano e trovano coerenza i vari stimoli dettati dalla storia, dalla cultura, dalla società, poiché a diverse percezioni del reale corrispondono differenti interpretazioni e immagini di esso.

Sulla base di quanto affermato, ben si comprende che in una carta geografica convivono numerosi elementi non trascurabili né isolabili, cosicché solo un'indagine unitaria è in grado di rivelare la sua immensa ricchezza come testimonianza viva di esperienza e conoscenza, ma altresì come preziosa fonte di informazioni.

La figurazione del territorio –indipendentemente dalle modalità con cui è effettuata, che possono essere molteplici e complesse– è quindi uno spiraglio sul mondo, un'apertura sull'orizzonte, ma è anche e soprattutto una forma di "autocoscienza" di un'intera civiltà, un mezzo per rivivere se stessa, la propria storia e le fasi del proprio progresso.

In relazione alle finalità poste alla base di una geografia dell'uomo e per l'uomo, si rileva come iniziale approccio alla rappresentazione dello spazio una serie di intenti pratici che ben presto appaiono affiancati da motivazioni culturali.

Specifici saperi, condizioni storiche ed esigenze umane di lontani secoli hanno giocato un ruolo sicuramente fondamentale nella realizzazione di prodotti che possono essere considerati gli antenati delle attuali cartografie.

Alla riscoperta dell'antico sodalizio fra storia e geografia

Nella prefazione al *Theatrum Orbis Terrarum*, il primo atlante moderno edito ad Anversa nel 1570, l'autore Abramo Ortelio precisa che il suo progetto è inteso alla visualizzazione della conoscenza, nella convinzione che il sapere, sia geografico sia storico, si assimila più agevolmente con l'ausilio del disegno cartografico.[1]
Scopo dell'opera è, quindi, divulgare la geografia, definita *oculus historiae* (designazione non certo allusiva alla subordinazione di

---

[1] Per una panoramica sulle principali tappe evolutive della cartografia nella prima età moderna si rimanda a: Bertini M. A. (2003), "Terra e Cielo in biblioteca: itinerari geocartografici per conoscere il mondo", Bertini M. A. (a cura di) (2003), *Fra Terra e Cielo: i percorsi della Geografia. Il patrimonio geocartografico della Biblioteca Universitaria di Urbino, secc. XVI-XVIII*, Istituto di Geografia Università "Carlo Bo", Urbino, pp. 53-122.

una scienza all'altra), per intendere e interpretare meglio gli avvenimenti umani.[2] Storia e geografia sono da sempre ambiti disciplinari strettamente e indissolubilmente intrecciati. Si tratta di un'interdipendenza che potrebbe dirsi "necessaria", imprescindibile, poiché consente di ritrovare il senso del passato nei luoghi che di quel passato sono stati teatro.[3] Significativa, al riguardo, l'affermazione di un eminente geografo che sostiene «*Non c'è geografia senza storia. È vero però anche il reciproco. Non c'è storia senza geografia*»,[4] poiché la geografia è scienza del territorio, dello spazio umanizzato risultante da elementi fisici e sociali legati da rapporti interattivi e dinamici; poiché la geografia umana, in particolare, è scienza e storia dell'antropizzazione, dello sviluppo delle società e dei riflessi delle loro azioni sull'ambiente sedimentate nel corso del tempo e in perenne evoluzione.

In effetti, è esistita un'epoca in cui tempo e spazio, storia e geografia erano congiunti da equilibrati rapporti.

Nell'antichità la *historia*, intesa come scienza generale dell'esperienza, comprendeva sia la conoscenza della natura, cioè la geografia in senso stretto, sia la cronologia.[5] Già gli storiografi classici, come Erodoto, Strabone, Plutarco, Tacito, Sallustio, ma

---

[2] Quaini M. (1992), "L'età dell'evidenza cartografica. Una nuova visione del mondo fra Cinquecento e Seicento", Ministero Beni Culturali e Ambientali, Comitato Nazionale per le Celebrazioni del V Centenario della Scoperta dell'America (1992), *Due mondi a confronto 1492-1728. Cristoforo Colombo e l'apertura degli spazi*, Istituto Poligrafico e Zecca dello Stato- Libreria dello Stato, Roma, vol. II, pp. 781-812, cfr. p. 803.

[3] Il geografo tedesco Friedrich Ratzel sosteneva che come la geografia non può fare a meno della storia, così la storia non può fare a meno della geografia «poiché i fatti che essa contempla hanno bisogno di un teatro dove avere svolgimento» (Bartaletti F. (2006), *Geografia generale. Principi, nozioni e campi di ricerca*, Ed. Bollati Boringhieri, Torino, p. 32).

[4] Corna Pellegrini G. (1997), "Dalla percezione alla comprensione del paesaggio geografico", *La nostra geografia*, Giornale ufficiale dell'Associazione Italiana Insegnanti di Geografia, Sezione Trentino Alto Adige, A.I.I.G. Sez. region. Trentino Alto Adige, Trento, a. 2, n. 1, pp. 32-35, cfr. p. 35.

[5] Koselleck R. (2000), *Zeitschichten. Studien zur Historik*, Suhrkamp, Frankfurt am Main, p. 79.

anche i cronisti medievali, narravano gli avvenimenti umani, descrivevano allo stesso tempo regioni, popoli, organizzazioni sociali, risorse e forme economiche e davano altresì conto di spedizioni militari, di viaggi esplorativi, di pellegrinaggi.

Nel XVIII secolo si consuma la scissione di ciò che per lungo tempo era stato unito; con il progressivo evolversi delle discipline, storia e geografia si dissociano dando luogo alla contrapposizione tutta moderna delle categorie scientifiche e storiche di spazio e tempo.[6]

All'inizio dell'Ottocento, di fronte ad un predominante storicismo e alla marginalizzazione della dimensione spaziale, la geografia si trova in una posizione intermedia, come parte sia degli studi naturali sia di quelli sociali ed umanistici, ed è alla ricerca di una nuova legittimazione come scienza di sintesi interdisciplinare, senza dubbio per superare il declassamento, da parte della storiografia, ad un ruolo ancillare,[7] ma forse anche per salvare l'unitarietà del sapere oppure per creare un nuovo dialogo con la storia.[8]

Autorevole intervento al riguardo è dovuto al geografo tedesco Carl Ritter (1779-1859) che, nel trattare *Dell'elemento storico nella scienza geografica*, pone in evidenza le valenze di una geografia consapevole della propria storicità, con esplicito riferimento all'"unità naturale" di aspetti storici e geografici negli autori classici. A questi, come Ecateo di Mileto, Dicearco, Strabone, ma anche a geografi arabi e cinesi, riconosce il merito di aver «dato forma alle loro geografie in modo quasi del tutto storico».[9]

---

[6] Lo stesso Emmanuel Kant intende la storia come disciplina della sequenza, mentre definisce la geografia come storia della contiguità, anche se entrambi gli aspetti si mantengono in stretta relazione. Schlögel K. (2009), *Leggere il tempo nello spazio. Saggi di storia e geopolitica*, B. Mondadori, Milano, p. 19.

[7] Koselleck R. (2000), op. cit., p. 80.

[8] Schlögel K. (2009), op. cit., p. 19.

[9] Ritter C. (1852), "Über das historische element in der geographischen wissenschaft", Ritter C. (1852), *Einleitung zur allgemeinen vergleichenden Geographie, und Abhandlungen zur Begrundung einer mehr wissenschaftlicher Behandlung der Erdkunde*, G. Reimer, Berlino, pp. 152-181, cfr. p. 153.

Riaffermando che le attività e lo sviluppo umano condizionano gli effetti dei processi ambientali, Ritter sottolinea che la geografia non può rinunciare all'elemento storico se vuole essere una vera dottrina delle relazioni nello spazio terrestre e ribadisce, altresì, che «*da sempre le scienze geografiche sono state ordinate insieme a quelle storiche, per oscure intuizioni o per consapevoli necessità*».[10]

Lo stesso Fernand Braudel, inserendosi nel dibattito sui rapporti tra storia e geografia, ritiene la geostoria come «*un insieme di realtà naturali e sociali percepibili sul piano delle relazioni geografiche che uniscono gli uomini e la terra che li porta*»,[11] sottolineando altresì: «*potremo infatti spiegare la storia soltanto se spiegheremo anche il mondo*».[12]

Da qualche tempo è in atto il rinnovamento delle consuete modalità di fare storia, secondo la tradizionale impostazione cronologica, con il recupero della dimensione geografica in virtù dell'ampliato controllo dello spazio, della riflessione sui luoghi e sulle complesse relazioni fra le aree terrestri.

La spazializzazione della storia dell'umanità costituisce, dunque, la chiave di volta per riorganizzare la conoscenza oltre ogni

[10] Ibidem. F. Ratzel ha riconosciuto a C. Ritter il merito di aver consolidato il legame fra geografia e storia (Bartaletti F. (2006), op. cit., pp. 23-24).
[11] Braudel F. (2010), *Storia, misura del mondo*, Ed. Il Mulino, Bologna, p. 112.
[12] Ivi, p. 66. L'argomento è stato oggetto di interesse anche di molti studiosi italiani fra i quali, in particolare, si segnala Lucio Gambi il cui pensiero è racchiuso in numerosi scritti come, ad esempio: Gambi L. (1973), *Una geografia per la storia*, Einaudi, Torino; Gambi L. (1972), "I valori storici dei quadri ambientali", *Storia d'Italia, 1, I caratteri originali*, Einaudi, Torino, pp. 5-60. Per ulteriori percorsi di riflessione si rinvia a: Cazzola F. (1997), "Tra storia e geografia", Cazzola F. (a cura di) (1997), *Nei cantieri della ricerca: incontri con Lucio Gambi* (Quaderni di discipline storiche, 11), CLUEB, Bologna, pp. 3-8; Sereno P. (1997), "Ambiente e storia", Cazzola F. (a cura di) (1997), op. cit., pp. 33-56. Inoltre, recenti trattazioni sul tema sono contenute in: Quaini M. (a cura di) (2008), "Una geografia per la storia dopo Lucio Gambi", *Quaderni storici*, Il Mulino, Bologna, n. 127, 1.

barriera disciplinare e quasi un ritorno a quell'"unità naturale" dei due settori già riconosciuta dagli antichi.

Assecondando le nuove riflessioni culturali, è pertanto auspicabile che l'interpretazione degli eventi umani, che accadono nel tempo e nello spazio, sia affiancata e corroborata dalla prospettiva geografica.

D'altro canto l'indagine storica affrontata anche nell'ottica spaziale appare notevolmente più completa, ampliata negli orizzonti, ricca di suggestioni e di coinvolgenti attrattive.

Quindi, ancora una volta, storia e geografia simbioticamente unite al fine, come già sosteneva Friedrich Ratzel, di «*leggere il tempo nello spazio*».[13]

Il ruolo della cartografia nello studio dei fenomeni geografici e degli eventi storici

Per il singolo individuo, come per le società sia primitive sia civilizzate, le raffigurazioni territoriali, più o meno schematiche, più o meno aderenti alla realtà e finalizzate ad usi vari e diversi, hanno avuto ed hanno tuttora un'importanza pratica e culturale di prim'ordine.

In proposito, una notazione dello scrittore inglese Robert Louis Stevenson sembra singolarmente eloquente ed appropriata: «*Mi dicono che esiste gente cui non interessano le mappe. Non riesco a crederci*».[14]

La cartografia è stata considerata sin dall'antichità come espressione della geografia. Ne sono testimonianza opere descrittive corredate da riproduzioni grafiche dell'ecumene, quale la *Geografia*

---

[13] Schlögel K. (2009), op. cit., pp. 1-4. Friedrich Ratzel (1844-1904), insieme ad Alexander von Humboldt, Carl Ritter e Walter Benjamin, è indicato da Schlögel tra i fondatori di un "pensiero dello spazio".
[14] http://jeanmarie-balogh.ch/comunicazione-visiva/php/cartegeografiche.php (consultato il 29/01/2013).

di Eratostene di Cirene (III sec. a. C.),[15] o trattati scientifici, come l'*Introduzione alla Geografia* di Claudio Tolomeo, il più importante astronomo, matematico e geocartografo dell'antichità (II sec. d. C.), il quale sostanzialmente ridusse tutta la geografia a cartografia.

Ma occorre sottolineare che anche numerosi autori moderni hanno inteso la cartografia come fondamento della geografia affermando che la carta è la sedimentazione delle conoscenze geografiche di un determinato momento. Pur valutandone i limiti alla luce degli sviluppi disciplinari degli ultimi decenni, tali affermazioni contengono tuttavia una sostanziale verità, poiché sottolineano il rapporto privilegiato fra geografia e cartografia.

Le topografie, come mediatrici fra immagini mentali e realtà fisica, da tempi immemorabili forniscono all'uomo un basilare aiuto per conferire senso al proprio mondo e per favorirne la comprensione.

Connotate dal linguaggio grafico, esse sono senza dubbio definibili come uno dei più antichi mezzi di comunicazione conoscitiva tali da influenzare profondamente il comportamento e la vita sociale dell'umanità, dal momento che spesso sono servite come "banche-dati" spaziali e come strumenti mnemonici presso comunità che ignoravano la scrittura.[16]

---

[15] Non vanno altresì dimenticate le precedenti opere di Anassimandro (*Sulla natura*) e di Ecateo di Mileto (*Periègesis*), riferibili al VI-V sec. a. C., di Dicearco da Messina (*Itinerario intorno al mondo*) del IV sec. a. C., corredate da rappresentazioni dell'ecumene, oggi perdute e di cui resta memoria grazie alla letteratura successiva (Bertini M. A. (2010), "La rappresentazione cartografica nell'Europa medioevale fra paradigmi classici, influenze cristiane, utilità pratiche", *Quaderni dell'Accademia Fanestre*, Accademia Fanestre, Fano, n. 9, pp. 187-218, cfr. pp. 192 e 215; Cordano F. (2002), *La geografia degli antichi*, Laterza Ed., Roma-Bari, pp. 46-48).

[16] Alcuni studiosi sostengono che la componente spaziale abbia fornito fondamenti strutturali e funzionali al linguaggio umano primitivo, attraverso l'elaborazione e la trasmissione di mappe cognitive. Lewis G. M. (1987), "The origins of cartography", Harley J. B., Woodward D. (a cura di) (1987), *Cartography in Prehistoric, Ancient and Medieval Europe and the Mediterranean*, The History of

Il disegno, quindi anche la cartografia intesa come restituzione grafica del territorio, è infatti precedente sia al linguaggio scritto sia alla simbolizzazione numerica e tale modalità espressiva risulta già ampiamente utilizzata in epoca preistorica.

Antichità e diffusione della rappresentazione territoriale lasciano supporre che sia sempre esistito nella coscienza umana un "impulso cartografico" rispondente alla naturale tendenza alla spazializzazione se, come emerge dalle numerose testimonianze superstiti, anche presso le società più primitive appare evidente l'esigenza di tradurre graficamente le realtà terrestri e di fornire informazioni su di esse. [17]

Nel sottolineare le potenzialità espressive degli elaborati cartografici, in grado di superare le ordinarie barriere della lingua,[18] gli studiosi sostengono che questi «*costituiscono un mezzo comune usato da popoli delle più svariate appartenenze etnico-linguistiche per significare le relazioni fra le rispettive società e l'ambiente geografico*».[19]

Al di là del senso metaforico o simbolico che di frequente è stato ad esse attribuito, le carte sono efficaci indicatori di progresso e il loro valore storico deriva dal fatto che gli uomini le hanno realizzate per trasmettere ai propri simili notizie sui luoghi e gli spazi di cui avevano esperienza.

Cartography, vol. I, The University of Chicago Press, Chicago-Londra, pp. 50-53, cfr. p. 51.

[17] Concetti topologici associati a caratteristiche dell'ambiente naturale, rilevati nel corso di studi su gruppi umani primitivi, confermano l'esistenza di mappe cognitive alla base di concrete rappresentazioni territoriali. La coscienza spaziale dei popoli che tuttora vivono in condizioni arcaiche può essere, in effetti, un buon indicatore per comprendere l'attività cartografica preistorica e quindi anche le origini della cartografia. Lewis G. M. (1987), op. cit., pp. 51-52.

[18] Sauer C. O. (1956), "The education of a geographer", *Annals of the Association of American Geographers*, Association of America Geographers, Washington, n. 46, pp. 287-299, cfr. p. 289.

[19] Harley J. B. (1987), "The Map and the development of the History of Cartography", Harley J. B., Woodward D. (a cura di) (1987), op. cit., pp. 1-42, cfr. p. 1.

Mezzi illustrativo-interpretativi del mondo come realtà fisica e come "dimora dell'uomo", le topografie sono molto più che sussidi per gli studiosi; esse catturano il tempo e riproducono gli scenari della storia, rivelando le correlazioni e l'intimo intreccio fra aspetti naturali e vicende antropiche.

Il prodotto cartografico è, dunque, un prezioso strumento per la ricostruzione dei fatti sociali, una basilare e indispensabile chiave di lettura e di interpretazione dei fenomeni geografici e dei processi storici, poiché nello spazio disegnato è possibile leggere il tempo.

Alla luce della documentazione disponibile appare evidente che la narrazione della storia e la visualizzazione degli scenari in cui questa ha avuto ed ha luogo sono esigenze primordiali, quasi connaturate nell'uomo, di volta in volta riconducibili o alla sfera puramente intuitiva o ad una chiara e piena consapevolezza.

A darne certezza sono alcune testimonianze di rudimentali rappresentazioni, sia di aree circoscritte sia di estesi ambiti territoriali, restituite da antiche civiltà o riferibili al lontano passato preistorico e protostorico (incisioni rupestri in cui emergono campi, strade, abitazioni ecc.); identica funzione hanno anche oggetti e documenti (manufatti per guidare la navigazione realizzati dagli indigeni delle isole Marshall nel Pacifico o da abitanti della Groenlandia, abbozzi topografici tracciati su cortecce d'albero o su pelli animali) rinvenuti presso comunità vissute sino a tempi recenti o che ancora oggi sopravvivono in forma arcaica in remote regioni del mondo (Amazzonia, Papua-Nuova Guinea, isole dell'Oceania, aree circumpolari) e che, in base al concetto di "divergenza culturale", potremmo designare "primitivi nostri contemporanei".

Tutto ciò conferma che la raffigurazione della superficie terrestre o dello spazio che ci circonda più da vicino è, quindi, una necessità umana, sentita in ogni tempo e a tutte le latitudini.

La valutazione sull'importanza storica delle carte dipende dalla conoscenza della loro natura, degli artefici, delle tecniche esecutive, dei fattori che ne hanno indirizzato la realizzazione e la trasmissione, del ruolo esercitato nell'ambito delle rispettive civiltà.

Riscontri cartografici nelle incisioni rupestri della Valcamonica

Non c'è dubbio che già all'inizio del Paleolitico superiore l'uomo possedesse sia la capacità cognitiva sia le competenze manuali per tradurre le immagini mentali dello spazio di vita in rappresentazioni concrete.

Disegni territoriali riferibili a stadi primitivi della civiltà, sopravvissuti grazie alla lunga persistenza dell'arte rupestre, sono stati rinvenuti in varie regioni del mondo, ma soprattutto nella fascia delle medie latitudini eurasiatiche.[20] In Europa gli esempi più rilevanti ed espressivi sono stati scoperti nell'area alpina.

Fra le più antiche testimonianze si segnalano in particolare, per il loro evidente valore topografico, alcune semplici piante di insediamenti preistorici incise su supporti rocciosi ritrovate sul Monte Bego, oggi nel Dipartimento francese delle Alpi Marittime,[21] e riferibili all'età del Bronzo;[22] se il loro significato geografico è stato a lungo ignorato o frainteso dagli studiosi,[23] una mappa preistorica

---

[20] Lewis G. M. (1987), op. cit., p. 53.

[21] Gran parte delle incisioni è localizzata nella Val Fontanalba e nella Valle delle Meraviglie che, sino all'inizio del Novecento, erano comprese nelle Alpi Marittime di pertinenza italiana. Per maggiori notizie sui rinvenimenti si rinvia a Bernardini E. (1979), *Le Alpi Marittime e le meraviglie del Monte Bego*, Sagep Ed., Genova.

[22] Per l'elenco delle topografie si veda: Delano Smith C. (1987), "Cartography in the prehistoric period in the Old World: Europe, the Middle East and North Africa", Harley J. B., Woodward D. (a cura di) (1987), op. cit., pp. 54-101, cfr. pp. 93-95.

[23] Lo studioso inglese Clarence M. Bicknell ha decisamente sostenuto il valore topografico di molti petroglifi rinvenuti sul Monte Bego (Bicknell C. M. (1913), *A guide to the prehistoric rock engravings in the Italian Maritime Alps*, G. Bessone, Bordighera, figg. XLIII-4 e XLV-1). Opinioni diverse sono state espresse da Issel A. (1901), "Le rupi scolpite nelle alte valli delle Alpi Marittime", *Bullettino di Paletnologia Italiana*, Istituto Poligrafico e Zecca dello Stato, Roma, n. 17, pp. 217-259, e, più di recente, da Blain A., Paquier Y. (1976), "Les gravures rupestres de la Vallée des Merveilles", *Bollettino del Centro Camuno di Studi Preistorici*, Edizioni del Centro, Capo di Ponte (BS), n. 13-14, pp. 109-119.

presente in Valcamonica[24] (la cosiddetta "mappa di Bedolina") è stata invece indicata come la più antica venuta alla luce in Europa.[25] I primitivi abitanti di questa isolata valle alpina, denominati Camuni dai Romani che li assoggettarono intorno al 16 a. C., ci hanno lasciato innumerevoli petroglifi[26] di grande valore etnologico, ma anche storico-geografico, che narrano per immagini la storia delle genti locali, i momenti salienti della loro esistenza, i modi di vita, gli usi e le tradizioni, le attività agricole ed artigianali attraverso migliaia di dettagliate e verosimili scene, fornendo una preziosa testimonianza dello sviluppo della loro cultura e civiltà per un arco temporale di circa due millenni.[27]

I più antichi documenti risalgono alla fine del Neolitico e si estendono oltre l'età del Bronzo e del Ferro fino alla conquista romana sotto Augusto.

L'area in cui si concentrano le rocce istoriate (per una lunghezza di circa 40 km) è situata nel territorio comunale di Capo di Ponte,

---

[24] La Valcamonica è una vallata del versante italiano delle Alpi centrali orientata da nord a sud, lunga circa 80 km, situata nelle Alpi lombarde a nord di Brescia e del lago d'Iseo. Il suo nome trae origine dalla popolazione pre-indoeuropea dei Camuni, di origine sconosciuta, giunti nella valle semplicemente come cacciatori. Più tardi, pur rimanendo seminomadi, sembra che allevassero bovini, attività tuttavia subalterna alla caccia.

[25] Anati E. (1960), *La civilisation du Val Camonica*, Arthaud, Parigi.

[26] Le incisioni, considerate come l'esempio di arte rupestre più importante d'Europa, sono ancora oggi distintamente visibili, dal momento che la terra, il muschio e l'erba li hanno protetti attraverso i secoli dall'azione distruttiva dell'uomo e della natura. Il loro numero ammonta a circa 30.000 immagini incise su oltre 600 superfici rocciose.

[27] Alla fine del III millennio a.C. altre tribù migrarono dalla valle del Po verso la Valcamonica, portando con sé nuove armi e utensili e probabilmente introducendo l'agricoltura. Verso la fine del II millennio a.C. le rotte commerciali dirette dall'Adriatico verso l'Europa settentrionale attraverso la vallata aprirono l'area all'influenza greco-micenea consentendo ai Camuni, che sfruttavano le locali risorse di rame e ferro per i loro scambi, di entrare in contatto con popoli e culture sia meridionali sia settentrionali. All'incirca fra il VII e il IV secolo a.C., nell'età del Ferro, notevole fu l'influenza etrusca e durante lo stesso periodo si svilupparono contatti con i Liguri e i Celti. Più tardi, tra il IV e il II secolo a.C., nella valle si riscontrano influenze culturali retiche ed etrusche, chiaramente identificabili nei graffiti rupestri.

che occupa la parte più bassa della media valle, tra le cime della Concarena e il Pizzo Badile Camuno (3000 m circa) (fig. 1).

Figura 1 - L'abitato di Capo di Ponte, in Valcamonica, con le vicine località che ospitano i graffiti rupestri del popolo camuno.[28]

I motivi di tale polarizzazione sono molteplici e vanno ricondotti soprattutto al clima, qui molto più mite rispetto al resto della Valcamonica, nonché ai caratteri morfologici del territorio ricco di pianori, siti ideali per la fondazione di insediamenti sicuri e in posizione strategica per il controllo della valle sottostante.[29]

---

[28] Delano Smith C. (1987), op. cit., p. 76.
[29] Non è tuttavia da escludere che le antiche popolazioni siano state attratte anche dal suggestivo fenomeno dello "Spirito del Monte", per cui due volte l'anno, all'inizio della primavera e all'inizio dell'autunno, il sole, complici i due rilievi che dominano l'area, proietta al mattino (Pizzo Badile) e alla sera (Concarena) un'ombra nel cielo forse interpretata come manifestazione soprannaturale di buon auspicio (http://www.comune.capo-di-ponte.bs.it/Pages/Pagine_Generiche/?Id=48998, consultato il 29/01/2013).

Tutte le figure sono state graffite su compatti supporti rocciosi composti prevalentemente da arenaria, levigati dai ghiacciai del periodo Würmiano. Le magnifiche serie di lavagne naturali –ora piatte e uniformi, ora caratterizzate da ondulazioni– con le loro migliaia di iconografie risalenti a vari periodi preistorici e protostorici, caratterizzano uno dei territori più ricchi di petroglifi in ambito europeo.

Il primo ritrovamento è dovuto al geografo bresciano Walter Laeng che, nel 1909, scoprì nei pressi dell'abitato di Cemmo due massi istoriati oggi ritenuti fra i più importanti documenti dell'età del Rame in Italia.

Il complesso noto come "Bedolina 1" fu invece scoperto da alcuni pastori nel 1914 e si configura come documento unico dei tempi preistorici;[30] rinvenuto nei pressi dell'omonima località non lontana da Capo di Ponte, è caratterizzato da una composizione topografica ascrivibile alla media età del Bronzo e all'età del Ferro (1500-1000 a. C.).

La mappa occupa gran parte di una delle tante superfici rocciose presenti sul versante collinare in destra orografica dell'ampia vallata dell'Oglio; posta a circa 40 m di altitudine rispetto al fondovalle ed estesa 4,16 x 2,30 m, è fra le più famose incisioni rupestri della Valcamonica poiché, secondo gli studiosi, rievoca un territorio reale, con campi, sentieri e abitazioni (figure 2-4).[31]

---

[30] Il più noto esempio di arte rupestre camuna è stato dettagliatamente descritto da Blumer W. (1964), "The oldest known plan of an inhabited site dating from the Bronze Age, about the middle of the second millennium b. C. Rock-Drawings in the Val Camonica", *Imago Mundi*, Imago Mundi Ltd., Londra, n. 18, pp. 9-11+ 2 tavv. f. t.

[31] La mappa di Bedolina è collocata in un contesto ben diverso rispetto agli esemplari del Monte Bego –da cui differisce anche sul piano stilistico– dal momento che essa si affaccia su quelli che, anche allora, dovevano essere una valle coltivata ed un percorso attraverso le Alpi.

Figura 2 - Il contesto naturale della mappa di Bedolina.[32]

Figura 3 - Particolare della mappa di Bedolina.[33]

[32] http://www.archeocamuni.it/bedolina.html (consultato il 29/01/2013).
[33] http://www.europreart.net/preart.htm (consultato il 29/01/2013).

Figura 4 - Fotografia della mappa di Bedolina. Per una più chiara visione, sui graffiti è stata versata una leggera soluzione di calce facilmente rimovibile. Il manufatto, rinvenuto in Valcamonica, risale alle età del Bronzo e del Ferro (1500-1000 a. C.).[34]

La pianta del villaggio appare di notevole interesse per l'unicità delle sue caratteristiche e per il grado di completezza; vi sono effigiati in maniera convenzionale unità fondiarie recintate e coltivate, in cui le file di punti lasciano ipotizzare piantagioni a frutteto, linee che definiscono sentieri, limiti confinari, corsi d'acqua e canali di irrigazione[35] alimentati da sorgenti o pozzi indicati da un cerchio con un punto al centro, forme umane stilizzate, attrezzi agricoli (aratri, carri a 4 ruote), rozze dimore[36] e recinti con animali (fig. 5).

---

[34] Blumer W. (1964), op. cit., tav. 1 f.t.

[35] Interessante notare che tracce di antichi canali e di preistoriche deviazioni d'acqua sono tuttora apprezzabili lungo il fiume Oglio.

[36] Le capanne, alcune delle quali presentano una scala di accesso esterna, dovevano essere interamente in legno ma non è chiaro se si trattasse di palafitte. Le costruzioni più piccole potrebbero essere interpretate anche come depositi di prodotti agricoli.

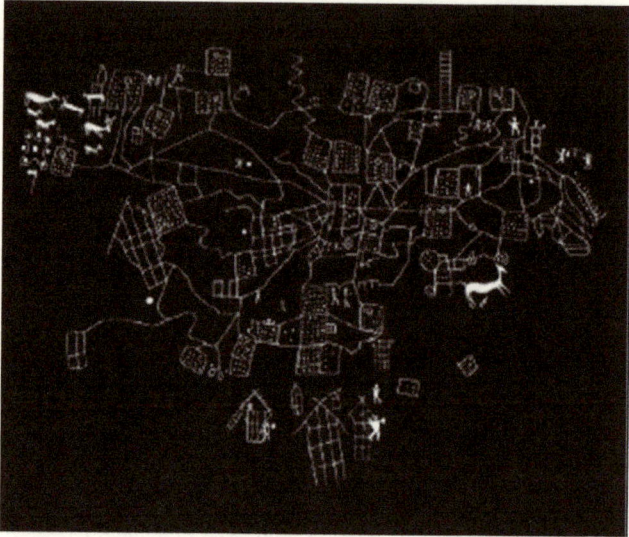

Figura 5 - Sintesi grafica della mappa di Bedolina.[37]

Mentre gran parte dell'elaborato è stata attribuita all'età del Bronzo, all'incirca alla metà del II millennio a.C., gli schemi delle capanne sembrano un'aggiunta più tarda, probabilmente databile all'età del Ferro.

La suddivisione dei campi e il sistema di irrigazione suggeriscono una cooperazione di famiglie e di clan, rivelando l'esistenza di un'organizzazione collettiva del lavoro. Ciò potrebbe aver indotto l'antica comunità a predisporre una mappa illustrativa degli ambiti giurisdizionali dell'abitato, della distribuzione delle terre agricole, delle competenze di proprietari e coltivatori.

Se ne può dedurre che questa specifica comunità, come sicuramente tutte le altre del territorio, conducesse un'esistenza abbastanza autarchica, dipendente dalle proprie attività di caccia e dai prodotti del suolo, dei campi, dei boschi, formando un'unità sociale, economica e culturale.

[37] Blumer W. (1964), op. cit., tav. 2 f. t.

Il secondo insieme di petroglifi camuni, qualificabile come complessa composizione topografica, è stato scoperto sullo stesso versante vallivo, di poco a monte di Bedolina e ad una quota più elevata (oltre 100 m dal fondovalle), nei dintorni della località di Giadighe (fig. 6).

Figura 6 - Schema della pianta di un villaggio camuno incisa su un supporto litico e rinvenuta nei pressi di Giadighe (c. 1900-1200 a.C.).[38]

La planimetria, ampia 2,59 x 1,25 m, presenta alcune analogie ma anche sostanziali differenze rispetto alla precedente, indizio sia di mani diverse sia di diversi livelli conoscitivi ed espressivi; qui è infatti evidenziata una fitta rete di campi chiusi che le conferisce maggior compattezza e omogeneità rispetto a quella di Bedolina. Solo in alcuni di essi, forse perché l'opera non è stata completata,

[38] http://territories.indigenousknowledge.org/exhibit-3 (consultato il 29/01/2013).

si distinguono regolari file di punti che sembrano richiamare colture alberate; vi si notano, inoltre, incavi rettangolari interpretabili come fattorie situate entro le proprietà.

Sebbene la fessurazione e l'erosione del supporto litico abbiano creato discontinuità nell'immagine, una peculiarità decisamente originale è la doppia linea curva che, in guisa di grande S, attraversa verticalmente l'intera composizione e che è stato ipotizzato equivalesse al sinuoso corso del fiume Oglio.[39] Nel margine inferiore della lastra compaiono, infine, figure antropomorfe comuni anche in altri luoghi della Valcamonica.

Ulteriori interessanti rocce istoriate, venute in luce presso Seradina, mostrano scene di aratura, abitazioni, estensioni campestri rettangolari spesso collegate da sentieri o canaletti, frutteti, greggi;[40] altri esemplari analoghi, dislocati in luoghi vicini, propongono animali selvatici, scene venatorie o belliche, carri trainati da bovini, orme di piedi singole o appaiate, simboli riconducibili al culto solare o spesso di enigmatica interpretazione.

I graffiti rupestri camuni sono connotati da un'eccezionale appropriatezza dei segni e rappresentano, quindi, significativi esempi di illustrazioni territoriali preistoriche in buona parte conformi alla simbologia e ai criteri cartografici tuttora in uso (fig. 7).[41]

---

[39] Secondo R. Battaglia la mappa di Giadighe è una descrizione della valle dell'Oglio «con i suoi campi chiusi e i frutteti fra cui si snoda l'ampio corso fluviale» (Battaglia R. (1934), "Ricerche etnografiche sui petroglifi della cerchia alpina", Studi Etruschi, L.Olschki Ed, Firenze, n. 8, pp. 11-48).

[40] Harvey P. D. A. (1980), The history of topographical maps: symbols, pictures and surveys, Thames & Hudson, Londra, fig. 20; Priuli A. (1985), Incisioni rupestri della Val Camonica, Priuli e Verlucca, Ivrea, fig. 33; Delano Smith C. (1987), op. cit., p. 75.

[41] Le analogie con la moderna simbologia topografica sono individuabili soprattutto nei segni utilizzati per la rete viaria e per il frazionamento agrario. Nelle mappe preistoriche gli oggetti geografici sono resi infatti con l'accostamento di punti, linee, cerchietti… assimilabili alle forme convenzionali in uso nelle odierne topografie dell'I.G.M.

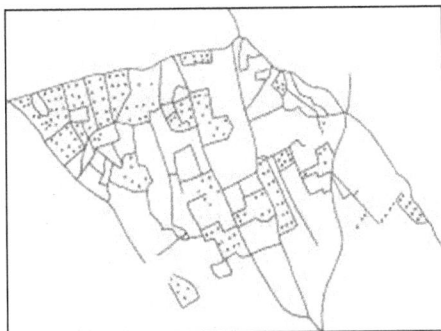

Figura 7 - Elementi simbolici in una moderna carta topografica. Notevoli le analogie con quelli presenti nelle mappe litiche della Valcamonica.[42]

Successivamente alla scoperta di altri siti simili, al fine di salvaguardare e valorizzare l'antichissimo e prezioso patrimonio culturale sono stati creati nell'area il Parco Nazionale delle Incisioni Rupestri di Naquane (460 m s.l.m.),[43] unico in Italia, la Riserva naturale delle Incisioni Rupestri di Ceto-Cimbergo-Paspardo, i Parchi Comunali di Bedolina-Seradina, Luine, Sellero, Sonico, quello dei Massi di Cemmo.[44]

I luoghi e la loro verosimile raffigurazione sono, in genere, documenti affidabili che mantengono leggibili nei secoli le tracce di trascorse generazioni.

Il più grande complesso cartografico sinora noto dell'Europa preistorica, realizzato grazie alla disponibilità di grandi superfici rocciose levigate dai ghiacci, dopo un lungo viaggio attraverso il

---

[42] Particolare tratto da: I.G.M., *Carta Topografica d'Italia*, F. 164 I NE.

[43] Il Parco è stato istituito nel 1955 dalla Soprintendenza Archeologica della Lombardia in collaborazione con il Comune di Capo di Ponte. Esteso a mezza costa per oltre 300.000 m², è totalmente recintato e custodito per salvaguardare l'integrità delle oltre 30.000 testimonianze di arte rupestre e dell'ambiente naturale che le ospita.

[44] Nel 1979 le incisioni rupestri della Valcamonica sono diventate il primo sito italiano Patrimonio dell'Umanità sotto la tutela dell'Unesco. Per dettagli sulle singole aree protette si rinvia a: http://siti.voli.bs.it/itinera/02/con_itinerari/ (consultato il 29/01/2013).

tempo attesta l'evoluzione culturale e tecnologica del popolo camuno, narrando ancor oggi di quanti vissero nella vallata in pace o
in guerra, dediti alla caccia, alla pastorizia, all'agricoltura.

Le grandi civiltà mesopotamiche e la rappresenta-
zione territoriale: esempi paradigmatici

Sulle grandi civiltà che hanno segnato la storia antica del Medio
Oriente esistono scarse testimonianze cartografiche; tuttavia,
quelle sopravvissute sono fondamentali per tentare di ricostruire il
quadro delle conoscenze geografiche e tecnico-scientifiche di lontane epoche ma anche per seguire lo sviluppo sia dell'organizzazione sociale ed economica sia della pianificazione e gestione del
territorio.

Oltre ad usare tavolette di argilla[45] per tramandare testi scritti, le
varie civiltà fiorite nell'area mesopotamica hanno utilizzato lo
stesso supporto anche per realizzare rappresentazioni territoriali.
Riportate in luce nel corso di campagne archeologiche condotte
principalmente da studiosi americani, esse conservano tracce dei
luoghi che sono allo stesso tempo tracce della storia.

I disegni tratteggiano piante di città con mura, palazzi e templi,
singoli edifici sacri, proprietà agrarie, ampie estensioni territoriali
con strade, fiumi e canali. Alcuni, soprattutto di matrice babilonese,
sono semplici abbozzi mentre altri appaiono accuratamente definiti
secondo precise misure che lasciano ipotizzare l'impiego del rapporto di riduzione in scala.

Fra le più famose espressioni cartografiche è annoverata la
pianta annessa alla statua di Gudea, principe sumero di Lagash, riferibile al periodo compreso fra il 2141 e il 2122 a.C. (fig. 8).[46]

---

[45] Il materiale argilloso, ampiamente disponibile nella vallata alluvionale
compresa fra i fiumi Tigri ed Eufrate, era utilizzato anche nella costruzione di
importanti edifici civili e religiosi.
[46] Gargano E., Giovanazzi B. (2010), *Le statue di Gudea*, Ed. Ares, Milano.

Figura 8 - Sulla statua del principe Gudea, di altezza pari a 93 cm e conservata al Museo del Louvre di Parigi, risalta la pianta di un ampio edificio. [47]

Il sovrano seduto ha sulle ginocchia una tavoletta in cui è incisa un'accurata cinta muraria, forse di un tempio o di un edificio fortificato. In essa è inoltre leggibile, seppure molto danneggiata, la sagoma di uno stilo e di un righello graduato probabilmente assimilabile ad una scala grafica (fig. 9). Evidente appare altresì il rapporto fra il potere, impersonato dal principe, e la registrazione duratura di informazioni territoriali. [48]

Oltre a quelle relative a singoli edifici, altre elaborazioni grafiche fanno riferimento sia a planimetrie di città sia ad ambiti territoriali più estesi.

[47] https://www.myartprints.co.uk/a/mesopotamian/headless-statue-of-prince.html (consultato il 29/01/2013).

[48] Lodovisi A., Torresani S. (1996), *Storia della cartografia*, Patron Ed., Bologna, pp. 19-20.

Figura 9 - *Particolare della tavoletta annessa alla statua di Gudea.*

Riguardo alle prime, assai espressiva e ricca di valenze storico-archeologiche, nonostante l'incompletezza, è la pianta di Nippur – una delle più antiche città della Mesopotamia posta a sud-est di Babilonia (fig. 10)–[49] realizzata intorno al 1250-1300 a.C..[50]

[49] Nata intorno al 5000 a. C. sulle rive di un'antica diramazione dell'Eufrate, Nippur ha giocato un ruolo importante nello sviluppo delle civiltà più antiche del mondo. Sebbene non sia mai stata una città capitale, ma per migliaia di anni principale centro religioso della Mesopotamia –dove era venerato Enlil, suprema divinità del pantheon sumerico e creatore dell'universo– ha rivestito grande importanza politica poiché qui era legittimato il potere dei sovrani. Come altri luoghi santi nel mondo, Nippur era un vivace polo economico sostenuto dalle rendite dei pellegrinaggi, ma anche da attività a carattere sia statale sia privato. Per ulteriori dettagli si rinvia a: Ascalone E. (2005), *Mesopotamia. Assiri, Sumeri e Babilonesi*, coll. I Dizionari delle Civiltà, Mondadori Electa, Milano, pp. 283-287.

[50] La tavoletta con la pianta della città di Nippur misura 18 x 21 cm ed è conservata nella Collezione Hilprecht della Friedrich Schiller Universität di Jena. Fra il 1888 e il 1900 una missione archeologica dell'Università della Pennsylvania riportò alla luce oltre 30.000 tavolette d'argilla con scritture in caratteri cuneiformi di straordinaria importanza letteraria, storica, grammaticale ed economica. Più dell'80% di tutte le opere narrative sumeriche conosciute, fra cui la storia del diluvio o epopea di Gilgamesh, è stato ritrovato a Nippur. Gli scavi proseguirono nella seconda metà del '900, a cura della sola Università di Chicago, per dare un contesto storico alle tavolette recuperate in precedenza e per tentare una ricostruzione topografica del sito, studiando i rapporti tra la città, le

Figura 10 - Il territorio dell'impero babilonese sotto il dominio cassita (circa 1600-1150 a.C.).[51]

Il frammento di tavoletta d'argilla, che reca impresse le principali componenti urbane, ha notevolmente facilitato le campagne archeologiche, guidando le operazioni di scavo dell'antica località, e, come hanno confermato recenti foto aeree della zona, la ricostruzione della struttura insediativa: vi si notano il circuito murario, interrotto da 7 porte urbiche indicate dal relativo nome, una doppia canalizzazione dell'Eufrate, sul lato occidentale e al centro dell'abitato, il tempio principale sulla destra, alcuni imponenti edifici forse sedi del potere amministrativo, un ampio giardino addossato ad un angolo delle mura.[52] Restano sconosciute le finalità del manufatto, anche se è stato ipotizzato un possibile riferimento al

funzioni religiose e l'ambiente circostante. Particolareggiate informazioni su Nippur e sulle campagne archeologiche condotte nell'area urbana sono disponibili nel sito: http://oi.uchicago.edu/research/projects/nip/nsc.html (consultato il 29/01/2013).

[51] http://www.ancient.eu.com/image/75/ (consultato il 29/01/2013).

[52] Stahl W. H. (1983), "Li riconoscerai dalle loro carte", Prontera F. (a cura di) (1983), Geografia e geografi nel mondo antico. Guida storica e critica, Ed. Laterza, Roma-Bari, pp. 17-46, cfr. pp. 21-22 e 25-27.

progetto di restauro dell'impianto difensivo cittadino (figure 11 e 12).

Figura 11 - Pianta della città di Nippur (c. 1500 a. C.) tracciata su una tavoletta di argilla.[53]

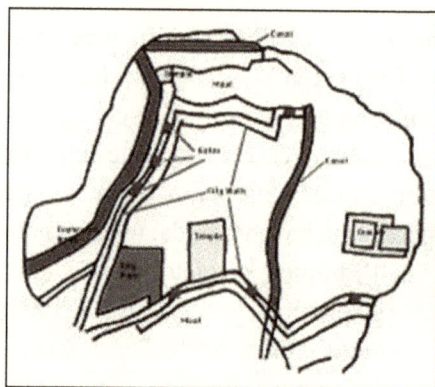

Figura 12 - Identificazione di elementi naturali e urbani nella pianta di Nippur.[54]

---

[53] http://oi.uchicago.edu/research/projects/nip/nsc.html   (consultato   il 29/01/2013).

[54] Saggs H. W. F. (1989), *Civilisation before Greece and Rome*, Yale University, New Haven, p. 119. http://www.thenagain.info/classes/sources/nippur.html (consultato il 29/01/2013).

Il confronto dell'immagine con moderni rilevamenti del sito di Nippur, ponendo in luce le consonanze, ha indotto a ritenere che essa fosse riprodotta in scala, a conferma del livello di sviluppo tecnico raggiunto da quel popolo (fig. 13).

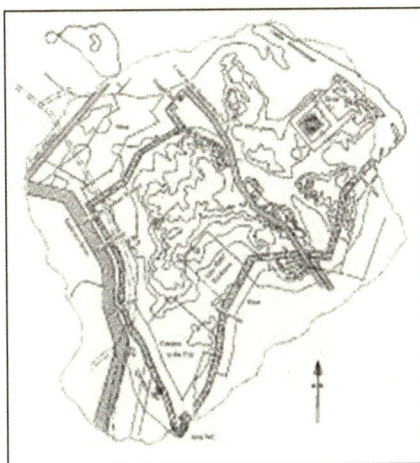

Figura 13 - Ricostruzione moderna della pianta di Nippur.[55]

Transazioni di proprietà, vendite, dispute confinarie, stime di rendite costituivano con tutta probabilità le principali motivazioni della mappatura di aree rurali. Se alcune tavolette ritraggono singoli appezzamenti di terreno, altre evidenziano le relazioni fra proprietà terriere e corsi d'acqua, vitali per l'attività agricola nella Mesopotamia meridionale. Un esemplare altrettanto significativo nell'ambito di questa tipologia proviene ugualmente da Nippur ed è riferito al periodo intorno al 1500 a.C.[56] (figure 14 e 15). Vi sono delineate alcune proprietà e canali adiacenti ad un fiume a forma di

---

[55] http://oi.uchicago.edu/research/projects/nip/nsc.html (consultato il 29/01/2013).

[56] La tavoletta misura 13 x 11 cm ed è conservata presso l'University Museum dell'Università di Pennsylvania a Filadelfia.

175

U; i campi, pertinenti a patrimoni agrari reali, religiosi[57] e privati, sono situati su entrambi i lati del corso d'acqua e separati da canali di irrigazione. La presenza di derivazioni dalle maggiori vie fluviali, che hanno garantito il secolare sviluppo agricolo della regione, attesta le competenze nella gestione delle risorse idriche e l'uso di sbarramenti per la capillare distribuzione del prezioso elemento in vaste aree. D'altro canto l'esistenza e l'importanza delle dighe è documentata anche dalle leggi che regolavano la società babilonese; al riguardo il famoso codice di Hammurabi[58] precisava infatti: «*se un uomo distruggerà la diga di un altro gliela dovrà ricostruire*».

Figura 14 - Tavoletta di argilla che riproduce l'agro di Nippur (c. 1500 a. C.) con campi coltivati e la rete dei canali.[59]

[57] Molte terre erano proprietà dei templi che, in qualità di grandi latifondisti, detenevano sia le tenute agricole sia le aree da pascolo.

[58] Il Codice di Hammurabi è una fra le più antiche raccolte organiche di leggi conosciute nella storia dell'umanità, in cui era previsto che la pena per i vari reati fosse spesso identica al torto o al danno provocato, secondo la cosiddetta "legge del taglione" (occhio per occhio, dente per dente). Venne stilato durante il regno dell'omonimo re babilonese, che regnò dal 1792 al 1750 a.C. Fu scolpito su una stele in diorite, alta circa 225 cm, rinvenuta verso la fine dell'Ottocento nella città di Susa. Il corpus legale è suddiviso in capitoli che riguardano varie categorie sociali e diverse tipologie di reati abbracciando in pratica tutte le possibili situazioni dell'umana convivenza del tempo, dai rapporti famigliari a quelli commerciali ed economici, dall'edilizia alle regole per l'amministrazione della cosa pubblica e della giustizia. Le leggi sono notevolmente dettagliate e questo ha fornito un aiuto prezioso agli archeologi, consentendo loro di ricostruire importanti aspetti della società mesopotamica.

[59] http://antikforever.com/Mesopotamie/Sumer%20Akkad/nippur.htm (consultato il 29/01/2013).

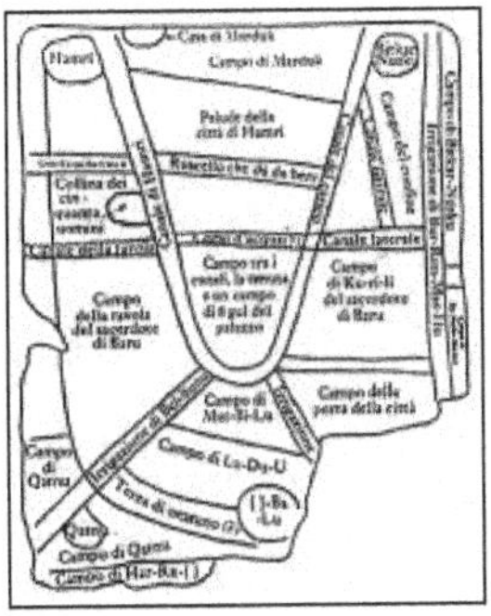

Figura 15 - Grafico esplicativo degli elementi fisico-antropici caratterizzanti l'agro di Nippur.

Le produzioni cartografiche delle civiltà precolombiane

Lontane nel tempo e nello spazio dai popoli e dalle regioni sin qui considerati, le civiltà fiorite nel "Nuovo Mondo" molti secoli prima della scoperta colombiana hanno rivelato ai conquistatori spagnoli, giunti per primi nel Centro-America continentale tra il 1517 e il 1521,[60] società complesse e forme culturali di elevato livello,[61]

[60] La regione messicana è stata la culla di alcune delle più antiche civiltà del mondo: quella degli Olmechi (c. 1600-600 a.c.) che inventarono la scrittura ideografica e il calendario; le tante fiorite nei primi secoli dell'era cristiana, generalmente organizzate in città-stato e assai sviluppate a livello commerciale, culturale e artistico; quella degli Aztechi (o Culhua-Mexica) i quali, fondata Tenochtitlan (l'attuale Città del Messico) nel 1325, nel giro di un secolo estesero il loro dominio sull'intero Messico centrale. Il primo esploratore europeo a giungere in territorio messicano fu Francisco Fernández de Córdoba, che nel 1517 scoprì insediamenti maya nella penisola dello Yucatan; l'anno successivo Juan de Grijalva guidò una spedizione nella costa orientale del Messico riportando nella colonia spagnola di Cuba le prime notizie relative al ricco impero azteco. Nel 1519 il governatore cubano Diego Velázquez inviò nella regione un reparto militare sotto il comando di Hernán Cortés.
[61] Molte delle grandi civiltà dell'America precolombiana, fra cui Maya e Aztechi, accomunate da caratteristiche culturali simili, erano concentrate nella regione che comprende gli odierni Messico, Belize e Guatemala, designata dagli

fra cui appare degna di particolare attenzione quella azteca (fig. 16).

Figura 16 - *Estensione territoriale dell'impero azteco.*[62]

Tra le più eloquenti espressioni del patrimonio conoscitivo pre-ispanico si segnalano immagini territoriali qualitativamente eccellenti ed ineguagliate nel nuovo continente che, eseguite in totale indipendenza da influenze europee o asiatiche o da qualsiasi contatto esterno, confermano ancora una volta la basilare importanza del linguaggio cartografico presso ogni comunità umana di qualunque tempo e luogo.[63]

---

storici con il termine di Mesoamerica. Mundy B. E. (1998), "Mesoamerican Cartography", Woodward D., Lewis G. M. (a cura di) (1998), *Cartography in the Traditional African, American, Arctic, Australian and Pacific Societies*, History of Cartography, vol. 2, tomo 3, University of Chicago Press, Chicago, pp. 183-256, cfr. pp. 183-184.

[62] http://www.voyagesphotosmanu.com/impero_azteco.html (consultato il 29/01/2013).

[63] Scarsi sono i documenti autentici delle popolazioni locali; alla sistematica distruzione da parte dei conquistadores sono sopravvissuti solo pochi libri, mappe e alcuni dipinti, nascosti o inviati in Europa come testimonianze della cultura messicana. Fra le testimonianze di maggior interesse si segnalano mappe di grandi proprietà terriere appartenenti allo Stato o a classi sociali elevate e varie piante

Superstiti manufatti originali e soprattutto vari codici,[64] redatti negli anni successivi alla conquista spagnola e contenenti riproduzioni di esemplari della locale cartografia, consentono di apprezzarne l'unicità e la raffinatezza esibendo, altresì, singolari percezioni e originali raffigurazioni dello spazio mediante "geroglifici, pittografie e segni astratti".[65] In essi è inoltre dato cogliere una connotazione tipica del periodo pre-ispanico, fondata sulla combinazione degli aspetti territoriali con la narrazione pittorica di eventi storici.[66] Criterio saliente della cartografia dell'epoca era, infatti, l'unione della categoria spaziale con quella temporale, tanto da poter definire le carte mesoamericane come singolari esiti della "spazializzazione del tempo".[67] Fra l'altro alcuni esemplari erano caratterizzati dalla presenza di un "calendario-almanacco".

urbane del periodo pre-ispanico, disegnate su tela, pelli animali o su fogli realizzati con fibre di agave (Bagrow L., Skelton R. A. (1973), *Meister der Kartographie*, Safari Verlag, Berlin, p. 25).
  [64] Per una panoramica sulla produzione cartografica centroamericana, precedente e successiva alla conquista spagnola, si rinvia a: Mundy B. E. (1998), op. cit., pp. 148-256.
  [65] Con questa "scrittura-immagine" i popoli mesoamericani hanno espresso concetti ed eventi senza dipendere da codici esclusivamente alfabetici o fonetici; infatti, a differenza della scrittura alfabetica sillabica, la pittografia, dato il suo carattere pittorico e la mancanza di unilinearità, era facilmente utilizzabile per mostrare la distribuzione spaziale di oggetti ed eventi e quindi ben si prestava alla rappresentazione cartografica (Mundy B. E. (1998), op. cit., p. 183). La complessa interazione di geroglifici e simboli era pertanto una specificità linguistica e culturale delle civiltà pre-colombiane; diversa l'opinione di P. D. A. Harvey, secondo cui nelle carte azteche i caratteri del paesaggio sono resi mediante "rappresentazioni universalmente riconosciute" (Harvey P. D. A. (1980), *The History of Topographical Maps: Symbols, Pictures and Surveys*, Thames & Hudson, Londra, pp. 14 e 116).
  [66] Al riguardo è stato sottolineato che «*i messicani concepivano il percorso attraverso il tempo strettamente simile a un percorso attraverso lo spazio*» (Burland C. A. (1960), "The map as a vehicle of Mexican history", *Imago Mundi*, Imago Mundi Ltd., Londra, n. 15, pp. 11-18; cfr. p. 11).
  [67] Leon-Portilla M. (1963), *Aztec Thought and Culture: A Study of the Ancient Nahuatl Mind*, University of Oklahoma Press, Norman, pp. 54-57; Mundy B. E. (1998), op. cit., pp. 184 e 193-194.

Un emblematico esempio di associazione fra geografia, storia e cronologia è ravvisabile nella pianta di Tenochtitlan, contenuta nel Codice Mendoza,[68] che mostra la capitale azteca nel suo primo secolo di vita (fig. 17).[69]

La tavola, in cui si fondono nitidamente spazio topografico, tempo cronologico, vicende storiche e struttura sociale, è incorniciata da una serie di riquadri il primo dei quali, nell'angolo in alto a sinistra, racchiude il geroglifico indicante l'anno di fondazione del centro urbano (corrispondente al 1325 del calendario gregoriano); procedendo in senso antiorario, gli altri blocchi figurati indicano i successivi anni di regno di Tenoch,[70] uno dei dieci fondatori la cui effigie, affiancata dal geroglifico del nome,[71] compare entro il quadrante sinistro della città.

L'area geografica di Tenochtitlan è racchiusa da una banda blu, che evoca gli specchi lacustri presenti intorno all'insediamento, ed

---

[68] Il Codice Mendoza è un manoscritto redatto intorno al 1539-41 da un artista azteco su commissione di Antonio de Mendoza, primo viceré del Messico (1535-1550), e destinato all'imperatore Carlo V. Compilato secondo le tradizioni scrittorie indigena ed europea, è oggi parte del patrimonio della Bodleian Library di Oxford (Ms. Arch. Selden A. 1, f. 2r); in esso sono contenuti una perduta cronaca dei sovrani aztechi di Tenochtitlan, un antico registro tributario con l'elenco di 400 città, resoconti annuali della vita azteca. I pittogrammi sono stati commentati in spagnolo da un esponente della colta élite missionaria. Per maggiori dettagli sul Codice e sui relativi sistemi di scrittura si rinvia a: Perri A. (1994), *Il Codex Mendoza e le due paleografie*, Ed. Clueb, Bologna.

[69] Si ritiene che gli Aztechi, le cui origini restano incerte, abbiano occupato la regione centro-meridionale del Messico precolombiano all'inizio del XIII secolo, dando vita nel corso del tempo ad un impero basato su una complessa organizzazione sociale, politica, religiosa e commerciale. I conquistatori spagnoli guidati da Hernán Cortés, qui giunti nel 1519, sopraffecero gli Aztechi impadronendosi di Tenochtitlan nel 1521 e ponendo così fine ad una delle maggiori civiltà indigene mesoamericane.

[70] La carta fa riferimento a cinquantuno anni poiché non registra il primo anno, incompleto, del regno di Tenoch. Ciononostante, l'arco temporale interessato era un ciclo completo di cinquantadue anni, corrispondente al secolo azteco.

[71] Il nome è espresso da un pittogramma formato da una pietra (*tetl* in lingua nahuatl) su cui cresce un cactus (*nochtli*), ma anche dal termine *Tenuch* scritto sulla figura in caratteri europei.

è attraversata diagonalmente da canali che ne demarcano la quadri-
partizione riecheggiando l'organizzazione sociale. Il capoluogo, in
posizione centrale, è identificato da un pittogramma –composto da
un'aquila posata su un cactus (*nochtli* in lingua nahuatl) emergente
dalla roccia– che ne richiama sia il toponimo sia le circostanze fon-
dative.[72]

Figura 17 - Pittografia della città di Tenochtitlan.[73]

All'interno dei quattro quartieri urbani sono disposti i dieci fondatori, secondo un ordine allusivo alla dislocazione dei vari clan, i
cui discendenti vivevano ancora nelle stesse aree al tempo della
realizzazione del disegno cartografico, nel XVI secolo.

Alle informazioni topografiche la carta associa notizie su vicende storiche rilevanti, unendo dimensione spaziale, temporale ed

---

[72] Si riteneva che l'aquila fosse stata inviata da Huitzilopochtli, una divinità
tribale, per mostrare a dieci capi clan Culhua-Mexica dove stabilirsi dopo una
lunga peregrinazione. Bonificata l'area paludosa nei pressi del lago di Texcoco,
questo popolo creò isole artificiali ponendovi le basi di Tenochtitlan.
[73] http://bcr-8history.blogspot.it/2011/02/tenochtitlan.html (consultato il
29/01/2013).

evenemenziale. In effetti la città, nell'intento di estendere il proprio dominio, si era ben presto rivolta alla conquista di centri vicini con una serie di campagne militari simbolicamente narrate nella porzione inferiore della pianta in cui un guerriero, rappresentativo dell'esercito di Tenochtitlan, trionfa su un altro che impersona le milizie rivali; accanto ai combattenti compaiono un tempio in fiamme, altro emblema della vittoria, e il nome geroglifico della località sconfitta.

Nell'ambito della produzione cartografica centroamericana degno di speciale nota è inoltre il *Codice di Tepetlaoztoc*,[74] denominato anche *Codice Kingsborough*,[75] redatto fra il 1554 e il 1555 su carta europea secondo sistemi di tradizione indigena e con testi in castigliano.[76] In base al contenuto principale, il manoscritto è qualificabile come un documento giuridico inteso a sollecitare la corona spagnola alla revisione delle imposte stabilite nel 1551, dopo una disputa di oltre 20 anni tra il concessionario Gonzalo de Salazar e la città di Tepetlaoztoc; venne inviato al re di Spagna a nome del governatore, dei capi locali e del popolo. A sostegno della richiesta, il memoriale riporta anche particolari storici sull'insediamento dai tempi della fondazione, sugli aspetti della sua organizzazione sociale e politica, sulle vicende della concessione dagli anni in cui ne fruiva Hernán Cortés, sui tributi pagati ai successivi

[74] Il Codice di Tepetlaoztoc è conservato a Londra, presso il British Museum, Museum of Mankind (Add. Ms. 13964); trae il nome dall'omonimo insediamento, il cui toponimo nell'antico idioma nahuatl degli Aztechi è stato interpretato come "villaggio presso le grotte sparse sulle colline".
[75] La denominazione fa riferimento al proprietario Lord Kingsborough; da questi ceduto nel 1843 ad un libraio di nome Rodd, il codice venne in seguito acquisito dal British Museum. L'esemplare è altresì indicato come *Memoriale degli Indios di Tepetlaoztoc* o anche *Petizione degli Indiani di Tepetlaoztoc*.
[76] Ai colonizzatori le espressioni cartografiche indigene erano apparse decisamente inferiori alla scrittura e ai disegni del vecchio mondo; alle immagini-testo tradizionali vennero pertanto aggiunte note, commenti e toponimi in scrittura alfabetica al fine di renderle intelligibili agli europei, dando origine a quei codici postcoloniali "misti" in cui convivono due tradizioni scrittorie e due diversi sistemi di segni.

affidatari e sullo sfruttamento costante e inumano della popolazione indigena.[77] Inoltre vi sono incluse alcune raffigurazioni territoriali, realizzate con una tecnica simile all'acquerello,[78] che descrivono l'ambito geografico del governatorato di Tepetlaoztoc con dati morfologici, economici e politici.

La più rilevante e significativa carta, creata da un artista nativo che aveva assorbito le convenzioni europee della riproduzione paesaggistica, restituisce le principali componenti del distretto intorno alla città, prossimo all'odierna capitale messicana (fig. 18).[79]

Nella parte in alto a sinistra della pittura compare il toponimo geroglifico di Tepetlaoztoc, un simbolo di collina (*tepetl*) contrassegnato da una forma affine alla bocca spalancata di un mostro di terra e riferibile ad una grotta (*oztoc*) (fig. 19).

Figura 18 - Rappresentazione dell'area di Tepetlaoztoc, contenuta nell'omonimo Codice.[80]

[77] Valle P. (1994), *Codice de Tepetlaoztoc (Codice Kingsborough), Estado de Mexico*, El Colegio Mexiquense, Toluca (riproduzione in facsimile).

[78] Secondo fonti dell'epoca proviene, probabilmente, dalla medesima signoria di Tepetlaoztoc o dalla vicina città di Texcoco, in cui operavano artisti specializzati.

[79] La carta, di dimensioni pari a 21,5 x 29,8 cm, occupa il f. 209r del codice.

[80] http://www.mexicolore.co.uk/images-4/456_15_2.jpg (consultato il 29/01/2013).

Figura 19 - Pittogramma relativo al toponimo Tepetlaoztoc.[81]

Il centro della composizione è dominato da alcune dorsali montuose, presenti anche nel settore di sud-ovest, che esemplificano in modo schematico la morfologia dell'area; ad esse spesso si accompagnano elementi triangolari smussati che evocano rilievi caratterizzati da cavità naturali, la cui diffusione è richiamata dallo stesso toponimo del villaggio posto "nel luogo delle caverne sparse sulle colline".[82]

Lateralmente e all'interno risaltano tratti stradali contraddistinti da orme di piedi. Nell'angolo in alto a destra si estende una vasta area boschiva, con differenti esemplari arborei, che copre la catena montuosa (forse parte della vicina Sierra Nevada) da cui fluiscono due corsi d'acqua; evidenti inoltre alcuni centri abitati ed un imponente tempio a piramide.[83]

[81] Valle P. (1998), op. cit., fig. 7.
http://oldweb.geog.berkeley.edu/ProjectsResources/Glyphs/Keys/Plate27.html (consultato il 29/01/2013).
[82] Valle P. (1998), "Un pueblo entre las cuevas: los topónimos de Tepetlaoztoc en el Códice Kingsborough", *Amerindia*, Centre d'Etudes des Langues Indigènes d'Amérique, Parigi, n. 23, pp. 53-66.
[83] Guzman E. (1939), "The Art of Mapmaking among the Ancient Mexicans", *Imago Mundi*, Imago Mundi Ltd., Londra, n. 3, pp. 1-6, cfr. pp. 4-5.

Altro esemplare di rilevante interesse, in cui i paesaggi fisici si fondono con quelli temporali, è la carta di Metlatoyuca (o codice di Huachinango), una grande opera pittorica cinquecentesca su tela, classificabile quale tipico insieme mesoamericano di storia, genealogia e territorio.[84] Essa schematizza un'ampia vallata al cui centro spicca un tempio piramidale a gradoni simbolico della città; all'intorno compaiono vari villaggi, con i relativi toponimi pittografici, distribuiti lungo le strade sempre identificate da impronte di piedi umani.[85] Vi si notano altresì la rete fluviale, resa mediante accentuate linee scure, e i confini del territorio marcati da sottili tratti punteggiati di ideogrammi riferiti ad insediamenti, rilievi montuosi o altre peculiarità paesaggistiche. Nel dipinto sono altresì evidenti numerose forme umane, alcune collegate da un cordone indicante legami familiari e probabilmente riferite alle casate regnanti nel distretto;[86] accanto ad esse si notano simboli relativi ai periodi storici successivi al primo insediamento nella località (fig. 20).

Pur nella sua esiguità quantitativa, la documentazione superstite induce ad ipotizzare che i locali governanti abbiano posseduto ricche collezioni di carte geografiche.[87] Una conferma al riguardo proviene dagli scritti dei conquistatori, anzitutto dalle "Lettere dal Messico" di Hernán Cortés. Questi, il 30 ottobre 1520, nel riferire

---

[84] La carta, rinvenuta nel XIX secolo fra le rovine di Metlatoyuca, nell'odierno stato di Puebla, misura 180 x 105 cm ed è ora conservata presso il British Museum di Londra (Add. Ms. 30088). Ivi, pp. 3-4.

[85] Nelle cartografie dell'antico Messico meridionale le bande contenenti impronte di piedi umani generalmente identificano una strada. Smith M. E. (1973), *Picture writing from ancient Southern Mexico: Mixtec place signs and maps*, University of Oklahoma Press, Norman, pp. 32-33.

[86] Berger U. (1996), "The 'Map of Metlatoyuca'. A Mexican Manuscript in the Collection of the British Museum", *Cartographic Journal*, British Cartographic Society-Maney Publishing, Leeds, n. 33, pp. 39-49.

[87] Da quanto sopravvissuto si deduce che le mappe, le corografie, le carte itinerarie terrestri e marittime erano strumenti di uso comune. Richieste in particolare dalle autorità azteche, in genere erano predisposte in base alle informazioni fornite da viaggiatori e mercanti; questi ultimi, considerati esploratori ufficiali, avevano l'obbligo specifico di registrare le caratteristiche geografiche e le condizioni economiche delle terre visitate.

all'imperatore Carlo V di aver chiesto al sovrano Montezuma informazioni sulle coste e sull'esistenza di foci fluviali o baie in cui approdare con sicurezza, sottolinea: «*Il giorno dopo mi hanno portato un disegno di tutta la costa, dipinto su stoffa, in cui era visibile un fiume che sfociava in mare con una più ampia bocca di tutti gli altri; questo sembrava scorrere tra catene montuose estese sino ad una baia...*».[88]

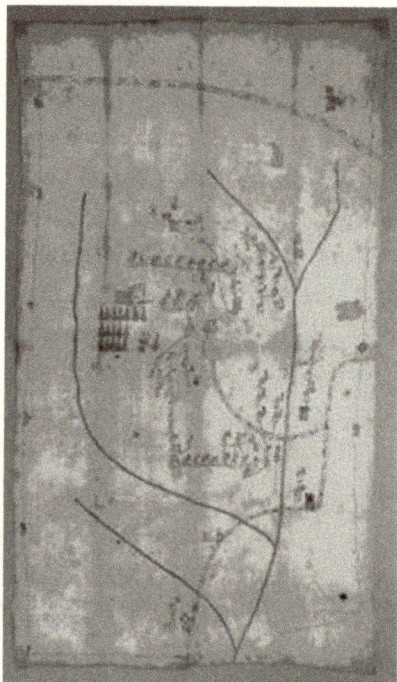

Figura 20 - Mappa del territorio di Metlatoyuca.[89]

---

[88] Folsom G. (a cura di) (1843), *The Despatches of Hernando Cortes, the Conqueror of Mexico, addressed to the emperor Charles V, written during the conquest and containing a narrative of its events*, Wiley & Putnam, New York, pp. 99-100.

[89] http://www.britishmuseum.org/research/search_the_collection_database.aspx (consultato il 29/01/2013).

Anche in seguito, nella relazione del 3 settembre 1526, dando conto dei suoi spostamenti in Honduras, Cortés afferma: «...*avendo chiesto a questi uomini notizie sulla regione..., mi hanno descritto la maggior parte dei villaggi della costa..... e disegnato su un panno l'immagine di tutto il territorio, in base alla quale ho calcolato che potrei facilmente raggiungere gran parte di esso...*»;[90] e poi dichiara: «...*dalla provincia di Çupilco mi sono spinto, secondo la mappa fornitami dalla gente di Tabasco e Xicalango, in un'altra provincia chiamata Çagoatan....*»,[91] precisando altresì che la carta geografica, estesa sin quasi a Panama, gli servì come guida per le spedizioni attraverso le aspre regioni del Chiapas e del Guatemala.[92]

Diversi altri componenti della spedizione ricordano carte itinerarie dipinte su stoffa, complete di dettagli topografici e di indicazioni sui villaggi presenti lungo la rete viaria, nonché mappe catastali di possedimenti fondiari.[93]

Gli esemplari esaminati, che conservano molte caratteristiche tradizionali, trasmettono un'adeguata idea delle modalità di esecuzione delle mappe nel Centro-America pre-ispanico; insieme ai resoconti di Cortés, essi offrono prove sufficienti a dimostrare che gli antichi messicani –assai prima del contatto con gli europei– avevano sviluppato notevoli competenze nel settore cartografico, atte a soddisfare esigenze sia pratiche sia culturali.[94] Fra l'altro, molti

---

[90] De Gayangos P. (a cura di) (1868), *The Fifth Letter of Hernan Cortès to the Emperor Charles V, containing an account of his expedition to Honduras*, Hakluyt Society, Londra, pp. 3-4.

[91] Ivi, p. 8.

[92] Le relazioni di Cortés confermano che i pittori nativi delineavano carte geografiche così chiare e accurate sin nei minimi dettagli, tanto da poter essere utilizzate con piena fiducia. Guzman E. (1939), op. cit., pp. 1-2.

[93] Diaz del Castillo B. (1959), *La conquista del Messico*, Longanesi & C., Milano, p. 227; Mundy B. E. (1998), op. cit., p. 187, note 14 e 15.

[94] L'integrità della cartografia mesoamericana è stata compromessa dalla colonizzazione spagnola con l'introduzione dei canoni europei. La doppia eredità europea e amerindiana del Messico e dell'America centrale è riscontrabile nelle

studiosi sostengono che le rappresentazioni territoriali indigene siano state uno strumento di grande utilità per gli spagnoli, favorendo la veloce conquista di vaste aree grazie alla preventiva conoscenza delle loro peculiarità fisico-antropiche.[95]

La restituzione grafica degli spazi terrestri è uno dei mezzi di comunicazione più antichi, che scaturisce dall'esigenza dell'uomo di muoversi nei propri ambiti di vita e di darne testimonianza, di visualizzare le risultanze delle proprie attività e della creazione di nuovi paesaggi. L'evoluzione della cartografia coincide quindi con la storia del rapporto fra l'uomo e la natura, con la storia dell'umanità quotidianamente proiettata ad ampliare ed affinare abilità e saperi. In quest'ottica, le carte geografiche offrono una suggestiva chiave di lettura delle tante culture espresse dall'esperienza e dalla creatività umana.

In conclusione i documenti cartografici sin qui proposti, approntati da società di vari tempi e luoghi, al di là dell'intrinseco valore culturale, si rivelano come un'eccezionale testimonianza dello sviluppo della civiltà ma sono anche un contributo straordinario alla comprensione del mondo e delle infinite modalità di raffigurarlo.

topografie e nelle storie cartografiche realizzate in base a norme indigene successivamente alla conquista, dalle quali risulta una combinazione di notevole ricchezza culturale e rilevante fascino artistico.
[95] Mundy B. E. (1998), op. cit., p. 184.

Riferimenti bibliografici

Anati E. (1960), *La civilisation du Val Camonica*, Arthaud, Parigi.

Ascalone E. (2005), *Mesopotamia. Assiri, Sumeri e Babilonesi*, coll. I Dizionari delle Civiltà, Mondadori Electa, Milano.

Bagrow L., Skelton R. A. (1973), *Meister der Kartographie*, Safari Verlag, Berlin.

Baldasseroni C. (2001), "Schede di geostoria: proposte per l'insegnamento della geografia", *Ambiente, Società, Territorio-Geografia nelle Scuole*, A.I.I.G., Roma, n. 3, pp. 107-116.

Bartaletti F. (2006), *Geografia generale. Principi, nozioni e campi di ricerca*, Ed. Bollati Boringhieri, Torino.

Battaglia R. (1934), "Ricerche etnografiche sui petroglifi della cerchia alpina", *Studi Etruschi*, L. Olschki Ed., Firenze, n. 8, pp. 11-48.

Benfanti D. (2005), "Tra geografia e storia. Spunti didattici dall'opera di Fernand Braudel", *Ambiente, Società, Territorio-Geografia nelle Scuole*, A.I.I.G., Roma, n. 2, pp. 31-33.

Berger U. (1996), "The 'Map of Metlatoyuca'. A Mexican Manuscript in the Collection of the British Museum", *Cartographic Journal*, British Cartographic Society-Maney Publishing, Leeds, n. 33, pp. 39-49.

Bernardini E. (1979), *Le Alpi Marittime e le meraviglie del Monte Bego*, Sagep Ed., Genova.

Bertini M. A. (2003), "Terra e Cielo in biblioteca: itinerari geocartografici per conoscere il mondo", Bertini M. A. (a cura di) (2003), *Fra Terra e Cielo: i percorsi della Geografia. Il patrimonio geocartografico della Biblioteca Universitaria di Urbino, secc. XVI-XVIII*, Istituto di Geografia Università "Carlo Bo", Urbino, pp. 53-122.

Bertini M. A. (2010), "La rappresentazione cartografica nell'Europa medioevale fra paradigmi classici, influenze cristiane, utilità pratiche", *Quaderni dell'Accademia Fanestre*, Accademia Fanestre, Fano, n. 9, pp. 187-218.

Bicknell C. M. (1913), *A guide to the prehistoric rock engravings in the Italian Maritime Alps*, G. Bessone, Bordighera.

Blain A., Paquier Y. (1976), "Les gravures rupestres de la Vallée des Merveilles", *Bollettino del Centro Camuno di Studi Preistorici*, Edizioni del Centro, Capo di Ponte (BS), n. 13-14, pp. 109-119.

Blumer W. (1964), "The oldest known plan of an inhabited site dating from the Bronze Age, about the middle of the second millennium b. C. Rock-Drawings in the Val Camonica", *Imago Mundi*, Imago Mundi Ltd., Londra, n. 18, pp. 9-11.

Braudel F. (2010), *Storia, misura del mondo*, Ed. Il Mulino, Bologna.

Brusa A. (2011), "Storia e geografia: tra interdisciplinarità di facciata e integrazione reale", Giorda C., Puttilli M. (a cura di) (2011), *Educare al territorio, educare il territorio. Geografia per la formazione*, Carocci Ed., Roma, pp. 236-247.

Burland C. A. (1960), "The map as a vehicle of Mexican history", *Imago Mundi*, Imago Mundi Ltd., Londra, n. 15, pp. 11-18.

Casari M., Rossi B. (a cura di) (2010), *La cartografia nella didattica della geografia e della storia*, CUEM, Milano.

Cazzola F. (1997), "Tra storia e geografia", Cazzola F. (a cura di) (1997), *Nei cantieri della ricerca: incontri con Lucio Gambi* (Quaderni di discipline storiche, 11), CLUEB, Bologna, pp. 3-8.

Claval P. (1976), *L'evoluzione storica della geografia umana*, F. Angeli Ed., Milano.

Cordano F. (2002), *La geografia degli antichi*, Laterza Ed., Roma-Bari.

Corna Pellegrini G. (1997), "Dalla percezione alla comprensione del paesaggio geografico", *La nostra geografia,* Giornale ufficiale dell'Associazione Italiana Insegnanti di Geografia, Sezione Trentino Alto Adige, A.I.I.G. Sez. region. Trentino Alto Adige, Trento, a. 2, n. 1, pp. 32-35.

De Dainville F. (1986), *La cartographie reflet de l'histoire*, Slatkine, Ginevra-Parigi.

De Gayangos P. (a cura di) (1868), *The Fifth Letter of Hernan Cortès to the Emperor Charles V, containing an account of his expedition to Honduras*, Hakluyt Society, Londra.

Delano Smith C. (1987), "Cartography in the prehistoric period in the Old World: Europe, the Middle East and North Africa", Harley J. B., Woodward D. (a cura di) (1987), *Cartography in Prehistoric, Ancient and Medieval Europe and the Mediterranean*, The History of Cartography, vol. 1, The University of Chicago Press, Chicago-Londra, pp. 54-101.

Diaz del Castillo B. (1959), *La conquista del Messico*, Longanesi & C., Milano.

Farinelli F. (1992), *I segni del mondo. Immagine cartografica e discorso geografico in età moderna*, La Nuova Italia Ed., Firenze.

Febvre L. (1980), *La terra e l'evoluzione umana. Introduzione geografica alla storia*, Einaudi Ed., Torino.

Folsom G. (a cura di) (1843), *The Despatches of Hernando Cortes, the Conqueror of Mexico, addressed to the emperor Charles V, written during the conquest and containing a narrative of its events*, Wiley & Putnam, New York.

Gambi L. (1972), "I valori storici dei quadri ambientali", *Storia d'Italia, 1, I caratteri originali*, Einaudi, Torino, pp. 5-60.

Gambi L. (1973), *Una geografia per la storia*, Einaudi, Torino.

Gargano E., Giovanazzi B. (2010), *Le statue di Gudea*, Ed. Ares, Milano.

Giorda C. (2012), "Così vicine, così lontane: Storia e Geografia di fronte a un percorso comune nei curricoli scolastici", *Ambiente, Società, Territorio-Geografia nelle Scuole*, A.I.I.G., Roma, n. 2, pp. 12-18.

Guzman E. (1939), "The Art of Mapmaking among the Ancient Mexicans", *Imago Mundi*, Imago Mundi Ltd., Londra, n. 3, pp. 1-6.

Harley J. B. (1987), "The Map and the development of the History of Cartography", Harley J. B., Woodward D. (a cura di) (1987), *Cartography in Prehistoric, Ancient and Medieval Europe and the Mediterranean*, The History of Cartography, vol. I, The University of Chicago Press, Chicago-Londra, pp. 1-42.

Harvey P. D. A. (1980), *The history of topographical maps: symbols, pictures and surveys*, Thames & Hudson, Londra.

Koselleck R. (2000), *Zeitschichten. Studien zur Historik*, Suhrkamp, Frankfurt am Main.

I.G.M., *Carta Topografica d'Italia*, I.G.M., Firenze, F. 164 I NE.

Issel A. (1901), "Le rupi scolpite nelle alte valli delle Alpi Marittime", *Bullettino di Paletnologia Italiana*, Istituto Poligrafico e Zecca dello Stato, Roma, n. 17, pp. 217-259.

Lando F. (2004), "Considerazioni sull'insegnamento della Geografia e della Storia", *Ambiente, Società, Territorio-Geografia nelle Scuole*, A.I.I.G., Roma, n. 5, p. 35.

Leon-Portilla M. (1963), *Aztec Thought and Culture: A Study of the Ancient Nahuatl Mind*, University of Oklahoma Press, Norman.

Lewis G. M. (1987), "The origins of cartography", Harley J. B., Woodward D. (a cura di) (1987), *Cartography in Prehistoric, Ancient and Medieval Europe and the Mediterranean*, The History of Cartography, vol. 1, The University of Chicago Press, Chicago-Londra, pp. 50-53.

Lodovisi A., Torresani S. (1996), *Storia della cartografia*, Patron Ed., Bologna.

Mundy B. E. (1998), "Mesoamerican Cartography", Woodward D., Lewis G. M. (a cura di) (1998), *Cartography in the Traditional African, American, Arctic, Australian, and Pacific Societies*, History of Cartography, vol. 2, tomo 3, University of Chicago Press, Chicago, pp. 183-256.

Perri A. (1994), *Il Codex Mendoza e le due paleografie*, Ed. Clueb, Bologna.

Priuli A. (1985), *Incisioni rupestri della Val Camonica*, Priuli e Verlucca, Ivrea.

Quaini M. (1992), "L'età dell'evidenza cartografica. Una nuova visione del mondo fra Cinquecento e Seicento", Ministero Beni Culturali e Ambientali, Comitato Nazionale per le Celebrazioni del V Centenario della Scoperta dell'America (1992), *Due mondi a confronto 1492-1728. Cristoforo Colombo e l'apertura degli spazi*, Istituto Poligrafico e Zecca dello Stato-Libreria dello Stato, Roma, vol. 2, pp. 781-812.

Quaini M. (a cura di) (2008), "Una geografia per la storia dopo Lucio Gambi", *Quaderni storici*, n. 127, 1, Il Mulino, Bologna.

Ratzel F. (1914), *Geografia dell'uomo (Antropogeografia): principi d'applicazione della scienza geografica alla storia*, Bocca, Torino.

Ritter C. (1852), "Über das historische element in der geographischen wissenschaft", Ritter C. (1852), *Einleitung zur allgemeinen vergleichenden Geographie, und Abhandlungen zur Begrundung einer mehr wissenschaftlicher Behandlung der Erdkunde*, G. Reimer, Berlino, pp. 152-181.

Saggs H. W. F. (1989), *Civilisation before Greece and Rome*, Yale University, New Haven.

Sauer C. O. (1956), "The education of a geographer", *Annals of the Association of American Geographers*, Association of American Geographers, Washington, n. 46, pp. 287-299.

Schlögel K. (2009), *Leggere il tempo nello spazio. Saggi di storia e geopolitica*, B. Mondadori, Milano.

Sereno P. (1981), "La geografia storica in Italia", Baker A. R. H. (a cura di) (1981), *Geografia storica. Tendenze e prospettive*, F. Angeli Ed., Milano, pp. 167-187.

Sereno P. (1997), "Ambiente e storia", Cazzola F. (a cura di) (1997), *Nei cantieri della ricerca: incontri con Lucio Gambi* (Quaderni di discipline storiche, 11), CLUEB, Bologna, pp. 33-56.

Smith M. E. (1973), *Picture writing from ancient Southern Mexico: Mixtec place signs and maps*, University of Oklahoma Press, Norman.

Stahl W. H. (1983), "Li riconoscerai dalle loro carte", Prontera F. (a cura di) (1983*), Geografia e geografi nel mondo antico. Guida storica e critica*, Ed. Laterza, Roma-Bari, pp. 17-46.

Valle P. (1994), *Codice de Tepetlaoztoc (Codice Kingsborough), Estado de Mexico*, El Colegio Mexiquense, Toluca (riproduzione in facsimile).

Valle P. (1998), "Un pueblo entre las cuevas: los topónimos de Tepetlaoztoc en el Códice Kingsborough", *Amerindia*, Centre d'Etudes des Langues Indigènes d'Amérique, Parigi, n. 23, pp. 53-66.

Sitografia

(consultati il 29/01/2013)

http://jeanmarie-balogh.ch/comunicazione-visiva/php/cartegeografiche.php
http://www.comune.capo-di-ponte.bs.it/Pages/Pagine_Generiche/?Id=48998
http://siti.voli.bs.it/itinera/02/con_itinerari/
http://www.rupestre.net/alps/bego.html
http://www.archeocamuni.it/bedolina.html
http://www.europreart.net/preart.htm
http://territories.indigenousknowledge.org/exhibit-3
http://www.wwmm.org/musei/museo.asp?museo_id=4&content=3
http://oi.uchicago.edu/research/projects/nip/nsc.html

http://www.thenagain.info/classes/sources/nippur.html
http://www.ancient.eu.com/image/75/
https://www.myartprints.co.uk/a/mesopotamian/headless-statue-of-prince.html
http://antikforever.com/Mesopotamie/Sumer%20Akkad/nippur.htm
http://www.voyagesphotosmanu.com/impero_azteco.html
http://bcr-8history.blogspot.it/2011/02/tenochtitlan.html
http://www.mexicolore.co.uk/images-4/456_15_2.jpg
http://www.britishmuseum.org/research/search_the_collection_database.aspx
http://oldweb.geog.berkeley.edu/ProjectsResources/Glyphs/Keys/Plate27.html
http://www.mexica.net/nahuatl/placenam.html

La cartografia e la sua importanza nello studio dei fenomeni storici

di Maria Teresa Rabitti

Le mappe raccontano le civiltà

Fin dalle epoche preistoriche, quando l'uomo viveva di caccia e raccolta, si hanno testimonianze della produzione di semplici mappe incise su pietra o legno o sulla corteccia delle betulle, soprattutto in Siberia, su osso o pelli di animali tra le popolazioni indiane del nord America.

Nei graffiti rupestri, oltre alle scene di caccia, sono riconoscibili schemi o tracciati geometrici che gli studiosi interpretano come primordiali mappe, come "diagrammi geografici". La stessa strabiliante grotta di Lascaux con le incisioni che tutti conosciamo, pare sia, da una interpretazione recente, una mappa celeste. La disposizione e l'orientamento delle pietre nelle costruzioni megalitiche, riproducono percorsi di corpi celesti e sono quindi mappe astrali.

La necessità di spostarsi dai luoghi di origine per cacciare e raccogliere, seguendo il ritmo delle stagioni e le migrazioni degli animali, ha sicuramente favorito la necessità e l'attitudine a tracciare mappe. Le mappe servivano per fissare e trasmettere la conoscenza di sentieri, passi montani, luoghi propizi alla caccia, corsi d'acqua, per fissare confini, per segnare il territorio conteso o strappato al gruppo nemico.

Dal Neolitico in poi anche per segnare i campi da lavorare e i terreni di caccia, per rappresentare lo spazio del villaggio attorno o, anche, spazi solo immaginati e terre sconosciute, per conservare memoria di eventi straordinari umani o astrali.

La rappresentazione schematica e i simboli usati nelle mappe, meno complessi ed esclusivi del linguaggio, hanno reso più semplice e comprensibile la trasmissione di informazioni. Gli storici della cartografia non sono unanimi nell'indicare il primo documento cartografico pervenuto, ma sicuramente tra i più antichi possiamo porre la mappa di Bedolina in val Camonica, le tavolette d'argilla babilonesi, lo schizzo della città di Nippur. Si tratta comunque di

«*cartografia primordiale* [...] *quella che rappresenta porzioni più o meno rilevanti (ma spesso assai minuscole) di superficie della Terra con intenti esplicitamente mimetici e cioè vuole rappresentarla "così come è" (vale a dire: così come è percepita e formalizzata nelle diverse culture e dunque sovente assai lontana da come la (ri-) conosciamo oggi), e, accanto a finalità magico-religiose [...] ne ha solitamente anche altre di carattere pratico (illustrare –a scopi funzionali operativi– i luoghi di caccia, i campi e la loro disposizione, le modalità di insediamento, l'ubicazione dei siti sacri, le proprietà fondiarie ,...); inoltre è realizzata con ogni verosimiglianza, secondo criteri e metodi empirici*».[1]

Tale cartografia primordiale fornisce agli storici una grande quantità di informazioni sulla civiltà che l'ha prodotta: sulla visione che quella civiltà aveva dello spazio, del territorio abitato, sulle sue conoscenze tecniche, le credenze religiose, l'organizzazione sociale, le relazioni e i commerci con altri popoli.

Geografi e cartografi re-inventano il mondo

Con il tempo la cartografia empirica o primordiale si evolve, per merito principalmente di geografi e cartografi greci, e giunge a produzioni cartografiche scientifiche: nel senso che la raffigurazione

[1] Scaramellini G. (2010), "Genealogie intellettuali e ibridazioni tipologiche nella storia della cartografia. Riflessioni preliminari su un tema geografico di fondamentale interesse", Casari M., Rossi B. (a cura di) (2010), *La cartografia nella didattica della geografia e della storia*, Cuem, Milano, p. 72.

del territorio veniva fatta con calcoli e criteri matematici, senza tralasciare l'esperienza diretta e i disegni dei viaggiatori.

I grandi 'pensatori' dell'antichità, curiosi delle terre lontane e degli uomini che le abitavano, erano contemporaneamente avventurosi viaggiatori, abili geografi, cartografi, matematici, astronomi, storici.

Anassimandro da Mileto (610-546 a. C.) filosofo greco allievo di Talete, è ritenuto il primo produttore di carte geografiche; egli disegnò la terra attorniata dagli oceani, come un disco piatto che galleggia sull'acqua. (Allegato 1 - *Planisfero di Anassimandro*) Erodoto di Alicarnasso (440-425 a. C.) nelle sue *Storie*, pur raccontando principalmente delle guerre tra Greci e Persiani, ci fornisce ogni sorta di notizie sui popoli con i quali era venuto a contatto nei suoi avventurosi viaggi attraverso il Mediterraneo, contribuendo ad allargare enormemente le conoscenze geografiche dei suoi contemporanei.[2] Ha descritto il mondo e gli uomini combinando assieme esperienza, intuizioni astronomiche, racconti fantastici, descrizioni precise di luoghi e ambienti. (Allegato 2 - *Ecumene di Erodoto*)

Senza dovere ripercorrere le principali tappe della affascinante storia della cartografia e\o delle varie tecniche di riproduzioni del mondo, risulta evidente che le carte sono sempre interpretazioni del mondo, re-invenzione, non riproduzione della realtà; esse sono frutto dell'epoca in cui sono state prodotte, delle conoscenze del geografo\cartografo, rispecchiano scelte individuali, assolvono a scopi precisi: navigare, viaggiare e commerciare, guidare gli eserciti, dominare un territorio, dare ordine ad un pensiero filosofico e spesso sono funzionali al committente.

---

[2] Per approfondire la storia della cartografia antica si può consultare il sito a cura di Alessandro Bagioli, *Storia della cartografia*. http://www.minerva.unito.it/storia/storiascienzesperimentali/Cartografia/Carto_Indice.htm (consultato il 29/01/2013).

La carte antiche sono fonti, sono documenti storici ricchissimi che ci permettono di leggere il passato: di comprendere quali conoscenze e quali problemi, quali percezioni dello spazio, quali visioni del mondo avessero gli uomini e le civiltà che le hanno prodotte.

«La carta geografica (nelle sue varie forme e specie), perciò, non è altro che una traduzione materiale, una restituzione concreta e formale, di ciò che lo spazio terrestre appare ad ognuno: un ritaglio più o meno ampio di un'estensione più vasta, e come tale riproducibile su una superficie piana naturale o artificiale (una roccia, una parete, una tavoletta d'argilla un foglio di papiro, una lastra di metallo, un pannello di legno, una pergamena, un foglio di carta …)».[3]

Anche oggi, sebbene le esplorazioni terrestri e spaziali abbiano fornito ai cartografi immagini della terra chiare, fedeli alla realtà, la cartografia si pone come strumento di analisi e di ricerca per interpretare il mondo, per riprodurne la dinamicità.

In un testo recente Jacques Lévy (2010),[4] con una équipe di geografi politici economici sociali e urbani, ha prodotto una cartografia innovativa capace di esprimere i fenomeni contemporanei e in particolare di pensare\concettualizare la "mondializzazione" intesa come «*il processo attraverso il quale uno spazio assume rilevanza culturale (...) Si tratta di una geografia che attiva connessioni tra*

---

[3] «*E' pertanto l'elaborazione mentale, logica e formale, delle esperienze territoriali e del sapere geografico che permette la formazione della visione cartografica e non viceversa: si tratta, a mio avviso, di processi di carattere storico (e cioè realizzati durante lo sviluppo, il farsi progressivo e concreto dell'Umanità. E non prodottisi a-cronicamente nella "mente" astratta di un Uomo ideale: affare dunque, più della mediazione su fatti concreti di paleontologi, antropologi, storici, psicologi, geografi, che non della speculazione astratta di filosofi teoretici*». Scaramellini G. (2010), op. cit, p. 84-,85.

[4] Lévy J. (a cura di) (2010), *Inventare il mondo. Una geografia della mondializzazione*, Bruno Mondadori, Milano. J. Lévy, geografo di fama internazionale, insegna all'École Polytecnique Fédérale di Losanna e dirige il laboratorio cartografico "Choros", in cui vengono sperimentate forme cartografiche innovative per esprimere i investigare fenomeni contemporanei.

luoghi e tempi, secondo una prospettiva che consente di interpretare le società contemporanee in un sistema topologico dove gli individui vengono presi in carico con i loro bisogni e desideri. Le politiche di sviluppo, la gestione del patrimonio culturale; il presente e le tracce del passato; le questioni economiche e finanziarie; la natura e la valenza socio-politica dei nuovi luoghi immateriali vengono così riconfigurati attraverso la dimensione spaziale».[5] Le carte non come mere illustrazioni, ma punto forte dell'argomentazione per favorirne l'analisi, dimostrano che il geografo nel momento in cui produce una carta inventa il mondo.

«Il mondo è nello stesso tempo, un territorio, una rete, un'area, un luogo».[6]

(Allegato 3 - *Circolazioni transfrontaliere*), (Allegato 4 - *Il commercio internazionale*)

La cartografia per la storia

La cartografia nelle sue varie forme ci offre quindi una interpretazione dello spazio rappresentato in un tempo preciso, è un prodotto culturale del tempo, è un mondo da leggere e da interpretare. Quindi l'operazione di produzione e di lettura della carta geografica non può essere disgiunta da quella storica, lo spazio non è leggibile senza il tempo. Ugualmente i fatti storici, e in particolare la storia delle civiltà, non sono pienamente comprensibili senza la loro collocazione nello spazio in cui sono vissute o vivono. Geografia e storia sono ambiti del sapere fortemente interrelati: serve la geografia per capire la storia e viceversa.

I materiali cartografici sono vari: piante urbane, rilevamenti e carte catastali, carte geostoriche a scale differenti degli ambienti

---

[5] Lévy J. (a cura di) (2010), op. cit., interno copertina.
[6] Ibidem.

climatici, dei paesaggi, dei dati produttivi, dell'economia di un paese, carte fisiche e politiche, per dare solo qualche esempio.

Le carte fisiche descrittive del territorio, permettono di visualizzare l'ambiente naturale (fiumi, mari, catene montuose, vulcani, foreste, deserti, steppe), di ricavare informazioni sul clima, la fauna e la flora. Conoscere la localizzazione, il luogo in cui un avvenimento è accaduto o una civiltà vive o ha vissuto e agito, vicino o lontano da..., su isole sperdute o in ampie terre continentali, risulta determinante per la comprensione della civiltà stessa.

La lettura di una carta risulta più semplice di un lungo testo descrittivo, presenta in modo più immediato la relazione tra ambiente, territorio, clima, natura del terreno, coltivazioni possibili, tipi di attività, possibilità di commerci, facili o difficili, a causa della morfologia del terreno, forme delle abitazioni ed altri elementi di civiltà.

Una relazione evidente, e un reciproco supporto tra i due ambiti disciplinari, la storia e la geografia, è stato affermato ed ampiamente esemplificato dalla recente storiografia, a partire dalla scuola degli *Annales*.

«Parlare di civiltà equivale a parlare di spazi, di terre, di rilievi, di climi, di vegetazione, di specie animali, di vantaggi dati o acquisiti. Significa dunque parlare di tutto ciò che riguarda gli uomini: agricoltura, allevamento, alimentazione, case, abbigliamento, comunicazioni, industria... La scena dove hanno luogo questi interminabili atti umani, ha la sua parte nel determinare lo sviluppo, e spiega la loro peculiarità. Gli uomini passano, la scena rimane relativamente uguale a se stessa».[7]

Una civiltà è sempre il frutto di una interazione tra ambiente naturale e cultura; il territorio abitato con continuità, saltuariamente o occasionalmente, è trasformato dalla presenza dell'uomo secondo bisogni, conoscenze, capacità tecniche di sfruttamento del suolo e delle acque, progetti e visioni del mondo.

---

[7] Braudel F. (1966), *Il mondo attuale, Le civiltà extraeuropee*, vol. 1, PBE, Torino, p. 27.

«Naturalmente l'ambiente –naturale e al tempo stesso costruito dall'uomo–, [*precisa Braudel*], non costringe fin dall'inizio ogni cosa nei vincoli di uno stretto determinismo. L'ambiente non spiega tutto, anche se grande è il suo influsso sotto forma di condizioni favorevoli o acquisite».[8]

Per esempio la morfologia del territorio, la sua collocazione (longitudine e latitudine), il clima e altri fattori ambientali, spiegano la presenza di civiltà nomadi ad economia pastorale transumante, nella zone dei deserti e nelle steppe dove il terreno arido, o soltanto con un sottile strato fertile, non permetterebbe una agricoltura stabile.

Le grandi migrazioni dei popoli in tutte le epoche della storia sono state in gran parte condizionate da fattori climatico\economici oltre che politici e sociali. La grande trasformazione dalla civiltà di predazione a quella di produzione del cibo è stata determinata in gran parte dalla variazione del clima e quindi dell'ambiente, in certe zone del pianeta.

La carta geografica fisica ci permette di capire in modo sincronico tutte le relazioni indicate. Senza una adeguata cartografia descrittiva dell'ambiente non è possibile comprendere i fenomeni storici.

Una trattazione e considerazioni a parte, ma altrettanto importanti e utili per la comprensione dei fenomeni storici, sono da riservare alle carte geostoriche in quanto rappresentazioni di uno spazio definito coniugato con il tempo, in cui viene rappresentato un fenomeno, un fatto, degli eventi storici. Le carte geostoriche sono strumenti ampiamente usati dagli storici per mettere in relazione dati di tipo storico: informazioni, concetti, processi, descrizione di stati di cose, problemi, con dati geografici cartografati (resi con simboli convenzionali): confini, stati, operazioni militari, percorsi

---

[8] Ibidem.

di esplorazione, rotte commerciali, merci trasportate, contatti tra popoli.

La carta geostorica è come un telegramma: con un linguaggio fortemente semplificato permette di visualizzare molte informazioni contemporaneamente in uno spazio limitato e rappresentato in modo essenziale.

Le carte geostoriche possono rappresentare ogni tipo di fatto storico, sono da considerarsi testi da decodificare e comprendere e, come ogni altro testo storico, possono presentarsi in forma prevalentemente di tipo descrittivo o narrativo o argomentativo. Sulle varie tipologie delle carte geostoriche tornerò in seguito e presenterò alcuni esempi di lettura.

Cartografia nella scuola

I geografi lamentano che, sebbene la carta geografica (fisica o politica, dell'Italia o dell'Europa) sia presente sui muri di tutte le aule anche quelle delle prime classi della scuola primaria, *«la scuola, dal canto suo, molto spesso non promuove una seria riflessione sulla sua natura, sul suo significato, sul suo linguaggio».*[9] Anzi spesso la scuola dà della carta una visione fuorviante, è presentata come un surrogato della realtà, *«come una visione naturale, quasi fotografica, non mediata, [...] (nascondendo) che la carta è legata necessariamente al contesto sociale nella quale viene prodotta (Harley 2001, p. 238) e dunque rispecchia valori politici, sociali ed estetici per nulla naturali».*[10]

La mancanza di chiarezza sulla natura simbolica della carta, non rappresentazione fedele e oggettiva della realtà, ma sua simbolizzazione e ri-invenzione, impedisce agli allievi di comprenderne la

---

[9] Squarcina E. (2010), "La cartografia nella didattica della Scuola primaria", Casari M., Rossi B. (a cura di) (2010), *La cartografia nella didattica della geografia e della storia*, Cuem, Milano, p. 103.
[10] Ibidem.

funzione interpretativa e storica, la provvisorietà e convenzionalità, quindi l'aspetto storico\temporale di ogni carta.

Le carte esposte nelle aule delle nostre scuole, offrono visioni frontali del mondo con il nord in alto, l'Europa al centro e l'Italia al centro del Mediterraneo. Prevalgono grandemente le carte con le proiezioni di Mercatore, rare le carte di Peters. Tale visione tradizionale, formalmente corretta in quanto la rappresentazione del mondo sul piano permette di individuare un centro o una terra centrale, è però fortemente eurocentrica; è frutto della storia della cartografia, della fortuna delle proiezioni di Mercatore e della storiografia europea, di conseguenza dei cartografi, che ha fatto dell'Europa il centro del mondo, dalle conquiste del XVI secolo, alla potenza economica e coloniale dei secoli a seguire, fino alle soglie del XX secolo.

Tenendo conto del percorso storico che ha prodotto le carte appese nelle aule, sarebbe quindi importante ed educativo offrire agli allievi rappresentazioni cartografiche variate, diverse dalle solite, scegliendo per esempio carte con gli USA o la Cina al centro, visioni dal polo nord, o dal polo sud, ecc. per contribuire a fornire una visione del mondo meno statica e più problematica.

Se prendiamo in considerazione i sussidiari e i manuali di storia nelle scuole di ogni ordine e grado, verifichiamo che la presenza delle carte geostoriche è assai limitata (anche se ultimamente più frequenti di un tempo), sono aggiunte al testo scritto, di piccole dimensioni, rappresentano spazi geografici assai limitati, difficilmente viene proposto il planisfero; sono riempitivi, spesso manca la relazione tra testo e carta, e quindi le carte non sono funzionali all'apprendimento. Gli atlanti geostorici allegati ai manuali sono da tempo scomparsi e quelli rintracciabili nelle biblioteche scolastiche risultano obsoleti, inutilizzabili.

Gli insegnati raramente fanno uso di atlanti storici, né ricorrono alla cartografia presente in grande quantità sul web: oggi molti siti internet, facilmente reperibili e gratuiti, offrono ricchi archivi di carte geostoriche. Gli insegnanti non tengono in dovuta considerazione nemmeno le carte geostoriche inserite nei testi in adozione, non le considerano come testi da leggere e da interpretare, non sfruttano il loro grande potenziale comunicativo, non costruiscono negli allievi abilità di lettura e interpretazione delle stesse. Le carte generalmente vengono utilizzate solo per localizzare le civiltà, i regni, gli imperi; servono per visualizzare i confini degli Stati e lo spostamento degli stessi, per evidenziare i fronti di guerra, le rotte di navigazione, le occupazioni militari, le alleanze\coalizioni tra stati.

È pur vero che nelle carte geostoriche lo spazio geografico è statico, fa da sfondo, da supporto alle informazioni storiche, è a volte troppo essenziale e poco significativo, spesso non vengono indicati riferimenti morfologici e toponimi (fiumi o catene montuose, insenature, porti, deserti o paludi, ...) importanti per una piena comprensione .

Le carte geostoriche sui manuali spesso non portano indicato il tema, a volte manca anche il periodo di riferimento; sono complesse, presentando fatti riferiti a temi diversi non sempre in relazione tra loro, rappresentano aree limitate invece che macroregioni o il mondo, che permetterebbero di cogliere contemporaneità significative.

Le carte geostoriche, invece, se opportunamente usate, sono straordinari strumenti didattici, adeguati a descrivere contesti, narrare fatti, mettere a confronto situazioni e trasformazioni, costruire concetti, presentare e argomentare teorie, in modo semplificato in quanto reso evidente dal ricorso all'immagine che sempre aiuta a comprendere.

La presenza di lavagne interattive in molte classi, la diffusione di tablet, le abilità degli allievi ormai "nativi digitali", facilitano la ricerca e l'uso di carte geografiche e geostoriche durante la lezione, direttamente in classe; è compito dell'insegnante favorire negli allievi la formazioni di competenze per orientarsi e procurarsi tali strumenti di studio e costruire contemporaneamente le abilità di lettura come richiesto nelle Indicazioni nazionali.

La cartografia nelle Indicazioni nazionali

Le Indicazioni nazionali del 2007, nelle pagine dedicate all'Area Storico-Geografica, precisano che «*gli alunni imparano a utilizzare il linguaggio della geo-graficità, che è l'espressione grafica dell'intelligenza visivo-spaziale e, quindi, apprendono a usare grafici e modelli, per la descrizione e l'interpretazione sia di sistemi territoriali sia di fenomeni storico\sociali*».[11]

Nei traguardi per lo sviluppo delle competenze al termine della scuola primaria, il testo dice: «*L'alunno si orienta nello spazio circostante e sulle carte geografiche, utilizzando riferimenti topologici, punti cardinali e coordinate geografiche*»; più oltre: «*Utilizza il linguaggio della geo-graficità per interpretare carte geografiche per realizzare semplici schizzi cartografici e carte tematiche*». E ancora: «*Ricava informazioni geografiche da una pluralità di fonti (cartografiche e satellitari, fotografiche, artistico-letterarie)*».[12]

Nei traguardi al termine della scuola secondaria di primo grado vengono ribadite e ampliate le abilità già acquisite, riaffermata l'importanza dell'uso di carte mentali che devono essere arricchite a partire dall'ambiente vicino fino a comprendere l'Europa e il mondo, di carte geografiche, tematiche per comprendere l'attualità, le tematiche nazionali e mondiali, per «*individuare nella complessità territoriale, [...] l'interdipendenza di fatti e fenomeni e rapporti tra elementi*».[13]

---

[11] *Indicazioni nazionali per il curricolo*, MIUR, 2007.
[12] Ibidem.
[13] Ibidem.

Nelle indicazioni per il completamento dell'obbligo scolastico, il Profilo educativo culturale e professionale dello studente recepisce pienamente le Raccomandazioni di Lisbona per l'apprendimento permanente e il Regolamento sull'obbligo di istruzione, e così indica i risultati di apprendimento comuni per quanto riguarda l' area storico umanistica:

- «*Conoscere, con riferimento agli avvenimenti, ai contesti geografici e ai personaggi più importanti, la storia d'Italia inserita nel contesto europeo e internazionale, dall'antichità sino ai giorni nostri*».

- «*Utilizzare metodi (prospettiva spaziale, relazioni uomo-ambiente, sintesi regionale), concetti (territorio, regione, localizzazione, scala, diffusione spaziale, mobilità, relazione, senso del luogo...) e strumenti (carte geografiche, sistemi informativi geografici, immagini, dati statistici, fonti soggettive) della geografia per la lettura dei processi storici e per l'analisi della società contemporanea*».[14]

Più ricche ed esplicite nelle indicazioni dell'area geografica, le sollecitazioni a servirsi di carte geografiche e tematiche, ad apprendere a comparare spazi diversi, a leggere nel territorio vicino e poi lontano, gli elementi fisici e antropici, a costruire mappe mentali, a interpretare carte geografiche e tematiche a scala diversa.

«*Al termine del percorso biennale lo studente conoscerà gli strumenti fondamentali della disciplina ed avrà acquisito familiarità con i suoi principali metodi, anche traendo partito da opportune esercitazioni pratiche, che potranno beneficiare, in tale prospettiva, delle nuove tecniche di lettura e rappresentazione del ter-*

---

[14] *Indicazioni nazionali per il completamento dell'obbligo scolastico, Allegato A, Regolamenti per i Licei*, MIUR, 2010.

ritorio. Lo studente saprà orientarsi criticamente dinanzi alle principali forme di rappresentazione cartografica, nei suoi diversi aspetti geografico-fisici e geopolitici, e avrà di conseguenza acquisito un'adeguata consapevolezza delle complesse relazioni che intercorrono tra le condizioni ambientali, le caratteristiche socioeconomiche e culturali e gli assetti demografici di un territorio. Saprà in particolare descrivere e inquadrare nello spazio i problemi del mondo attuale, mettendo in relazione le ragioni storiche di "lunga durata", i processi di trasformazione, le condizioni morfologiche e climatiche, la distribuzione delle risorse, gli aspetti economici e demografici delle diverse realtà in chiave multi scalare».[15]

L'interazione storia geografia sollecitata nei primi cicli scolatici, diventa poi nel biennio della secondaria di secondo grado Storia e Geografia, una unica materia con un unico voto e purtroppo con una riduzione di orario.

Nel triennio degli istituti tecnici il Profilo sottolinea, in continuità con il primo ciclo, la dimensione trasversale ai differenti percorsi di istruzione e di formazione frequentati dallo studente e insiste sulla interdipendenza tra le discipline:

«L'interdipendenza tra discipline storiche e geografiche costituisce un binomio per percorsi di approfondimento geo-storici di tipo interdisciplinare. La cartografia non può prescindere infatti da operazioni matematico-geometriche, il linguaggio della geograficità contribuisce alla competenza linguistica più generale.

Luogo privilegiato per affinare ed integrare le competenze geografiche è anche in questo caso il laboratorio che si configura come centro di documentazione, sul territorio e nel territorio, che favorisce il dialogo con il mondo esterno, anche attraverso attività mirate e consente l'utilizzo dei vari linguaggi (grafico, numerico,

[15] *Indicazioni nazionali per i Licei*, MIUR, 2010.

visivo spaziale, sociale ecc) in una ricomposizione unitaria dei saperi)». [16]

Nel triennio dei Licei l'insegnamento della geografia non ha più uno spazio autonomo, ma viene ribadito che alcuni temi è bene *«siano trattati in modo interdisciplinare, in relazione agli altri insegnamenti».* [17] Oppure in modo più esplicito *«Alcuni temi del mondo contemporaneo andranno esaminati tenendo conto della loro natura "geografica" (ad esempio, la distribuzione delle risorse naturali ed energetiche, le dinamiche migratorie, le caratteristiche demografiche delle diverse aree del pianeta, le relazioni tra clima ed economia)».* [18]

La cartografia nel processo di insegnamento e apprendimento della geografia e della storia

L'uso di carte di varia natura: mappe, carte storiche, rappresentazioni fisiche o politiche, carte geostoriche\tematiche, assumono nel processo di apprendimento un valore didattico notevole se usate correttamente, se negli allievi si costruiscono abilità di lettura e interpretazione, se sono usate con continuità.

È necessario quindi indicare schematicamente:

a. quali prerequisiti devono possedere gli allievi per comprendere la carta;
b. quali abilità dobbiamo costruire o potenziare per renderne possibile la lettura/ comprensione e utilizzo;
c. quale utilizzo farne;
d. come procedere nel processo di insegnamento/ apprendimento.

---

[16] *Indicazioni nazionali per gli Istituti tecnici,* MIUR, 2010.
[17] *Indicazioni nazionali per i Licei: Liceo classico.*
[18] Ibidem.

a. Prerequisiti

Nei primi anni della scuola primaria e, ancor prima nella scuola materna, è possibile iniziare a costruire negli allievi una educazione alla spazialità e alle varie temporalità proprio per formare i prerequisiti necessari alla comprensione delle rappresentazioni dello spazio e del tempo.

Il percorso deve iniziare dalla ricognizione dello spazio vissuto quotidianamente dagli allievi e dalla rappresentazione dello stesso: la prima mappa dell'aula, della scuola o della propria stanza o casa, il riconoscimento su una carta del quartiere o della città del percorso da casa a scuola, alla chiesa, al museo cittadino per conoscere il territorio circostante.

Il passaggio dall'esperienza alla semplice formalizzazione con il disegno serve a costruire le prime mappe mentali, le abilità di base, i prerequisiti necessari alle abilità successive.

Con il procedere degli anni scolastici, la mappa mentale dello spazio-mondo, il riconoscimento dei continenti, della forma e localizzazione della nazione, sono i prerequisiti da formare per permettere una ulteriore comprensione e una lettura più dettagliata.

b. Abilità

Le abilità di lettura e interpretazione della carta geostorica vanno esercitate facendo osservare la struttura della carta (fondocarta, tipologia se fisica o politica, micro o macro area, scala, legenda); facendo ricavare le informazioni dirette rappresentate; infine individuare le **operazioni cognitive**, (spaziali, temporali, di tematizzazione, di intreccio, le forme della comunicazione) che stanno alla base del testo storico-grafico.

c. Utilizzo

In quanto la carta rende più facilmente comprensibile il discorso e le relazioni spazio temporali tra le informazioni, può essere usata per affrontare tutti i temi.

«Il tipo di linguaggio utilizzato per il racconto fatto dalla carta, essendo sincronico, permette di mostrare immediatamente quei rapporti spaziali (...) che il linguaggio verbale essendo diacronico, non riesce a descrivere in modo altrettanto efficace».[19]

Le carte possono essere usate per:

- comprendere il contesto ambientale dei fenomeni storici: esplicitando il "dove " si può cogliere meglio il "come e il perché";
- creare sensibilità alla localizzazione dei fenomeni storici, all'estensione, alla distribuzione, alle distanze;
- spiegare relazioni tra spazi, civiltà e fenomeni storici;
- economizzare discorsi, esplicitare concetti complessi;
- evidenziare processi di trasformazione;
- presentare ipotesi di spiegazione di problemi;
- rappresentare il mondo oggi, proporre temi e comprendere il presente;
- risvegliare lo spirito critico degli allievi in quanto la carta essendo un linguaggio può raccontare la realtà, ma anche punti di vista, e può anche mentire.

La carta è sempre un racconto della realtà che parte da un preciso punto di vista, del geografo\storico, fatto con un preciso scopo.

---

[19] Squarcina E. (2010), op. cit., p. 103.

d. Come procedere

È indispensabile che gli allievi operino spesso con carte di diversa struttura e forma: carte geostoriche descrittive o narrative o argomentative, metacarte, rappresentazioni frontali e non, planisferi non orientati a nord, non eurocentrici, con rappresentazioni\interpretazioni diverse dello stesso tema, carte a scale diverse e, soprattutto, planisferi.

«Nella gran parte dei casi, in Italia la ricerca e la didattica della storia continuano a usare quadri di riferimento ristretti e irrimediabilmente datati: quelli di un "secolo breve" finito ormai da quindici anni. Anziché interrogare il passato a partire dal presente, produciamo così letture del passato basate sul passato».[20]

La cartografia a scala mondiale è diventata una necessità per interpretare il presente, per cogliere le contemporaneità e costruire relazioni:

«Adottare un approccio di storia globale non significa porre la storia europea sullo stesso piano di quella degli altri continenti, ma ricontestualizzarla assumendo una prospettiva planetaria e di periodo tanto più lungo, quanto più è accelerato il cambiamento nel mondo contemporaneo».[21]

Cartografia come strumento di analisi e di ricerca per riprodurre il dinamismo connettivo che caratterizza la mondializzazione:

«La mondializzazione non è solo un fatto economico, ma un avvenimento geografico, dal momento che riconfigura ogni spazio

---

[20] Detti T. (2005), "Economie, imperi, mondi: percorsi di una storia globale", *La storia è di tutti. Nuovi orizzonti e buone pratiche nell'insegnamento della storia*, consultabile nel sito, http://www.storicamente.org/02mcneill_link11.htm (consultato il 29/01/2013).
[21] Ibidem.

sociale: coinvolge la comunicazione, le idee, la cultura scientifica i modi di vita. E si applica ai rapporti sociali, al dibattito politico, all'etica. Si inscrive in una società di cui contribuisce a orientare velocità e ritmo».[22]

Un metodo per la lettura e comprensione del testo storico-geografico

Per poter costruire abilità di lettura e comprensione della cartografia presente nei manuali e negli atlanti storici è necessario fornire linee guida, modalità di analisi della struttura della carta; è necessario evidenziare gli operatori cognitivi (spaziali, temporali, della comunicazione, ...) per rendere chiare le informazioni fornite graficamente dalla carta, con simboli, e trasformare il testo grafico in un testo orale o scritto. Le carte infatti sono trasposizioni di testi, sono rappresentazioni grafiche di testi storiografici con particolari funzioni comunicative.

Propongo alcuni esempi di modalità di lettura in funzione didattica di carte geostoriche sincroniche e diacroniche, mettendo in evidenza gli operatori cognitivi per cogliere informazioni, relazioni e senso del testo e mettere in grado l'allievo di produrre a sua volta un testo.

Che si tratti di carte o di metacarte con raffigurazioni differenti e orientamento assai diverso, l'operazione didattica da compiersi è simile.

Esempio 1: carte prevalentemente descrittive

Popolazione nel mondo nel 1500 (Allegato 5). Le carte descrittive risultano molto efficaci se messe a confronto con carte simili

---

[22] Lévy J. (2010), op. cit., quarta di copertina.

di in epoche diverse. Il tema uguale o simile per le due carte permette di cogliere mutamenti, permanenze e il processo di trasformazione avvenuto nel tempo.

Esempio 2: carte prevalentemente narrativa

Le carte geostoriche presenti in manuali e Atlanti storici sono prevalentemente carte narrative; l'uso di frecce di vari colori visualizzano spostamenti di popoli, di eserciti, percorsi di conquista... lo sfondo carta è sempre molto semplificato e scarsi e poco valorizzati sono gli elementi naturali rappresentati. *La conquista iberica 1500-1600* (Allegato 6).

Esempio 3: carte di tipo argomentativo

Sono carte generalmente costruite dagli storici con la funzione di visualizzare in modo semplice perché immediato, teorie, argomentazioni complesse, concetti interpretativi riferiti ad un periodo, un fenomeno storico, un processo.

L'esempio (Allegato 7) presenta invece carte didattiche costruite appositamente per rendere visivamente e schematicamente il concetto interpretativo di economia-mondo nello spazio e nel tempo, nei vari periodi della storia europea così come l'ha formulato Braudel.[23] Lo storico si pone il problema di cosa si deve intendere per sistema globalizzato, in che periodo è iniziato e come spiegare il capitalismo che, nato in Europa, ha poi conquistato il mondo: e di conseguenza come si è costruita l'egemonia dell' Occidente fino a configurare una economia mondiale unitaria.

[23] Braudel F. (1982), *I tempi del mondo*, Einaudi, Torino.

Per Braudel, una economia-mondo è uno spazio economico relativamente chiuso ed autonomo, una economia di mercato governata centralmente da una potenza egemone che si avvale del proprio primato statale e militare, oltre che economico. L'esempio seleziona solo alcune carte riferite alle economie mondo europee dal Trecento al Settecento, e offre per necessità di spazio, solo stralci dai testi descrittivi, frutto delle riduzioni e rielaborazioni del testo di Braudel, che accompagnano le carte.

Un ulteriore esempio significativo di carta prevalentemente argomentativa è quella elaborata dalla storica Janet L. Abu-Lughod e che ponendosi sulla scia degli studi di Braudel, applica il concetto di "economia mondo" a periodi precedenti e precisamente al mondo antico. Janet L. Abu-Lughod, sostiene che nel periodo 1250-1350 esisteva un sistema mondo pre-moderno, articolato in otto circuiti e centrato in aree extraeuropee, nel quale i commerci e la divisione del lavoro costituivano un sistema economico globale sviluppato. Gli otto circuiti erano tra loro in stretta relazione così da formare un sistema di economia mondiale.

(Allegato 8 - *Gli otto circuiti*)

La carta tematica rende in modo visivamente efficace la teoria degli otto circuiti mentre il testo storico a cui la carta fa riferimento è molto complesso e articolato ricchissimo di informazioni che supportano la teoria.

Allegati

Allegato 1 - Il planisfero di Anassimandro[24]

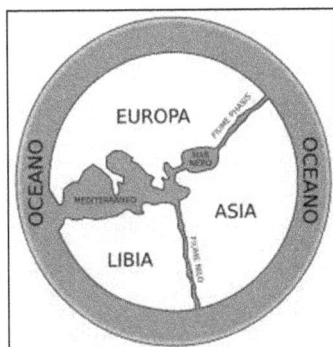

Allegato 2 - Ecumene di Erodoto[25]

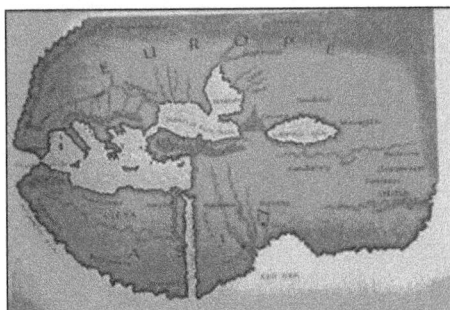

[24] http://www.minerva.unito.it/storia/storiascienzesperimentali/Cartografia/Carto_Indice.htm (consultato il 29/01/2013).
http://manentscripta.wordpress.com/2010/07/27/storia-della-cartografia-1-lecumene/ (consultato il 29/01/2013).
[25] Per approfondire la storia della cartografia antica si può consultare il sito a cura di Alessandro Bagioli, Storia della cartografia:
http://www.minerva.unito.it/storia/storiascienzesperimentali/Cartografia/Carto_Indice.htm (consultato il 29/01/2013).

Allegato 3 - Circolazione trasfrontaliere[26]

Il mondo è rappresentato con visione dal polo nord e l'ampiezza dei continenti è relativa al valore assoluto della popolazione. La carta costruisce un' immagine mentale forte del movimento delle persone nel mondo e dello spostamento dal luogo di origine al luogo di residenza.

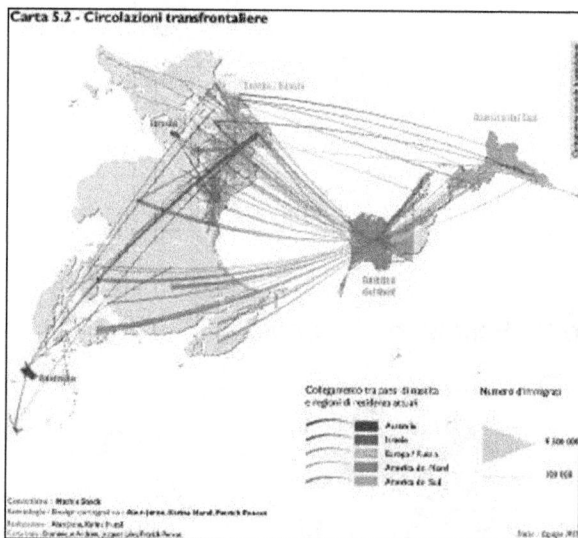

Carta 5.2 - Circolazioni transfrontaliere

Allegato 4 - Il commercio internazionale[27]

La rappresentazione dei continenti è relativa all' ampiezza del territorio, quindi più consueta, la visuale è dal polo nord e rende in modo efficace l'idea della globalizzazione dei commerci internazionali.

---

[26] Lévy J. (a cura di) (2010), *Inventare il mondo. Una geografia della mondializzazione*, Bruno Mondadori, Milano.
[27] Lévy J. (a cura di) (2010), op.cit..

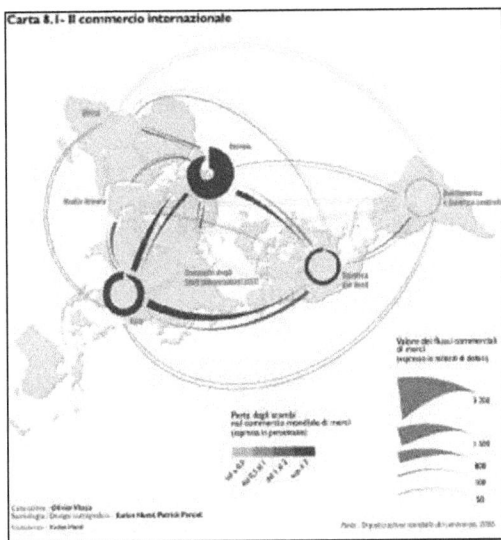

Allegato 5 - Popolazione nel mondo nel 1500[28]

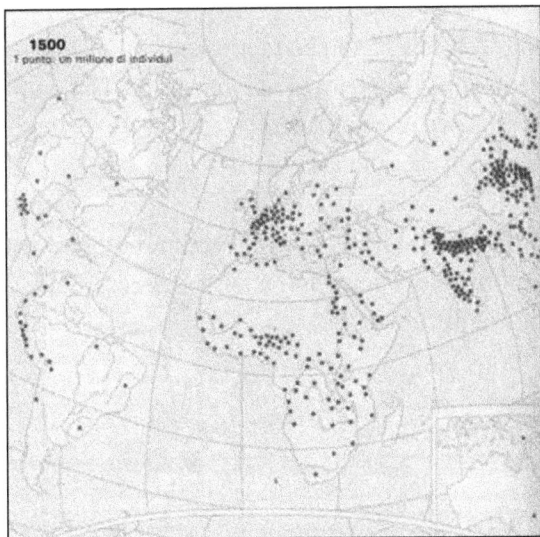

[28] Vidal-Naquet P., cartografía Bertin J. (a cura di) (1987), *Il nuovo atlante storico*, Zanichelli, Bologna, p. 188.

Analisi degli elementi strutturali

- Planisfero
- Tema: stima della quantità della popolazione mondiale nel 1500 per aree
- Scala...
- Legenda: ogni punto rappresenta 1 milione di persone

Operatori cognitivi coinvolti

- Descrizione di uno stato di cose
- Localizzazione della popolazione per aree
- Distribuzione lungo le coste, lungo i fiumi
- Densità: quali aree sono più popolate
- Periodo/Contemporaneità
- Problema: Perché certe aree sono più densamente abitate di altre? Quali relazioni tra aree abitate e zone climatiche ed elementi naturali: deserti, foreste, zone ghiacciate? Le aree non contrassegnate erano abitate da entità inferiori al milione o erano disabitate?
- Confronto con una carta che rappresenta la quantità e distribuzione della popolazione oggi nel mondo per fare confronti e ricavare permanenze e mutamenti
- Inferenze ricavate dal confronto

Stesura del testo storico, tenendo conto di: tema. analisi della struttura, informazioni semplici, analisi del confronto, inferenze, spiegazioni, significato della carta.

Allegato 6 - La conquista iberica dal 1500 al 1600[29]

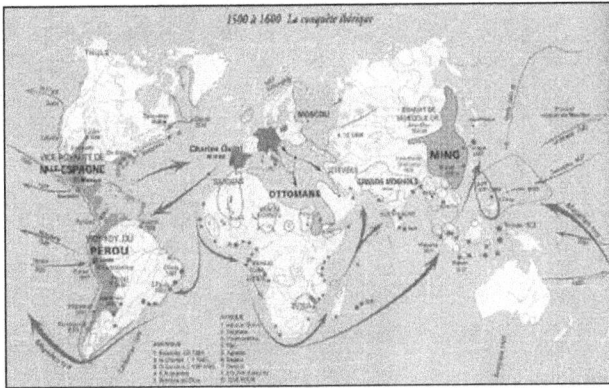

Carta a scala mondiale prevalentemente narrativa-diacronica (di eventi distesi nel tempo), riferita ad un periodo preciso, con la visualizzazione della direzione delle rotte dei navigatori-conquistatori.

Analisi degli elementi strutturali

• Planisfero
• Tema: 1500-1600 la conquista spagnola e portoghese delle Americhe e dell'Africa.
• Scala mondiale
• Legenda: i numeri indicano le terre conquistate in America (con accanto alcune date della conquista da parte della Spagna, Francia, Gran Bretagna) e in Africa.
• Simbologia più evidente: in azzurro sono colorate le terre della Spagna, in rosa quelle portoghesi, in giallo chiaro le conquiste arabe, in blu l'impero cinese Ming, in giallo intenso il principato di Mosca. Le frecce azzurre indicano le rotte dei viaggi di

[29] Bertin J. (1997), *Atlas Historique Universel, Panorame de l'histoire du monde*, Minerva SA, Genéve (Suisse), p. 116.

esplorazione e di conquista degli Spagnoli. Le frecce rosa le imprese dei Portoghesi, quelle nere l'espansione araba. Alcune frecce portano accanto il nome del navigatore o conquistatore che ha compiuto l'impresa e le date. Punti più o meno grandi indicano città e punti di approdo.

Operatori cognitivi coinvolti

- Narrazione: frecce e date raccontano esplorazioni e conquiste in tempi diversi.
- Localizzazione delle colonie, degli imperi e delle città.
- Distribuzione delle colonie e delle città lungo le coste, lungo i fiumi.
- Estensione delle colonie e degli imperi.
- Gerarchia organizzativa degli insediamenti (con punti più o meno grandi).
- Periodo preso in considerazione 1500-1600. Datazione delle imprese e messa in successione. Contemporaneità delle azioni spagnole, portoghesi, ottomane e della presenza di imperi.
- Problema: perché la colonizzazione spagnola nel centro America e lungo il Pacifico e quella portoghese sulle rive atlantiche? Quali differenze tra colonizzazione spagnola e portoghese ? Quale relazione tra elementi naturali e espansione coloniale? Le aree conquistate erano disabitate?
- Confronto con carte tematiche (distribuzione della popolazione, degli Stati, della lingua, della religione…) degli stati americani e africani oggi per fare confronti e ricavare permanenze e mutamenti rispetto alle precedenti.
- Inferenze relative al periodo preso in considerazione e al confronto ieri /oggi.
  Stesura del testo storico (tema. analisi della struttura, informazioni semplici, confronto con l'oggi, inferenze, spiegazioni, significato della carta).

Allegato 7 - Braudel spiegato ai ragazzi[30]

Braudel in *I tempi del mondo* struttura il concetto di economia-mondo, cioè «*un frammento dell'universo, un brandello economicamente autonomo, capace per l'essenziale di autosufficienza e al quale legami e scambi interni conferiscono una certa unità organica*».[31] L'economia mondo riguarda anche l'ordine politico, culturale, sociale oltre che quello economico ritenuto dominante e interessa un'area precisa, uno spazio geo-economico dominante che varia con il tempo.

Le carte qui riportate prendono in considerazione solo le economie mondo europee individuate da Braudel dal Trecento al Settecento, e divise in periodi.[32]

La prima economia-mondo europea è quella che legava le città italiane e il nord Europa e in particolare il Belgio, tra XI e il XIII secolo. Il polo dell'economia era collocato nel centro Europa con le fiere dello Champagne, intermediarie tra nord e sud.

Spazio geo-economico europeo nel Trecento

Nel periodo indicato le città diventano sedi di attività commerciali e da una economia agraria passano ad una economia di mercato. Si assise ad un aumento demografico, a progressi nelle tecniche agricole e dell'allevamento... Questi cambiamenti interessano principalmente le città italiane del Mediterraneo (Genova, Pisa, Venezia) e le zone tra mare del Nord e mar Baltico, in particolare

---

[30] Gigli M. (1997), "Braudel spiegato ai ragazzi", *I viaggi di Erodoto, Il racconto del mondo*, Quaderno n.13-14, B. Mondadori, Milano. Il saggio comprende carte tematiche e testi rielaborati dal testo di Braudel e semplificati per rendere dotti dal te e resi accessibili.

[31] Braudel F. (1982), "La divisioni dello spazio e del tempo", *I tempi del mondo*, Einaudi, Torino, cap 1.

[32] Per ogni periodo sono riportate solo alcune descrizioni frammentarie della situazione economica, sociale e politica della zona presa in considerazione, in quanto il testo di Braudel è stato fortemente ridotto per permettere agli allievi di dominare il processo di trasformazione e comprendere il concetto di economia-mondo.

le Fiandre e le città anseatiche. Ogni due mesi, nelle fiere dello Champagne avveniva lo scambio tra la produzione del nord e quella del sud Europa...

Spazio geo-economico nel Quattrocento

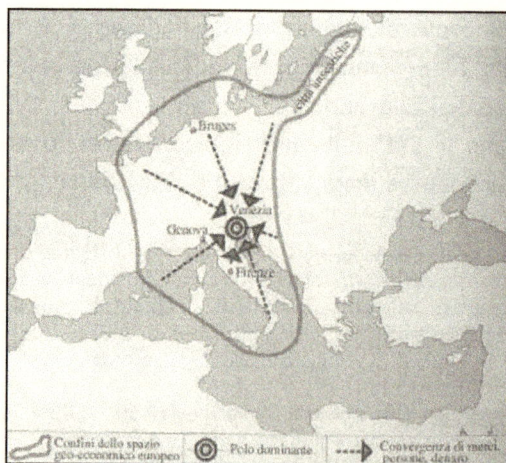

Nel 1400 il polo economico si sposta a sud a Venezia. L'Italia vede una crescita delle attività manifatturiere e conosce uno sviluppo "industriale". Anche durante la peste del Trecento il Mediterraneo continua ad essere un grande centro economico. Venezia approfitta della sua posizione e si pone come centro economico dell'Europa, dal quale passano tutte le merci, tutti i crediti e le persone che svolgono attività economiche.

Spazio geo-economico nel Cinquecento

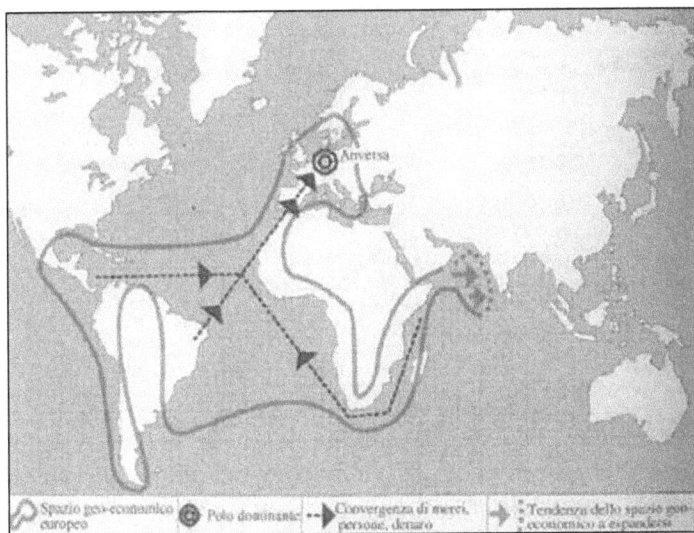

Nel 1500 i commerci e gli scambi con l'Europa e il nuovo mondo si concentrano nella città nordica di Anversa. Le conquiste spagnole e portoghesi ampliano lo spazio geopolitico dell'Europa e molte nuove merci vengono introdotte nel mercato europeo. Aversa diviene il porto in cui avviene la redistribuzione delle merci che arrivano dalle colonie. Da Anversa per il Portogallo partono argento e rame, per la Spagna manufatti, legname, grano, tessuti. Ad Anversa operano i più potenti banchieri d'Europa i Fugger che gestiscono i pagamenti che il re di Spagna deve effettuare in Europa. La città belga diventa un centro economico, finanziario creditizio come lo era stato Venezia, La bancarotta spagnola nel 1557 e altri fattori determinano il fallimento dei Fugger e la rovina di Anversa.

Spazio geo-economico nel Seicento

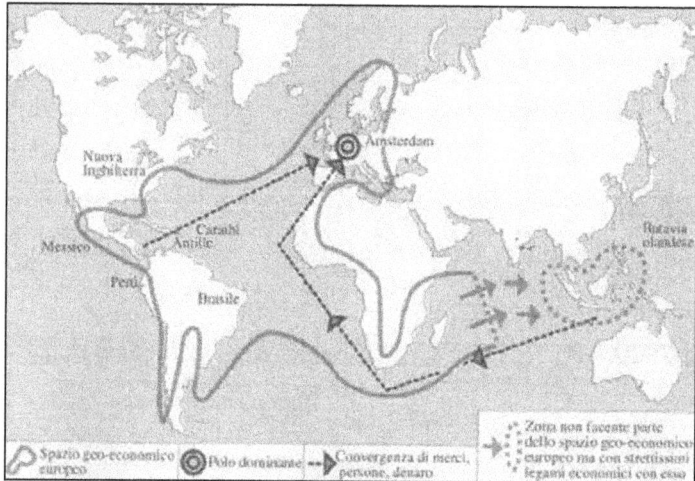

Nel 1600 Amsterdam, la più importante città delle Province Unite, diventa il centro dei commerci europei e mondiali con America, Africa, Asia, Amsterdam gestisce gli scambi dell'economia europea.

Spazio geo-economico nel Settecento

Verso la prima metà del Settecento, l'economia olandese comincia a deteriorarsi e con lei cade la potenza economica di Amsterdam. Capitali e prestiti si concentrano su Londra. L'Inghilterra si è unita alla Scozia (1707). La gran Bretagna perde le colonie americane (1783), ma non la supremazia economica.

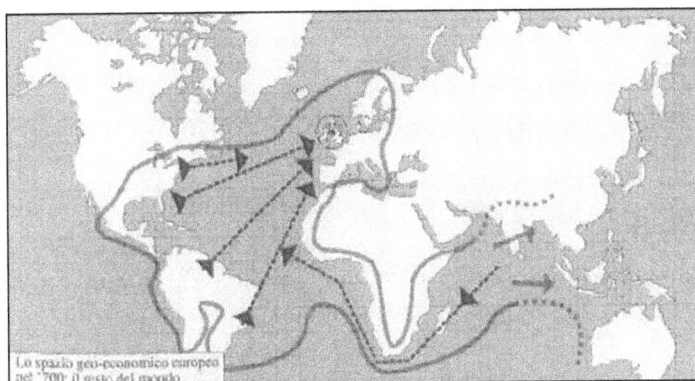

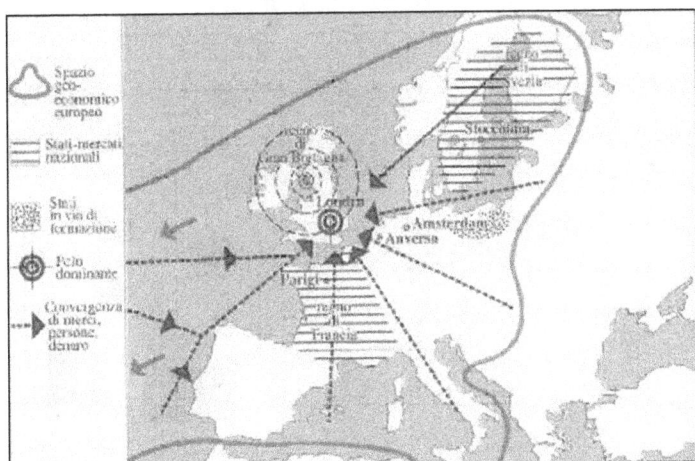

Allegato 8 - Gli otto circuiti del sistema mondiale del XIII secolo[33]

Janet L. Abu-Lughod sostiene che nel periodo 1250-1350 esisteva un sistema mondo pre-moderno, articolato in otto circuiti e centrato in aree extraeuropee, nel quale i commerci e la divisione del lavoro costituivano un sistema economico globale sviluppato.

---

[33] Abu-Lughod J. L. (1989), *Before European hegemony: the world system A. D. 1250-1350*, Oxford University Press, Oxford.

Gli otto circuiti del sistema mondiale del XIII secolo

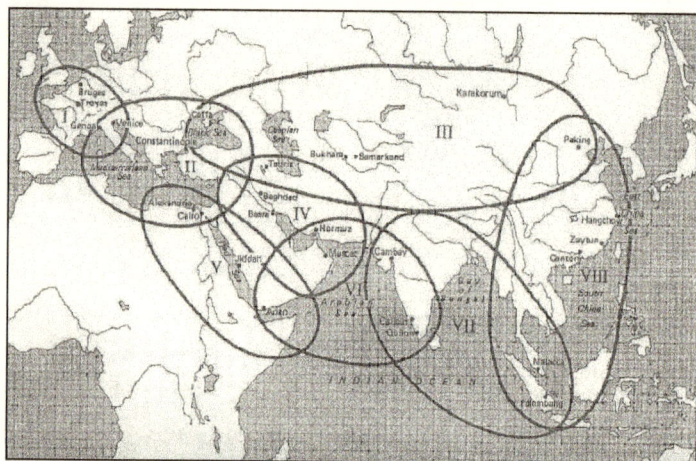

Riferimenti bibliografici

Bagioli A. (2010), Storia della cartografia, *Minerva, Cultura Scientifica per il Cittadino*, Universitá di Torino, Torino. http://www.minerva.unito.it/storia/storiascienzesperimentali/Cartografia/Carto_Indice.htm (consultato il 29/01/2013).

Braudel F. (1982), *I tempi del mondo*, Einaudi, Torino

Braudel F. (1966), *Il mondo attuale, Le civiltà extraeuropee*, vol. 1, PBE, Torino.

Cammarosano. P. (1993), "Le dimensioni umane della geografia storica", *I viaggi di Erodoto*, Edizioni scolastiche B. Mondadori, Milano, anno 7, n.19.

Detti T. (2005), "Economie, imperi, mondi: percorsi di una storia globale", *La storia è di tutti. Nuovi orizzonti e buone pratiche nell'insegnamento della storia*, http://www.storicamente.org/02mcneill_link11.htm (consultato il 29/01/2013).

Gigli M. (1997), "Braudel spiegato ai ragazzi", *I viaggi di Erodoto, Il racconto del mondo*, Quaderno n.13-14, B. Mondadori, Milano.

Giorda C. (2012), "Così vicine così lontane: storia e geografia di fronte a un percorso comune nei curricoli scolastici", *Ambiente, sicietà, territorio*, rivista della Associazione italiana insegnanti di geografia, Roma, anno LVII, nuova serie XII, n. marzo aprile.

Jacoviello M. F. (1990), "A carte scoperte", *I viaggi di Erodoto*, Edizioni scolastiche B. Mondadori, Milano, anno 4, n. 11, p. 52-60.

Casari M., Rossi B. (a cura di) (2010), *La cartografia nella didattica della geografia e della storia*, Cuem, Milano.

Lévy J. (a cura di) (20010), *Inventare il mondo. Una geografia della mondializzazione*, Bruno Mondadori, Milano.

MIUR (2007), *Indicazioni nazionali per il curricolo*.

MIUR (2010), *Indicazioni nazionali per i Licei*.

Scaramellini G. (2010), "Genealogie intellettuali e ibridazioni tipologiche nella storia della cartografia. Riflessioni preliminari su un tema geografico di fondamentale interesse", Casari M., Rossi B. (a cura di) (2010), *La cartografia nella didattica della geografia e della storia*, Cuem, Milano, p. 72.

Atlanti storici

Vidal-Naquet P., cartografía Bertin J. (a cura di) (1987), *Il nuovo atlante storico*, Zanichelli, Bologna.

Bertin J. (1997), *Atlas Historique Universel, Panorame de l'histoire du monde*, Minerva SA, Genéve (Suisse).

Sitografia
(consultati il 29/01/2013)

http://www.minerva.unito.it/storia/storiascienzesperimentali/Cartografia/Carto_Indice.htm

http://www.storicamente.org/02mcneill_link11.htm

www.manentscripta.wordpress.com/2010/07/27/storia-della-cartografia-1-lecumene/

La trasformazione del paesaggio dalla caverna alla "ecumenopoli"

di *Paolo Rovati*

> *La geografia è la storia dello spazio,*
> *come la storia è la geografia del tempo.*
>
> Elisèe Reclus

Premessa

Nella maggior parte dei Paesi, la geografia mantiene la propria presenza nelle scuole primarie e secondarie, con eccezioni significative come quella rappresentata dall'assenza dalle *high school* statunitensi. Nell'Unione Europea la geografia è presente in tutti i curriculum di scuola secondaria obbligatoria e nella maggior parte di quelli di scuola secondaria superiore, ma presenta lacune in Portogallo, Spagna e, recentemente, anche in Italia, dove la Geografia è stata eliminata da tutti gli Istituti Professionali e da alcuni indirizzi degli Istituti Tecnici. In ogni caso, tranne in Belgio, Danimarca, Finlandia, Lussemburgo e Paesi Bassi, l'insegnamento della geografia viene impartito, insieme con la storia, all'interno del blocco delle scienze sociali. In effetti, anche a livello accademico, la geografia ha subito nella seconda parte del XX secolo una migrazione da scienza eminentemente naturalistica a scienza prevalentemente sociale, da una logica geografica che naturalizzava la società ad una logica che tende a socializzare la natura.

Nell'ambito del corso sull'insegnamento interdisciplinare di storia e geografia organizzato dalla Scuola Estiva di Arcevia, alla sua XVII edizione, lo studio dell'evoluzione degli insediamenti umani dalle origini ai giorni nostri e della conseguente trasformazione da un paesaggio naturale ad un paesaggio fortemente antropizzato, può stimolare i giovani a prendere sempre più coscienza di come la geografia possa spiegare la storia e di come, a sua volta, la storia possa contribuire ad approfondire criticamente lo studio della geografia.

Ambiente naturale e abitazioni: dai ripari alle città

Scriveva Giuliano Bellezza che per adattarsi ad ogni ambiente «*l'uomo si è organizzato in modo da diventare egli stesso un ambiente*» (Bellezza, 1978). La conquista dell'omeotermia è stata la migliore reazione agli stimoli termici, sia del caldo, sia del freddo, ma a questa conquista fisiologica l'uomo ha accompagnato l'abilità di utilizzare meccanismi protettivi quali gli indumenti ed i ripari. Se dal caldo si è difeso con la sudorazione, dal freddo si è difeso coprendosi inizialmente con le pelli delle prede. La scelta dei primi ripari, poi, più ancora che una difesa dalle intemperie, ha rappresentato la necessità di proteggersi nelle ore di scarsa illuminazione dall'attacco di altri animali. Durante le ore notturne, infatti, la scarsa capacità visiva ed il sonno trasformavano l'uomo da predatore a preda.

Da tempo immemorabile l'occupazione funzionale di uno spazio da abitare ha rappresentato il tentativo di dominare l'ambiente circostante. Dalla semplice copertura di frasche, alla capanna, alla casa, al villaggio e alla città, le soluzioni adottate, innumerevoli e diversissime, sono state nel tempo il risultato dell'interazione tra molteplici fattori, tanto naturali, quanto socio-culturali, identitari ed emotivi (fig. 1).

Figura 1 - Il tentativo dell'uomo di dominare l'ambiente. P. Brueghel, Torre di Babele (1563). Kunsthistorisches Museum, Vienna.

Per definire un riparo come una vera e propria abitazione bisognerà probabilmente aspettare che l'uomo stesso costruisca, con i materiali inizialmente forniti dall'ambiente immediatamente circostante, una struttura che presenti delle pareti ed una copertura a mo' di tetto. La forma dei primi ripari presentava una pianta circolare, dal momento che un angolo tra le pareti supporrà un'evoluzione tecnica più complessa e quindi successiva. I ripari rispondono a categorie legate, oltre all'insediamento stabile, alla mobilità (Ortolani, 1984). Un esempio per tutti, le protezioni dei nomadi che utilizzano materiali facilmente trasportabili: i transumanti dell'Estremadura iberica, ad esempio, per montare, smontare e trasportare più facilmente le proprie coperture lungo il cammino, utilizzavano la corteccia della quercia da sughero, poiché solida ed al contempo leggera (Rovati, 1993).

La costruzione dei primi ripari apre la strada alla formazione di piccoli insediamenti che successivamente si evolveranno nel tempo e nello spazio, segnando il mutamento da uno stato fisico naturale ad un paesaggio fortemente antropizzato, rappresentato dalla città contemporanea (Zevi, 1995). Con la nascita della città si realizza poi la tipologia più evoluta e complessa di insediamento umano (fig. 2). A testimoniare il rango superiore della città rispetto alla campagna, per la capacità di formare e conformare culture e comunità regolandone e vincolandone i rapporti sociali, derivano, ad esempio, termini come civiltà, urbanesimo o politica (Benevolo, 1996).

Figura 2 - Dalla capanna alla metropoli. A sinistra, una rara testimonianza di un riparo di frasche a pianta circolare nella provincia di Cáceres in Spagna (foto dell'autore); a destra, un'immagine dell'intensa edificazione della città di Buenos Aires con al fondo il Río de la Plata (foto dell'autore).

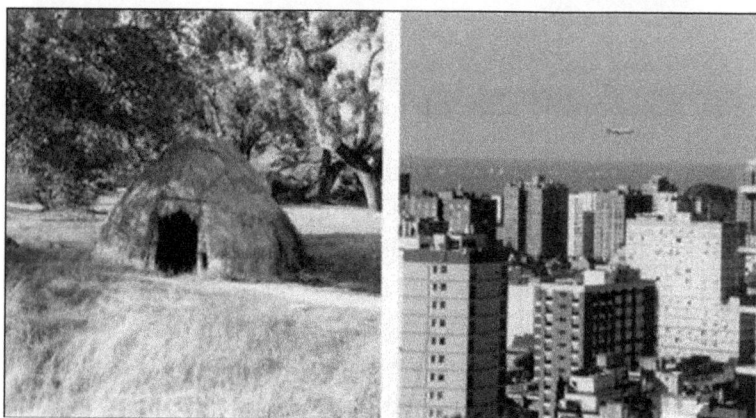

Con il termine di città si può definire l'insieme delle strade, dei monumenti, degli edifici di varie epoche e di distinto aspetto, disposti secondo criteri ed esigenze più o meno razionali. Le città sono caratterizzate da varietà di funzioni (industriali, commerciali, amministrative, residenziali, culturali o ricreative) e da un'elevata concentrazione di individui che le abitano.

Definire in modo univoco la città è comunque un proposito assai complesso, ma l'unico carattere comune presente in tutte le forme di civiltà urbana è quello socioculturale, derivato da una secolare ed a volte millenaria relazione spontanea di una comunità con un luogo, il cui stretto rapporto sembra indispensabile per la sopravvivenza della città stessa.

Se la storia dell'uomo è anche la storia delle abitazioni che si è costruito e degli insediamenti che ha organizzato, la storia dei popoli, dalla rivoluzione agricola ad oggi, è, in qualche modo, la storia della città, che ben rappresenta l'evoluzione sociale ed economica del nostro mondo.

La città nel tempo

Oggi consideriamo come entità nettamente distinte le zone agricole dalle zone urbane, anche se, paradossalmente, le prime città nascono con l'avvento dell'agricoltura, quando l'uomo, da cacciatore e raccoglitore diviene sedentario. Un insediamento vero e proprio presuppone, comunque, non solo l'eccedenza di produzioni agricole ma un luogo dove scambiare questo sovrappiù (Bairoch, 1996).

Se alcuni insediamenti sembrano aver raggiunto il livello organizzativo di un piccolo villaggio fin da ottomila anni prima di Cristo, gran parte della popolazione del pianeta continuava a quel tempo a vivere ancora nelle caverne (fig. 3) e bisognerà attendere un lungo e complesso processo che non vedrà il comparire di nuclei urbani fino al V millennio a.C. (Matthiae, 1976).

I rilevamenti archeologici, seppur complessi e difficoltosi, sembrano indicare che le prime città si siano sviluppate lungo le valli fluviali del Nilo, dell'Indo, del Tigri e dell'Eufrate, che presentavano il vantaggio di poter sfruttare ampi terreni agricoli naturalmente irrigabili e offrivano la possibilità di facilitare gli scambi commerciali utilizzando i corsi dei fiumi (fig. 4). La comparsa delle città è stata inoltre accompagnata da vistosi sviluppi nelle conoscenze tecnologiche, dall'uso dei metalli, dall'impiego dell'aratro, dall'invenzione della navigazione a vela, dall'addomesticazione degli animali a scopo di traino e dall'utilizzazione della ruota nei mezzi di trasporto (Smailes, 1977).

Figura 3 - La caverna come riparo naturale. Ingresso alle grotte di Maltravieso, nel sottosuolo della città di Cáceres in Spagna, al cui interno sono conservate pitture rupestri risalenti al Paleolitico Superiore (foto dell'autore).

Figura 4 - Primi insediamenti lungo le valli fluviali. A sinistra, insediamenti lungo le valli del Tigri e dell'Eufrate nell'antica Mesopotamia tra il 6500 a.C. e il 3000 a.C.; a destra, insediamenti lungo la valle settentrionale del Nilo nell'antico Egitto dal III millennio a.C. (rielaborazioni dell'autore).

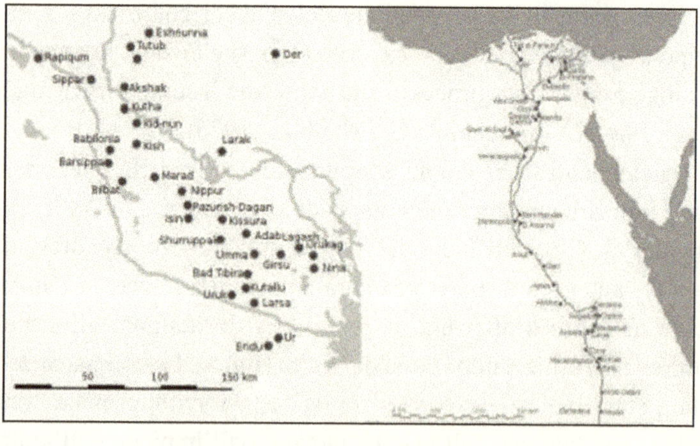

È comunque nell'ambito della cultura greca, la quale identifica sovente il concetto stesso di "Stato" con quello di "città", che sorgono i primi insediamenti urbani razionalmente organizzati. Nella Grecia classica la città è il centro della vita comunitaria, religiosa e politica. L'agorà, il santuario, il ginnasio, il teatro sono i nuclei attorno ai quali si articola l'ordinamento spaziale. Le funzioni sociali degli spazi aperti, elementi che Adalberto Vallega inquadrerebbe, forse, in una grammatica geografica umanistica (Vallega, 2004), si affermano nell'area mediterranea intorno al VI secolo a.c, e la presenza nelle città di una piazza principale tenderà a perdurare nel tempo per il profondo valore comunitario che rappresenta ancor oggi. Le città del periodo classico si sviluppano in modo assolutamente irregolare, come Atene intorno all'acropoli, ma il tracciato geometricamente regolare, a scacchiera, che la tradizione attribuisce ad Ippodamo di Mileto, e che sempre Adalberto Vallega collocherebbe in una grammatica geografica razionalista, si imporrà solo successivamente nella città ellenistica, con strade e spazi pubblici sempre più ampi (fig. 5).

Figura 5 - La città greca. A sinistra, ricostruzione della pianta originaria della colonia greca di Emporion nella costa catalana in Spagna (J. Gudiol); a destra, foto aerea di Emporion (Museu d'Arqueologia de Catalunya-Empúries).

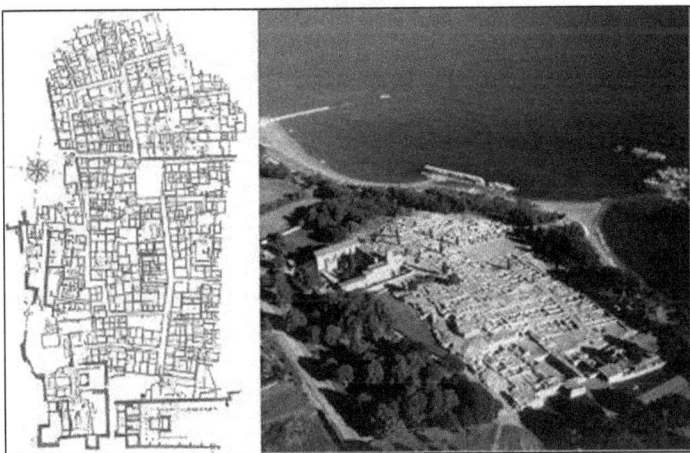

I Romani trassero poi dalla cultura greca anche la struttura a scacchiera della città ellenistica, impostata però su un'intelaiatura urbanistica propria. Le mura seguono il disegno di un rettangolo e comprendono quattro porte. Lo schema viario si fonda su due assi portanti: il *cardine* ed il *decumano*, che collegano rispettivamente la parte nord e sud, l'uno, e quella est ed ovest, l'altro. Su questa base dispongono quegli elementi che fungono, insieme ai due assi ortogonali, da simboli dell'impero, come gli acquedotti, gli archi trionfali, il foro, i templi, gli anfiteatri e le vie consolari (fig. 6). Anche la città romana è ricca di spazi aperti e pubblici e si estende al punto da avanzare liberamente nelle campagne circostanti, colonizzate da numerose ville, lottizzate e distribuite ai veterani, che generano un territorio, per la prima volta nella storia, ampiamente urbanizzato (Zevi, 1995).

Figura 6 - *La città di fondazione romana.* A destra, tratto lastricato della Vía de la Plata corrispondente al cardo maximus dell'antica città romana di Capera nella Penisola Iberica (foto dell'autore); a sinistra, l'arco tetrapilo di Capera sottolinea il punto di intersezione del cardine con il decumano della città (foto dell'autore).

Durante il Medioevo, con la lenta caduta dell'impero romano, il mondo occidentale cambia il proprio aspetto, come testimoniato soprattutto dal fatto che le antiche *civitas* romane decrescono vistosamente, quando addirittura non scompaiono (Bussi, 1980). Le popolazioni si disperdono, cosicché le città non riemergono fino alla "svolta del Mille" e non inizieranno a svilupparsi fino al XII ed al XIII secolo. Sino ad allora, infatti, era perdurata una organizzazione agraria feudale della società. Da quel momento in poi la crescita delle città sarà dovuta principalmente allo sviluppo di attività specifiche, come quella artigianale e mercantile. Gli elementi principali della città medievale saranno poi rappresentati dalla piazza del mercato, dalla cattedrale e da una cinta muraria (fig. 7), che svolgeranno, rispettivamente, la funzione commerciale, religiosa e di difesa (Sanfilippo, 1983; Pirenne, 1990).

Figura 7 - La città medievale entro le mura. In alto a sinistra, Carcassone in Francia; in alto a destra, Morella in Spagna; in basso a sinistra Monsaraz in Portogallo; in basso a destra Ávila in Spagna (foto dell'autore).

La fondazione di nuove città riprenderà con forza, soprattutto nelle Americhe, durante il Cinquecento, e proseguirà durante il Seicento ed il Settecento come conseguenza delle grandi scoperte geografiche. Nel Cinquecento, con l'espansione mondiale della civiltà europea, le realizzazioni urbanistiche ed edilizie nei territori d'oltremare saranno, nel complesso, assai più importanti di quelle in madrepatria. In Europa, infatti, esistevano città fondate già nel Medioevo, sufficienti a soddisfare i bisogni della società rinascimentale e modificate nel tempo solo in parte; nel resto del mondo invece i conquistatori ed i mercanti europei trovarono enormi spazi vuoti, dove poter attuare nuovi grandi programmi di colonizzazione e di urbanizzazione (Benevolo, 1986).

Una volta stabilito il controllo della Spagna su buona parte del territorio delle Americhe, Filippo II promulgherà nel 1573 le *Ordenanzas de descubrimientos, nueva población y pacificación de las Indias*, che, nel prevedere una forma razionale di urbanizzazione a scacchiera, offriva il vantaggio di uno sviluppo teoricamente illimitato e l'immagine di un "potere" anch'esso ordinato e stabile (fig. 8).

Figura 8 - Urbanizzazione a scacchiera della città coloniale americana. Pianta della città di Concordia in Argentina (ricostruzione dell'autore).

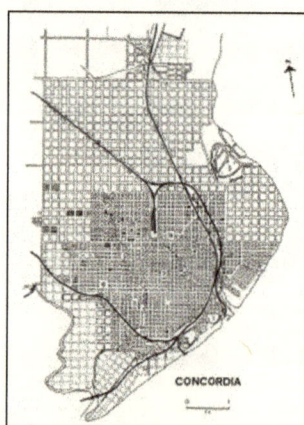

238

Nella costruzione delle nuove città, venne imposto, tra l'altro, di evitare l'occupazione di spazi ove fossero già presenti insediamenti indigeni, per sottrarsi a rischiosi scontri culturali e di convivenza. L'elemento centrale e principale della città coloniale era la *Plaza Mayor* o *Plaza de Armas* (fig. 9), dalla quale si diramavano le vie ortogonali che generavano isolati geometricamente regolari (manzanas o cuadras). Affacciati sui quattro lati della piazza centrale si trovavano la cattedrale con la facciata rivolta ad oriente (a Gerusalemme), la residenza del Governatore, la sede della guarnigione e, nel quarto lato, i palazzi dei cittadini di più alto rango. Dalla piazza prendevano poi origine le strade principali (Hardoy e Hardoy, 1983; Mateos Cárdenas, 1983).

Le città costiere di nuova fondazione dovevano disporre di un porto, o quanto meno di un elementare approdo, di proporzioni preordinate in base alla loro funzione, e che condizionava lo spostamento, verso la costa, della piazza centrale, la quale era sovente protetta da un fortino militare che limitava l'espansione residenziale di questa zona, come ad esempio a Buenos Aires (Sartor, 1981; Gutiérrez, 1983).

Era stato disposto, inoltre, al meno in linea teorica, di tracciare vie strette negli insediamenti delle zone più calde, per consentire la proiezione dell'ombra dai palazzi adiacenti, mentre, al contrario, le strade più larghe avrebbero dovuto facilitare l'irradiazione solare nelle aree più fredde, sottraendosi però alla direzione dei gelidi venti dominanti.

Questo tipo di pianta urbana è visibile tutt'oggi in gran parte delle città del Nuovo Mondo ed ha finito per rappresentare una nuova identità culturale e sociale anche per milioni di emigranti italiani (Segre e Lopez Rangel, 1982).

Figura 9 - La città coloniale americana. La Plaza de Armas di Cuzco nella cordigliera andina del Perù (foto dell'autore).

Nell'Ottocento, in Europa, dopo la rivoluzione industriale, viene superato il concetto della città medievale, unitaria e racchiusa entro i precisi limiti fisici dettati dalla rigidità delle mura di cinta (fig. 10). Un'evidenza di ciò è che alla fine del XIX secolo vengono abbattuti interi quartieri per far posto ad ampi viali, come a Parigi con il piano urbanistico realizzato dal barone Haussmann, e vengono demolite gran parte delle cinte murarie per lasciare spazio ad ampie vie di scorrimento (i *Ring*), come a Vienna, a Londra o persino a Bologna (Sica, 1985; Schorske, 2004).

Figura 10 - La città dell'Ottocento si espande oltre le mura. In alto a sinistra, la cinta muraria medievale di Vienna in una stampa del 1683; a destra, carta di Vienna del 1848 dove si osserva lo spalto, una larga fascia di territorio non edificata per esigenze militari, che interrompe il collegamento tra la città antica e i quartieri più recenti; in basso a sinistra, fotografia del Ring viennese inaugurato nel 1865 dopo l'abbattimento della cinta muraria e l'urbanizzazione dello spalto che circondava il centro urbano.

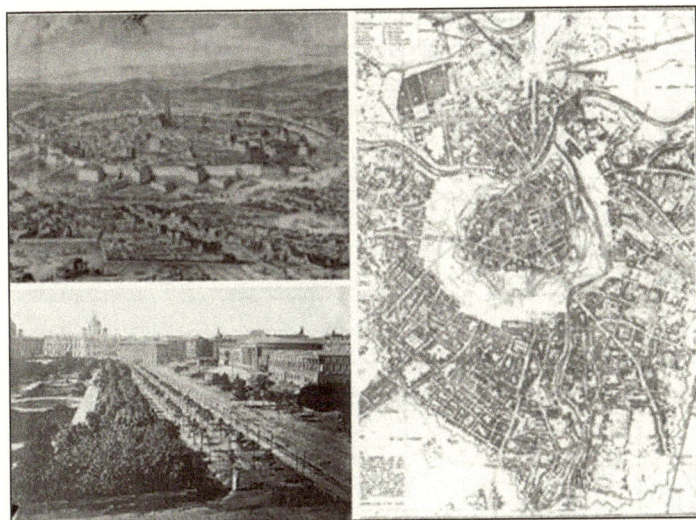

Più tardi, la città postindustriale si espande e, a volte, assorbe altri nuclei preesistenti fino ad oltrepassare perfino i propri limiti amministrativi, formando agglomerazioni e conurbazioni (Mumford, 1981). È così che lo spazio metropolitano, con i successivi anelli e *hinterland* d'influenza, rimane superato da territori di urbanizzazione diffusa dove il gradiente di densità e di concentrazione di attività varia in funzione dei differenti ambienti urbani. Ne deriva pertanto un territorio costruito non a partire da una città e da una campagna contrapposte e perfettamente delimitate ma piuttosto costituito da frammenti di aree più o meno urbanizzate (Nel-lo e Muñoz, 2007).

Oggi la città ha superato, in molti casi, la sua dimensione puntiforme per estendersi all'intorno come città-regione, formando talvolta delle megalopoli che saldano fra loro nuclei diversi (fig. 11). Soprattutto nel XX secolo, l'urbanesimo ha prodotto fenomeni di gigantismo urbano che non di rado hanno compromesso la qualità della vita dei propri abitanti.

Figura 11 - Dalla città puntiforme alla megalopoli. L'espansione urbana di Buenos Aires nell'arco di circa un secolo (rielaborazione dell'autore).

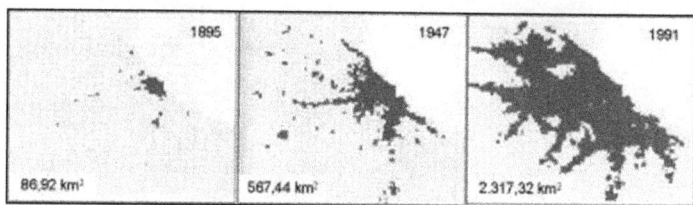

Le megacittà e le città globali: un cambio di gerarchia

Dalla seconda metà del XX secolo abbiamo assistito ad una grande crescita delle città nel mondo. Il processo di urbanizzazione sembra non avere fine nel pianeta, che conta oggi con quasi 500 città che superano il milione di abitanti. Questa crescita è risultata particolarmente intensa nei Paesi in Via di Sviluppo, al punto che, per invertire la tendenza, sono state accordate delle misure politiche basate sulla promozione delle città di medie dimensioni, come stabilito nel 1994 durante la Conferenza Internazionale sulla Popolazione e lo Sviluppo di Il Cairo (Caravaca Barroso e Cruz Villalón, 1993; United Nations, 1995).

La crescita della popolazione urbana continua ad essere alimentata, sia dall'incremento naturale, sia dall'immigrazione dalle aree rurali. Se la crescita delle città nei Paesi Sviluppati è fondamentalmente conseguenza dell'industrializzazione e dello sviluppo economico, nel resto del mondo è la povertà estrema dell'economia rurale ciò che spinge ad esodi di massa verso le aree urbane. Si rafforza così la tendenza al gigantismo dal quale derivano nuove tipologie urbane.

Attualmente i grandi insediamenti, per la varietà delle aree in cui si sviluppano e per la molteplicità delle funzioni che presentano, prevedono ormai distinti modelli di classificazione e di inquadramento. Generalmente il termine *megacity* viene riservato alle grandi aree metropolitane dei Paesi Sottosviluppati, mentre quello di *città globale* alle grandi regioni metropolitane dei Paesi Sviluppati.

Il termine di *megacity*, anche se già utilizzato da altre istituzioni, si formalizza in seno all'Organizzazione delle Nazioni Unite negli anni Settanta per denominare le città con più di 8 milioni di abitanti, cifra che negli anni Novanta si eleva fino ai 10 milioni. Nel 1970 tre città superavano i dieci milioni di abitanti e nel 1985 erano già undici le città che presentavano questa caratteristica, di cui solo tre, Tokyo, New York e Los Angeles, appartenevano a Paesi Sviluppati. Nell'anno 2000 avevamo già 19 *megacity*, che rappresentavano il 4,7% della popolazione mondiale, e per il 2015 si prevede di arrivare a 24 città che accoglieranno complessivamente 400 milioni di individui (fig. 12).

Figura 12 - *Distribuzione planetaria delle megacity*. (F. Krass, Dipartimento di Geografia dell'Università di Colonia).

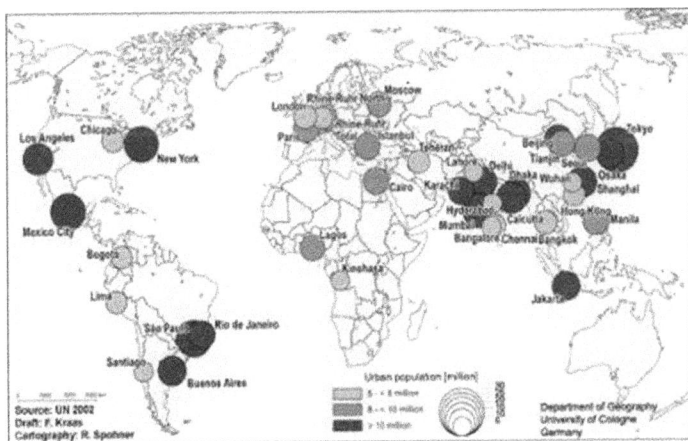

Risulta interessante notare come New York, la città più popolosa nel 1985, ha perso gradualmente importanza nella graduatoria mondiale a scapito di città localizzate in Paesi in Via di Sviluppo, come Mumbai (già Bombay) che invece sale nella graduatoria. Di fatto, nei prossimi decenni, oltre l'85% della crescita demografica mondiale avverrà nelle aree urbane dei Paesi Sottosviluppati o in Via di Sviluppo. Non c'è nessuna città europea tra le *megacity* del mondo, anche se si avvicinano molto Londra, Mosca e Parigi. Pur con un volume demografico minore, risultano di grande rilevanza nel sistema mondiale le città globali. Queste svolgono la funzione di nodo dell'economia e della finanza, delle telecomunicazioni e dei trasporti, sono sede di imprese transnazionali e sono vincolate con altre città globali del pianeta (Sassen, 1987; Borja e Castells, 1997). L'internazionalizzazione dell'economia, infatti, favorita dallo sviluppo di sempre più intensi flussi nelle comunicazioni e nei trasporti, ci permette di parlare di globalizzazione dello spazio e di città globali. C'è da chiedersi, però, se le città globali presentano comunque una loro identità o se pagano piuttosto una sorta di appiattimento planetario.

La crescita dell'urbanizzazione mondiale e la fine di un ciclo

All'inizio dell'Ottocento solo il 3% della popolazione mondiale viveva nelle città, mentre, alla fine del Novecento questa percentuale aveva superato il 47%. Josefina Gómez Mendoza sottolinea come nei primi anni del XX secolo appena 160 milioni di abitanti vivevano in centri urbani, mentre oggi chi vive in città è ormai più della metà della popolazione del pianeta (oltre 3,5 miliardi) e nei Paesi dell'Unione Europea la percentuale della popolazione urbana supera ben l'80% del totale, con uno sviluppo urbanistico ed immobiliare di gran lunga superiore all'incremento demografico. A Madrid, ad esempio, nell'ultimo mezzo secolo, mentre la popolazione è raddoppiata di numero, la superficie urbanizzata si è invece ampliata di ben cinque volte (Gómez Mendoza, 2003). Nello stesso lasso di tempo la superficie urbanizzata in Italia è aumentata di oltre il 500%, senza che le amministrazioni comunali, provinciali o regionali abbiano coinvolto il mondo dei geografi a favore di una più oculata programmazione territoriale.

Già dal XIX secolo, nei Paesi dove si andavano sviluppando le attività industriali, le città sono passate dal presentarsi unicamente come organismi territoriali nucleari per trasformarsi in entità areali più o meno estese (Vinuesa Angulo e Vidal Domínguez, 1991). Questo processo centrifugo è stato favorito più tardi dalle telecomunicazioni e dalle facilitazioni apportate da importanti investimenti nel trasporto pubblico che collegano i quartieri periferici con i distretti finanziari e affaristici del centro. In questo modo, la città compatta e centripeta è diventata sempre meno densamente popolata e più dispersa e frammentata.

La dispersione urbana si presenta come uno dei fenomeni più emblematici dell'evoluzione contemporanea. La città invade la campagna e la dissemina di abitazioni, stabilimenti industriali e grandi centri commerciali che ne stravolgono l'immagine rurale. È in questo modo che i limiti dell'urbanizzazione sembrano ormai tracciati da una cinta muraria rappresentata dall'intero pianeta. Le città, in generale, stanno cambiando il proprio modo di occupare lo spazio: da un'edificazione compatta stiamo passando ad un'urbanizzazione in rete con sistemi urbani discontinui composti da nuclei di differenti dimensioni che obbligano alla realizzazione di complessi sistemi viari, progettati da esperti che, nel ricercare la massima efficienza, "tagliano e cuciono" il territorio, con poca sensibilità per la valorizzazione globale del paesaggio. È così che si verifica un paradosso: la città che inizialmente si è sviluppata per difendersi dall'ambiente esterno, oggi è diventata la maggiore minaccia per la conservazione degli equilibri ambientali. Infatti, la città appare inoltre come un modello insediativo insostenibile, anche in quanto consumatore di suolo, un bene irriproducibile e non rinnovabile.

Francesco Indovina, all'inizio degli anni Novanta, nell'osservare come le città da alcuni decenni abbiano perso il senso del limite, ha introdotto il termine di «*città diffusa*» (Indovina, 1990), modello che potrebbe essere anche definito come «*città di bassa densità*» (fig. 13). La deconcentrazione urbana rispetto al nucleo originario impone una nuova categoria urbana denominata, dal punto di vista strutturale città «*diffusa*» o «*reticolare*» e, dal punto di vista funzionale, «*sistema territoriale urbano*».

Figura 13 - Il modello urbanistico di città diffusa. A sinistra, due visioni panoramiche del 1953 delle abitazioni unifamiliari di Lewittown, a New York; a destra, due immagini tratte da Google Maps delle abitazioni unifamiliari di Phoenix in Arizona che si estendono ininterrottamente per 1.342 km^2.

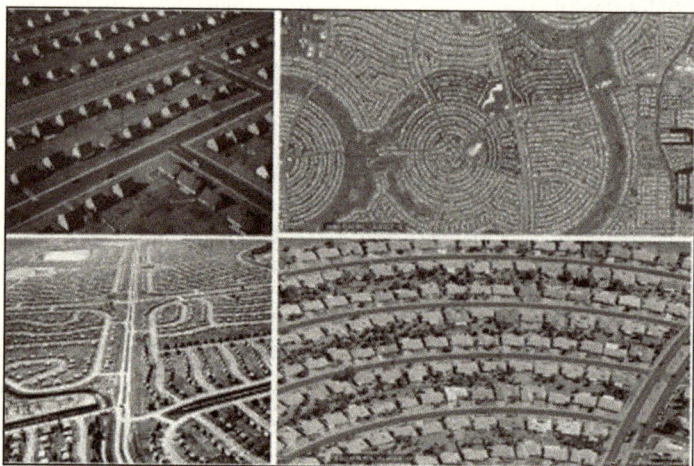

Le grandi città del mondo crescono mediante un doppio processo di concentrazione e di dispersione urbana, come è accaduto, ad esempio, in America Latina a São Paulo, a Città del Messico e a Buenos Aires, o in Europa a Parigi e a Londra, o in Nord America a New York e a Los Angeles (Beaujeu-Garnier e Chabot, 1976). Ciò fa sì che alcuni autori parlino di città del mondo e del mondo come un'unica città, richiamando l'idea di Constantinos A. Doxiadis, il quale prevedeva che per l'anno 2015 tutte le città del pianeta si sarebbero integrate in una «*ecumenopoli*», ovvero, in un unico sistema urbano globale (Doxiadis e Papaionnou, 1974).

Leonardo Benevolo ricordava come, pur se l'uomo si organizza in insediamenti urbani da oltre cinque millenni, oggigiorno la città è cambiata fin quasi ad essere irriconoscibile, tanto che, mentre fino a qualche decennio fa distinguere la città dalla campagna era alla portata di tutti, oggi la differenza fra l'interno e l'esterno della città è diventata sempre più difficile da percepire, al punto che è probabile che ci si trovi di fronte ad una diversificazione storica che sta volgendo al termine (Benevolo, 1991).

In conclusione, l'attuale processo di urbanizzazione ha superato la concezione classica che vedeva la città come un territorio con limiti fisici definiti e riconoscibili e nettamente distinto dalla campagna. Le città oggi crescono territorialmente ad un ritmo molto più accelerato rispetto al proprio equivalente demografico. Si è arrivati così alla formazione di complesse aree urbane che, per la rapidità e la facilità di occupare spazi sempre più ampi, hanno finito per generare una progressiva entropia del paesaggio.

Riferimenti bibliografici

Bairoch P. (1996), *Storia delle città. Dalla proto-urbanizzazione all'esplosione urbana del Terzo mondo*, Jaca Book, Milano.

Beaujeu-Garnier J., Chabot G. (1976), *Trattato di geografia urbana*, Marsilio, Venezia.

Bellezza G. (1978), *Geografia*, Editori Riuniti, Roma.

Benevolo L. (1986), *Storia della città*, Laterza, Roma-Bari.

Benevolo L. (1991), *La cattura dell'infinito*, Laterza, Roma-Bari.

Benevolo L. (1996), *La città nella storia d'Europa*, Laterza, Roma-Bari.

Borja J., Castells M. (1997), *La città globale*, De Agostini, Novara.

Bussi R. (1980), *Popolamento e villaggi abbandonati in Italia tra Medioevo ed Età Moderna*, La Nuova Italia Editrice, Firenze.

Caravaca Barroso I., Cruz Villalón J. (1993), "Crecimiento urbano y marginación social en Latinoamérica: actuaciones espontáneas y políticas de intervención", Baila J., Luzón J. L. (a cura di) (1993), *Latinoamérica. Territorios y países en el umbral del siglo XXI. Atti del I Congreso Nacional de Geografía sobre Latinoamérica* (La Rábida, 17-21 febbraio 1992), Grupo de trabajo de Geografía de América Latina de la Asociación de Geógrafos Españoles, Tarragona, pp. 23-41.

Doxiadis C. A., Papaioannou J.C. (1974), *Ecumenopolis. The inevitable city of the future*, Norton, New York.

Gómez Mendoza J. (2003), "El medio ambiente urbano", Revuelta J. M. (a cura di) (2003), *Anuario El País 2003*, Ed. El País, Madrid, p. 418.

Gutiérrez R. (1983), *Arquitectura y urbanismo en Iberoamérica*, Cátedra, Madrid.

Hardoy A. M., Hardoy J. E. (1983), "Plazas coloniales", *Documentos de Arquitectura Nacional y Americana*, 15, Instituto Argentino de Investigaciones en Historia de la Arquitectura, San Miguel de Tucumán, pp. 93-118.

Indovina F. (a cura di) (1990), *La città diffusa*, Daest-Iuav, Venezia.

Mateos Cárdenas L. (1983), "Ideología barroca y praxis urbanística en la América española (secc. XVII-XVIII)", *Storia della città*, 28, Electa, Milano, pp. 59-70.

Matthiae P. (1976), "L'uomo e l'ambiente", Moscati S. et al. (a cura di) (1976), *L'alba della civiltà*, I, UTET, Torino, pp. 21-148.

Mumford L. (1981), *La città nella storia*, Bompiani, Milano.

Nel-lo O., Muñoz F. (2007), "El proceso de urbanización", Romero González J. (a cura di) (2007), *Geografía humana. Procesos, riesgos e incertidumbres en el mundo globalizado*, Ariel, Barcellona, pp. 275-354.

Ortolani M. (1984), *Geografia delle sedi*, Piccin, Padova.

Pirenne H. (1990), *Le città del Medioevo*, (dalla ed. in francese del 1927), Laterza, Roma- Bari.

Rovati P. (1993), "Singolare presenza di numerosi ripari circolari nella comarca di Alcántara (Cáceres)", *Quaderni del Liceo Scientifico Italiano*, 1, Madrid, pp. 201-215.

Sanfilippo M. (1983), *Le città medievali*, SEI, Torino.

Sartor M. (1981), *La città e la conquista. Mappe e documenti sulla trasformazione urbana e territoriale nell'America centrale del 500*, Casa del Libro, Roma.

Sassen S. (1997), *Città globali: New York, Londra, Tokyo*, UTET, Torino.

Schorske C. E. (2004), *Vienna fin de siècle*, Bompiani, Milano.

Segre R. e López Rangel R. (1982), *Architettura e territorio nell'America Latina*, Electa, Milano.

Sica P. (1985), *Storia dell'urbanistica. L'Ottocento*, vol.1, Laterza, Roma-Bari.

Smailes A. E. (1977), *Geografia urbana*, Marsilio, Padova.

United Nations (1995), *Report of the International Conference on Population and Development* (Il Cairo, 5-13 settembre 1994), United Nations, New York.

Vallega A. (2004), *Le grammatiche della geografia*, Pàtron, Bologna.

Vinuesa Angulo J., Vidal Domínguez J. (1991), *Los procesos de urbanización*, Síntesis, Madrid.

Zevi B. (1995), *Paesaggi e città*, Newton Compton, Roma.

L'Italia letta in una regione: le Marche come caso di studio
L'Italia delle o nelle regioni. Spazi regionali, territori, paesaggi: approcci e metodi.

di *Catia Brunelli*

1. Il nome: tutto un programma...

La regione Marche si presta particolarmente ad essere trattata quale caso di studio in un dibattito che polarizza l'attenzione sulle relazioni intercorrenti tra storia e geografia e che si propone di offrire un contributo significativo alla costruzione di un sapere che ne integri le prospettive.

Le ragioni di questa spiccata adeguatezza sono rintracciabili negli impliciti, storici e geografici, insiti, prima di tutto, nel suo nome.

Il termine "marca", nella sua etimologia, rimanda al concetto di limite e, contestualmente, a quello di contrada che, a sua volta, richiama l'idea di area amministrativamente determinata.[1] Ed è proprio quale comparto territoriale periferico, spesso ripartito al suo interno, che, sin dagli albori della loro storia, si propongono le Marche, una regione in cui le grandi e piccole trasformazioni sembrano costantemente avvenire o all'insegna della marginalità o del frazionamento territoriale (spesso lungo un confine oscillante, ma pur

---

[1] Marca: vocabolo derivante dal germanico [...]; limite, termine, confine ed anche contrada [...] o frontiera militare di uno Stato; area di confine ed anche (oppure), per estensione, distretto, paese, comparto (http://www.etimo.it, consultato il 29/01/2013).

sempre ricadente all'interno della fascia racchiusa all'incirca tra i fiumi Esino e Misa) o di entrambe le condizioni.

Il territorio inizia ad essere suddiviso quando i Piceni, forse fra i primi ad abitarlo e a lungo suoi dominatori incontrastati,[2] come confermano i numerosi e diffusi ritrovamenti archeologici,[3] sono respinti a Sud dai Galli Senoni (figure 1-5).

Figura 1 - Ager Gallicus e Picenum, dopo la Battaglia del Sentino, in cui Romani e Piceni sconfiggono i Galli (295 a. C.). *http://www.pisaurus.it* (consultato il 29/01/2013).

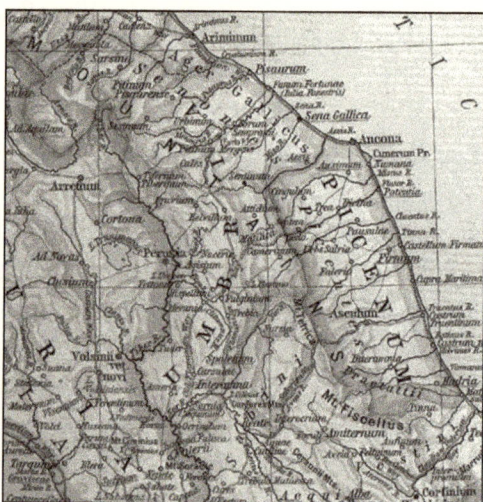

---

[2] Un caso a sé è quello del territorio nei pressi di Ancona, fondata circa nel 387 a.C., poco più a sud dell'Esino, dai Greci di Siracusa e che serba tuttora i segni delle sue origini e del dominio ellenici nel toponimo (Αγκών, ankon, in greco "gomito", dalla forma del promontorio che a tutt'oggi rappresenta l'unico porto naturale della regione) (Mangani e Persi, 2005, p. 113).

[3] Nella preistoria il territorio marchigiano era occupato da popolazioni di cacciatori che abitavano in grotte naturali. Il primo documento della vita nella regione è il giacimento archeologico del Paleolitico inferiore ritrovato a Monte Conero. Dopo l'ultima glaciazione, nel 5000 a.C. circa, le popolazioni iniziarono a coltivare la terra ed allevare bestiame; sapevano navigare a vista e questo permise loro di avviare l'attività pescherecia. Dall'età del Bronzo gli insediamenti iniziano a raggiungere una maggiore consistenza che porterà alla nascita della "civiltà appenninica" con scambi verso l'Umbria ed anche oltremare verso la Dalmazia (Luni, 2003).

Figura 2 - La Regio VI Umbria e la Regio V Picenum nella ripartizione successiva alla Battaglia di Ascoli (269 a.c.), in cui i Romani, sconfiggendo i Piceni in precedenza loro alleati, si impossessano dell'intero territorio marchigiano. *http://www.pisaurus.it* (consultato il 29/01/2013).

Figura 3 - Le Marche in epoca romana (Martufi, 1992, p. 3).

Figure 4 e 5. Dettaglio della *Parte dell'Umbria* (sinistra) e di quella del *Piceno* (destra), in una riproduzione cartografica di G. Colucci, di fine Settecento (Luni, 2003, pp. 174-175).

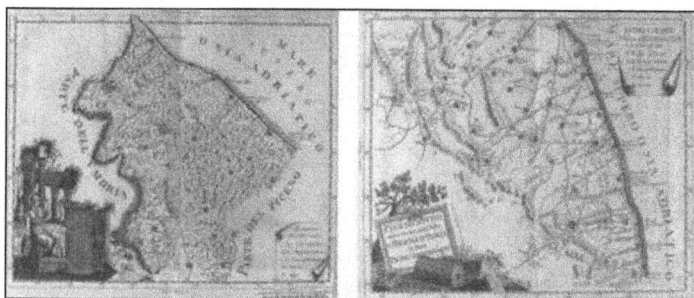

La ripartizione territoriale che ne scaturisce evidenzia alcune corrispondenze con quella, successiva alla caduta dell'Impero Romano d'Occidente (476 d. C), alle scorrerie barbariche e alla guerra gotico- bizantina (535-553 d. C), determinata, in età ormai medievale, dalla conquista longobarda delle aree meridionali (fig. 6).

Figura 6 - Divisione tra il territorio del Ducato Longobardo e quello bizantino (Anselmi e Antonietti, 1989, p. 15).

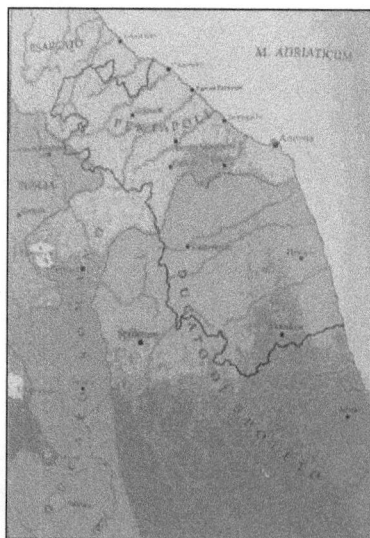

Ed è a partire da questi anni (568 d.C.) che, nella denominazione, all'idea di «*territorio frazionato*» accreditata dalla letteratura scientifica attuale (Anselmi, 1987; Persi, 1990), si aggiunge e, quasi, diventa predominante, quella di «*terra posta ai limiti di un ambito politico-amministrativo*», che accompagna la regione nella storia di svariati secoli. *Mark*, infatti, è il termine germanico con cui i Longobardi designano i possedimenti periferici che, nel caso del Ducato di Spoleto, corrispondono alle due dipendenze della Marca Fermana e di Camerino (successivamente unificate in quella Anconetana) confinanti, a nord, con i presidi bizantini. Ma *marque* è anche il vocabolo che Carlo Magno prima e i suoi successori te-deschi poi usano per indicare i territori al limite dell'Impero ai quali, forse nel tentativo di sanare una distanza dal centro politico di fatto incolmabile coi mezzi e la rete viaria dell'epoca, gli uni e gli altri concedono privilegi territoriali.

Sono proprio questi diritti, rivendicati con forza dai signorotti locali e con cui si misura improduttivamente il Cardinale Albornoz (1353-1373), a restituire il primato all'idea di Marche quale spazio frammentato nel periodo maturo dell'età dei Comuni e in quello di poco successivo delle Signorie (fig. 7).

Figura 7 - La Marche al tempo delle Signorie (Anselmi e Antonietti, 1989, p. 17).

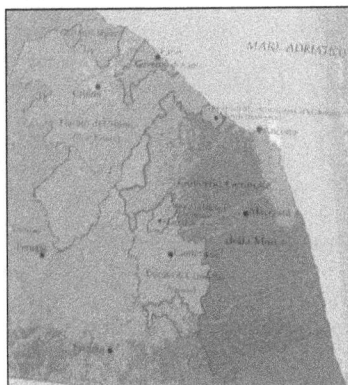

Il territorio regionale si mantiene diviso, e spesso pure in malo modo,[4] per tutto il tempo che, a partire dagli anni della riappropriazione da parte della Chiesa (1631), assiste alla breve parentesi napoleonica,[5] alla ricomparsa degli interessi di dominio ecclesiastici (fig. 8),[6] alla conquista austriaca (1849-1859), all'annessione al neonato Regno d'Italia (1861).[7]

Figura 8 - Il frazionamento marchigiano ai tempi del dominio papale (Martufi, 1992, p.3).

---

[4] Il territorio viene diviso in diverse entità amministrative (gli Stati di Urbino e di Camerino, i territori di Ancona, Fermo ed Ascoli Piceno, la Marca anconitana con a capo, però, la città di Macerata; il Presidiato di Montalto e, in forza della sua importanza religiosa, la città di Loreto). Lo status di questi comparti territoriali è, a dir poco eterogeneo.

[5] Nel 1808 la regione, entrata a far parte del Regno napoleonico e assunta definitivamente la sua denominazione al plurale, viene suddivisa nei dipartimenti del Metauro, con capoluogo Ancona, del Musone, con capoluogo Macerata, del Tronto, con capoluogo Fermo.

[6] La regione viene ripartita nelle delegazioni territoriali facenti capo a Urbino e Pesaro, Ancona, Macerata, Fermo, Ascoli Piceno e Camerino.

[7] La regione è divisa in quattro provincie (Ancona, Ascoli Piceno, Macerata, Pesaro e Urbino): vengono soppresse le delegazioni pontificie di Camerino e Fermo e perduto il territorio di Gubbio, fino ad allora ricadente in quello di Pesaro e Urbino.

Il senso di terra posta al limite torna a imporsi quando, dopo le occupazioni fascista (dal 1922) e nazista (fino al 1944), il confine settentrionale viene individuato come quello corrispondente al passaggio della Linea Gotica.

Coerente con la storica tendenza al frazionamento può dirsi, invece, quel processo che, nel giro di pochi anni, ha portato, di recente, all'elezione di Fermo quale quinta provincia marchigiana (2004) in una parte della Regione non certo sprovvista di centri amministrativi, e, poco dopo, alla secessione di sette comuni dell'Alta Valmarecchia dal territorio della provincia di Pesaro-Urbino, (passati) a quello, romagnolo, di Rimini (2009).

Se frammentazione e marginalità costituiscono i due concetti impliciti nel significato del nome regionale che sembrano tesserne la storia, quello dell'eterogeneità, restituito dalla sua peculiare forma al plurale,[8] può essere considerato sintomatico della geografia del territorio.

Le Marche rappresentano un caleidoscopio di culture, una sintesi di originalità naturali, territoriali ed artistiche non facilmente riscontrabili in altre regioni d'Italia e, contestualmente, un compendio di molti degli aspetti ambientali e paesaggistici presenti nell'intero territorio nazionale e ciò a tal punto da giustificare la scelta del motto: «*Marche, l'Italia in una Regione*» (Aa.Vv., 1997, p.6).

Malgrado rappresenti un itinerario defilato e, ancora una volta, marginale (Cecini, 1987, p. 683) il territorio marchigiano risulta attraversato, nel corso della storia, da numerosi viaggiatori e intellettuali, che ne descrivono i tratti, mettendo in risalto ora una ora un'altra peculiarità.

Il paesaggio è dominato almeno da 3 realtà geografiche: la campagna, con la tipica organizzazione mezzadrile, che si sviluppa

---

[8] La regione Marche è la sola italiana che abbia mantenuto, nel tempo, il nome al plurale; una volta anche altre regioni (Puglie, Abruzzi, Calabrie, Romagne) avevano questa caratteristica (Martufi, 1992, p. 2).

nell'ampia fascia collinare e copre la percentuale maggiore dell'intero territorio; la striscia costiera, oggi attrezzata per il turismo estivo, una cimosa quasi completamente piatta e sabbiosa, fatta eccezione per i promontori del S. Bartolo e del Conero; la montagna, caratterizzata da un'altitudine crescente delle vette man mano che si procede verso sud e culminante nel Monte Vettore, (2746 m.), il rilievo più alto della regione.

A questi tre elementi principali è possibile aggiungerne almeno un quarto (Anselmi e Antonietti, 1989, p. 8; Persi, 1990; Dean, 1987, p. 12), che tutti li attraversa e che è costituito dalle vie di penetrazione delle valli fluviali, veri e propri corridoi naturali che congiungono e armonizzano caratteri ambientali, climatici, culturali, linguistici ecc. molto diversi tra loro.

La risalita di uno dei fiumi marchigiani dalla foce fino alla sorgente rappresenta indubbiamente il tragitto che meglio permette di fare esperienza dell'eterogeneità di un territorio che ora restituisce la visione della morfologia dolce e verdeggiante delle colline dei coltivi, ora quella aspra, nuda e a strapiombo delle gole scavate nelle rocce calcaree, ora seduce con la vista dei borghi e dei castelli arroccati sulle cime dei rilievi, ora esalta con quella delle città moderne a valle.

2. Fare di necessità, virtù

I due approfondimenti introduttivi, relativi, rispettivamente, alla storia e alla geografia delle Marche, interessanti se proposti ad una platea di intellettuali, evidenziano significative criticità non appena ci si sposti dall'ambito della ricerca a quello educativo della scuola. In entrambi i casi, infatti, è riconoscibile il modello a cui tuttora si fa riferimento nella progettazione, in ogni ordine e grado scolastico, di itinerari educativo-didattici finalizzati alla conoscenza dei processi storici e dei fenomeni geografici relativi ad uno spazio regionale.

Fonti empiriche e di derivazione teorico-scientifica[9] attestano che, a parte qualche rara eccezione non sempre (così) facilmente gestibile in termini concreti,[10] l'approccio di studio ad oggi privilegiato[11] si basa ancora su un elenco di fatti, spesso associati a date in ordine temporale per quanto concerne la storia a cui corrisponde, sul fronte geografico, una serie di informazioni, spazialmente organizzate, che procedono attraverso la presentazione dei fenomeni fisici prima e di quelli antropici poi.

Per la comune tipologia a-contestualizzata di conoscenze che attivano e l'affine modalità lineare di presentazione delle stesse, le due procedure convergono in un modello che alcuni, in forza di tali peculiarità, definiscono della «*linearità*» e della «*disgiunzione*» dei saperi (Cipollari, 2010; Gnisci, 2006).

Seguitare a conferire validità a questo schema e alla logica di separazione delle prospettive d'analisi nello studio di uno spazio regionale ha, tra gli altri effetti, quello di rendere accidentato il cammino verso la costruzione di un approccio geostorico integrato

---

[9] Colloqui informali con i docenti coinvolti in percorsi di Ricerca Azione; consultazione di manuali scolastici in uso, disamina di contributi scientifici afferenti alla letteratura nazionale e internazionale sull'argomento ecc.

[10] Si vedano, a tal proposito, i manuali scolastici realizzati, ad esempio, da Mezzetti G. (1998), *Iper-libro di geografia + storia e ambiente*, La Nuova Italia, Firenze, e dello stesso autore, Mezzetti G. (2006), *Le geografie della globalizzazione*, La Nuova Italia, Firenze, e da Brusa A. (2010), *L'Atlante delle storie + 3D*, Palumbo, Palermo,.

[11] L'impianto regionale è quello su cui, da sempre, sono strutturati i curricoli della disciplina geografica –si consideri, a tal proposito, la centralità dello studio delle regioni italiane, preoccupazione di molti docenti di tutti gli ordini scolatici– e che continua ad essere incoraggiato dai documenti internazionali dei geografi che si occupano di didattica (International Geographic Union-Commission on Geographical Education (1992), *The International Charter on Geographical Education*, Washington; International Geographic Union (2007), *Geographical Views On Education For Sustainable Development*, Simposio regionale dell'Unione Geografica Internazionale-Commissione sull'Educazione Geografica, Lucerna. *Dichiarazione di Lucerna sull'Educazione Geografica per lo Sviluppo Sostenibile* in http://igu-cge.tamu.edu/italian.pdf (consultato il 29/01/2013).

nei termini qui condivisi,[12] nonché conformi all'impostazione dei programmi per la scuola secondaria di secondo grado, di fatto già anticipata dalle Indicazioni per il Curricolo per il Primo Ciclo di Istruzione e da alcune leggi di recente emanazione.[13]

Occultando i nessi esistenti tra i segni del territorio di oggi, i processi storici e geografici che ne hanno forgiato la peculiare fisionomia e la progettazione territoriale, il tradizionale modello

[12] Sintetizzando la concezione di alcuni studiosi, storici e geografi, che si interessano all'argomento, il curricolo geostorico dovrebbe: 1. basarsi su un intreccio che rispetti le identità metodologiche ed epistemologiche di entrambe le discipline, le consideri equamente rilevanti, tenda a valorizzarne il dialogo, i prestiti e le contaminazioni virtuosi, ne ponga in risalto la complicità, la complementarietà, fugando il rischio di improduttive fagocitazioni e di controproducenti competizioni; 2. riferirsi ai *curricula* nazionali, trasgredendo intelligentemente le gabbie orarie e manualistiche; 3. formare italiani conoscitori e competenti della storia e della geografia d'Italia e del mondo, coerentemente con la prospettiva interculturale e con quell'idea di cittadinanza planetaria sostenuta da intellettuali di fama nazionale e internazionale (Morin E. (2000), *La testa ben fatta. Riforma dell'insegnamento e riforma del pensiero*, Cortina, Milano; Gardner H. (2007), *Cinque chiavi per il futuro*, Feltrinelli, Milano; Rifkin J. (2010), *La civiltà dell'empatia. La corsa verso la coscienza globale nel mondo in crisi*, Mondadori, Milano) e reclamata come la sola congruente con i fenomeni e le peculiarità tipici del mondo d'oggi; 4. essere «*significativo*», supportato da processi cognitivi e metacognitivi di alto livello; 5. risultare convincente per i docenti e superare le loro perplessità rispetto alle discipline (riconoscimento del valore formativo della geografia –e della storia– e desiderio di rinnovarne l'insegnamento; autonomia dei contenuti e, quindi, ricerca del raccordo geostorico nell'ambito della metodologia, degli strumenti), al loro insegnamento (ritorno al nozionismo; discutibile adeguatezza dei libri di testo) e alla struttura istituzionale (scarsità oraria; dubbio sistema di valutazione –due discipline, un solo voto– (http://www.istruzione.it, consultato il 29/01/2013); Giorda C. (2011), *Tra geostoria, geografia e storia. Un commento agli interventi sul forum indire per i Licei*, in http://www.aiig.it, consultato il 29/01/2013).

[13] Si vedano, a tal proposito, i seguenti documenti: Ministero dell'Istruzione dell'Università e della Ricerca (2012), *Bozza delle Indicazioni Nazionali per i Licei*, in http://nuovilicei.indire.it (consultato il 29/01/2013); Ministero della Pubblica Istruzione (2007), *Indicazioni per il Curricolo per la scuola dell'Infanzia e il primo ciclo di istruzione*, Roma,; Ministero dell'Istruzione, dell'Università e della Ricerca, Legge 169/08, già Decreto Legge 137/08; Ministero dell'Istruzione, dell'Università e della Ricerca (2010), *Documento d'Indirizzo per la sperimentazione di cittadinanza e costituzione*, 4 Marzo, in http://www.istruzione.it (consultato il 29/01/2013).

d'analisi, oltre ad ostacolare l'individuazione delle virtuose complicità esistenti tra storia e geografia (Mattozzi, 2011), limita l'attrattiva degli alunni nei confronti della/e disciplina/e e si rivela inefficace in ordine alla capacità di questi ultimi di cogliere l'utilità della conoscenza delle trasformazioni storico-geografiche rispetto alla lettura e alla comprensione del reale. In altre parole, contrasta la formazione e il raggiungimento di competenze geostoriche, oggi reclamate da organismi che si occupano di educazione a livello nazionale e sovranazionale.[14]

Se tali sono le esigenze riguardo alle competenze di cui dovrebbe essere dotato il cittadino di un mondo in rapida trasformazione e questa è la consapevolezza del ruolo giocato dalla separazione dei saperi rispetto alla sua formazione, allora gli ormai improcrastinabili e inderogabili tentativi di superamento degli schemi tradizionali di lavoro non possono che muoversi in direzione dell'adozione di uno sguardo olistico, sistemico, interrelato, tra l'altro così congeniale alla disciplina geografica.

Il desiderio di condurre il discorso in termini più concreti, propositivi, superando il livello dei "buoni propositi", motiva qui la scelta di riprendere alcuni degli eventi della storia delle Marche e dei rispettivi fenomeni geografici precedentemente illustrati, tentando di adottare uno sguardo integrato, se non altro in forza del fatto che è in modo incrociato che le due prospettive d'analisi si propongono a partire già dal nome "Marche".

I fenomeni individuati per compiere questi "esperimenti" afferiscono a diverse scale (locale/sub-regionale, regionale), coinvolgono vari aspetti (storico, politico, geografico, culturale, identitario), rimandano a segmenti dei programmi di differenti ordini scolastici e ciò allo scopo di conferire, alla proposta di lavoro, un'ampia traducibilità operazionale.

---

[14] Il riferimento è qui alla "Raccomandazione del Parlamento Europeo e del Consiglio relativa a competenze chiave per l'apprendimento permanente", Lisbona, 18 dicembre 2006, *Gazzetta Ufficiale dell'Unione europea*, 30/12/2006 (http://www.europa.eu, consultato il 29/01/2013).

2.1. Primi insediamenti e popolamento della Regione (tempo: età antica; spazio: regionale).

Rispetto all'argomento, la procedura normalmente adottata nella presentazione dei gruppi umani e/o delle civiltà che si sono avvicendati in un territorio, indipendentemente dal fatto che sia o meno quello marchigiano, risulta bene sintetizzata dal motto «*popolo scaccia popolo*» (Gusso, 2004). Le vulnerabilità di questo modello, principale responsabile della genesi, nella mente degli alunni più piccoli, di qualche importante dubbio in merito alla sopravvivenza del popolo precedentemente studiato al sopraggiungere di quello nuovo, possono essere favorevolmente superate ricorrendo ad alcuni strumenti della geografia e alle fasi del suo metodo d'indagine.[15]

In particolare, l'osservazione di alcune carte tematiche relative a diversi periodi storici e inerenti all'argomento in questione (figure 9-12) lascia spazio all'insorgere di una serie di legittimi, interessanti interrogativi. Rispetto all'insediamento ci si domanda, ad esempio, che cosa motivi il costante ripresentarsi della scelta delle sponde dei fiumi quali sedi per lo stanziamento umano; se, ed eventualmente, con quali tipicità, tale scelta risulti individuabile in altre civiltà variamente collocate nello spazio e nel tempo; quali siano stati gli esiti in rapporto alla costruzione degli specifici paesaggi ecc. Analogamente, in merito al popolamento, vien da chiedersi quali siano le ragioni per cui, ad avvicendarsi nel territorio, siano stati quei popoli e non altri; quale rapporto esista tra la direzione delle vie di penetrazione più favorevoli messe a disposizione dalla fisionomia del territorio e la conquista di esso da parte di determinati gruppi umani ecc.

---

[15] Le fasi di studio del metodo geografico sono le seguenti: osservazione (diretta-indiretta); localizzazione/distribuzione; correlazione, comparazione; causalità e concausalità (catene geografiche di cause ed effetti, flussi orizzontali e verticali, gioco dei perché); dinamismo dei soggetti geografici (Persi, 2004).

Figura 9 - Distribuzione dei siti paleolitici e mesolitici nelle Marche (Luni, 2003, p. 16).

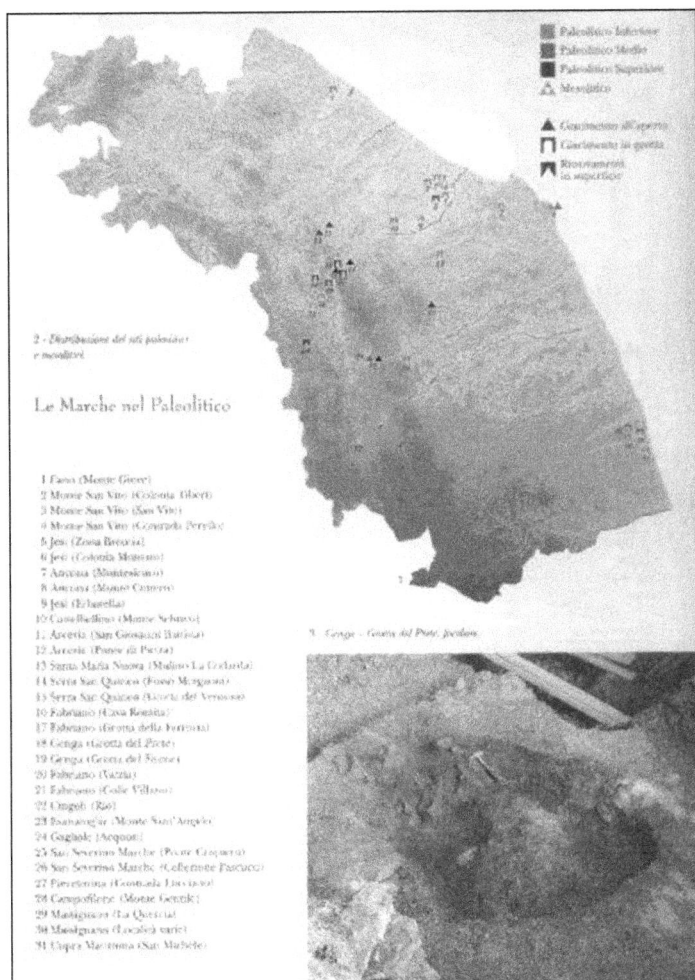

Figura 10 - *Distribuzione dei siti neolitici nelle Marche,* (Luni, 2003, p. 37).

Figura 11- *Insediamenti romani dopo la disfatta dei Cartaginesi presso il Metauro (207 a.C.)*, (Luni, 2003, p. 150).

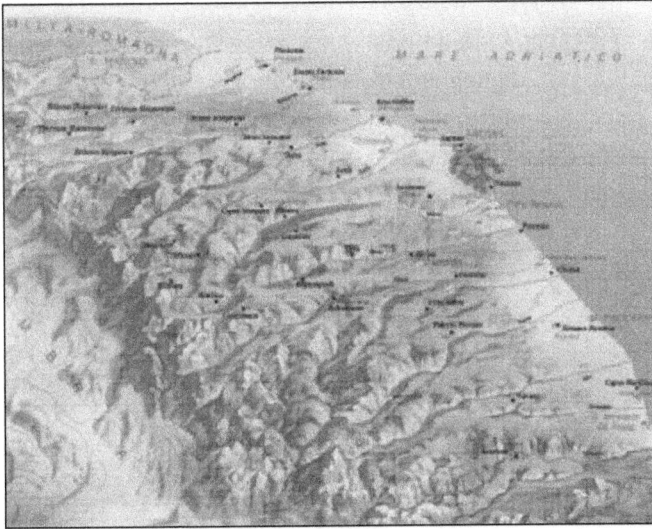

Figura 12 - *Ubicazione e distribuzione delle città romane in terra marchigiana durante il periodo imperiale*, (Luni, 2003, p. 163).

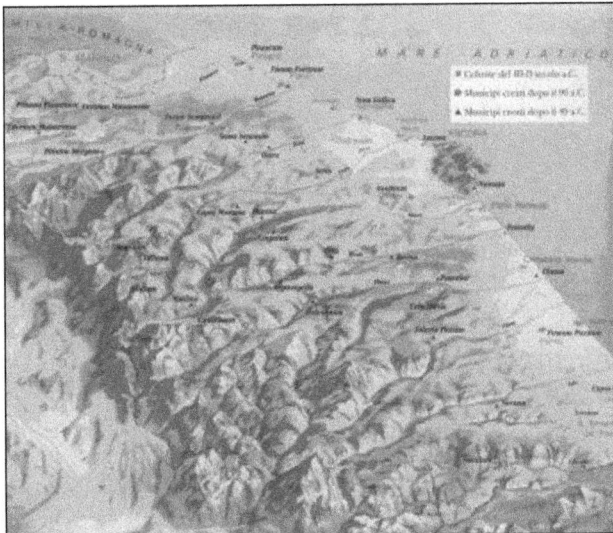

A queste e a molte altre questioni non è possibile rispondere se non interpellando la geografia.

Le Marche presentano un territorio contraddistinto dall'ortogonalità tra l'andamento longitudinale

delle dorsali montuose e quello latitudinale della rete fluviale (e delle rispettive valli), antecedente la nascita delle montagne e caratterizzata da un'alta capacità di erosione, una peculiarità delle acque interne che, tra l'altro, spiega anche l'ampia presenza di gole e forre nel territorio di cui si ha ampia testimonianza nei toponimi (figure 13 e 14).

Figura 13 - Idrografia marchigiana (Persi, 1990).

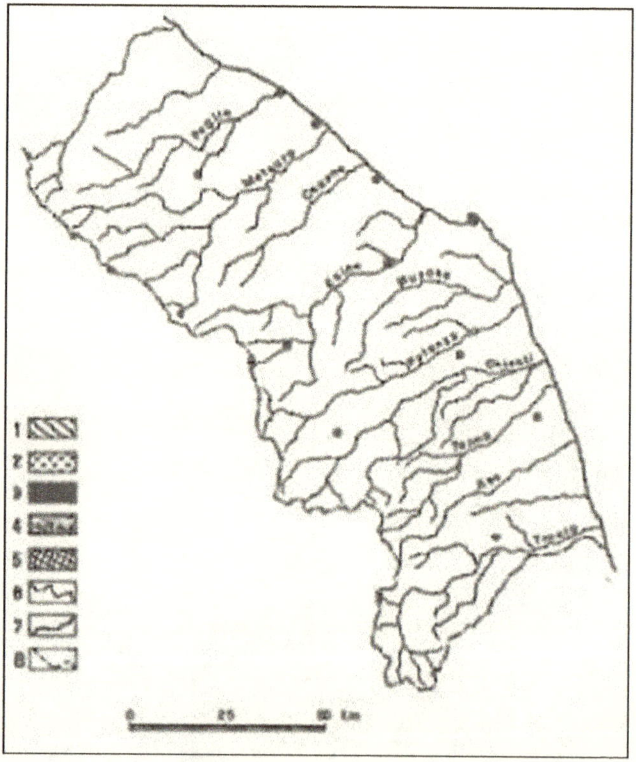

Figura 14. Geografia fisica delle Marche e principali vie di comunicazione (Dean, 1987, p.11). Le linee tratteggiate (elaborazione dell'Autrice) corrispondono alla direzioni delle dorsali e ne attestano l'ortogonalità rispetto a quella dei corsi dei fiumi.

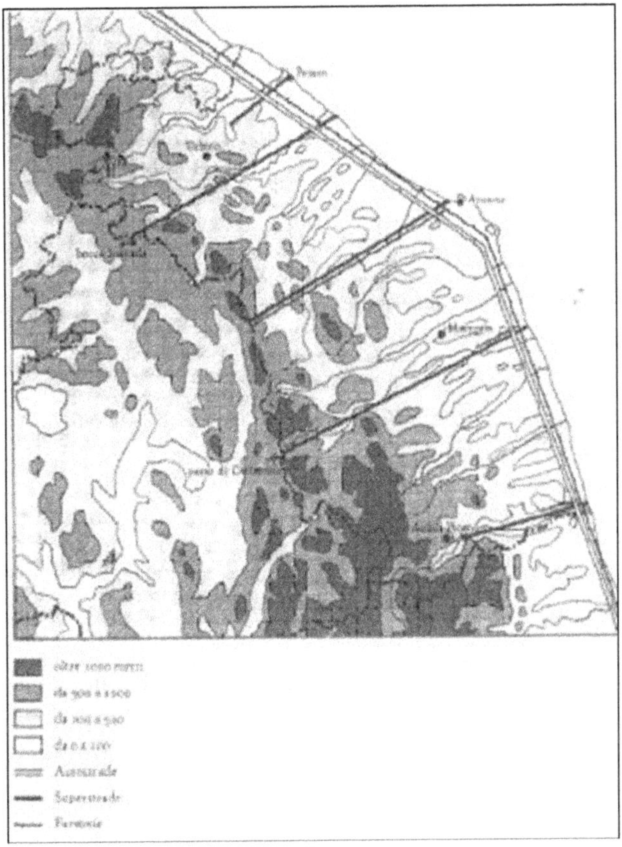

La spinta orogenetica, che sta alla base della formazione, a più riprese, delle dorsali marchigiane e ne motiva la direzione nord-ovest sud-est e la differente composizione litologica, è anche responsabile dell'asimmetria dei fianchi dei rilievi che si presentano più ripidi e accidentati sul fronte orientale, verso il M. Adriatico e assai meno inclinati e, dunque, maggiormente accessibili verso ovest, sul fronte del M. Tirreno (Persi, 1990).

La conoscenza di queste peculiarità morfologiche, geologiche, idrografiche della regione consente

di formulare qualche ipotesi, ad esempio, sulla provenienza occidentale e/o orientale dei primi abitanti delle Marche, a seconda, rispettivamente, che si accrediti la tesi dei Piceni, giunti nel territorio dai versanti poco scoscesi dell'Appennino o che si suffraghi quella delle popolazioni dalmate, arrivate per mare da est e penetrate nella regione risalendo i fiumi, almeno fino a dove il loro regime, un tempo assai meno irregolare di quello attuale, lo permise.[16] Nell'un caso e nell'altro, sono i corsi d'acqua a costituire il principale agente di territorializzazione nelle Marche: la vita, i contatti culturali, l'attività economica, la viabilità, le grandi battaglie si svolgono e si sviluppano per lungo tempo (e, in parte, ancora oggi) nelle valli fluviali (Persi, 1990).

La maggiore accidentalità che contraddistingue la parte meridionale del territorio che piega a sud del Conero, più frazionato e scompaginato, formato da ambiti vallivi "cantonali", in cui la direzione dei rilievi varia e assume quella peculiare che corre da nord verso sud, può fornire, invece, interessanti delucidazioni in merito alla provenienza nordica di molti dei popoli conquistatori delle Marche.

Galli, Cartaginesi, Eruli, Ostrogoti e Goti, Longobardi, Franchi e molti altri, anche quelli originari di latitudini poste ben più a sud del limite marchigiano, individuano quale via di penetrazione migliore della regione quella settentrionale, prospiciente alla Pianura Padana.[17]

[16] L'ipotesi della colonizzazione delle terre marchigiane da parte di popoli provenienti dai Balcani (Martufi, 1992; Anselmi e Antonietti, 1989; Persi, 1986, pp. 5-61) sembra accreditata da alcune leggende e storie legate ad alcuni dei luoghi più significativi della regione. Si ritiene, ad esempio, che San Marino, Sant'Agata e San Leo, fondatori di quegli insediamenti nel Montefeltro che ancora oggi portano il loro nome, fossero originari della Dalmazia (Mangani e Persi, 2005).
[17] Ivi, p. 68. Interessanti relazioni tra la scelta della via d'accesso al territorio regionale e azioni belliche (tra cui, ad esempio, la battaglia del Metauro, 207 a.C.,

Una breve pausa nell'esposizione permetterà di effettuare un bilancio dell'esito del primo esperimento.

L'incrocio dei due sguardi conferisce alla narrazione dei fatti storici (popolamento e insediamenti della regione) e alla descrizione della sua geografia (fisica, per giunta!)[18] uno spessore ben diverso da quello che si realizza mantenendo separate le due prospettive d'analisi. Il tipo di apprendimento che consegue dall'approccio adottato sembra essere di tipo «*significativo*», nel senso che Ausubel e Novak conferiscono al termine e,[19] anche, ricco di significato (che non è proprio la stessa cosa).

Sempre restando nel campo del cognitivo, discreti vantaggi si rilevano anche dal punto di vista dell'attività mnemonica, laddove l'associazione delle conoscenze pertinenti ad ambedue le prospettive d'analisi e il reciproco sostegno garantiscono una migliore e più duratura memorizzazione (Cottini e Meazzini,1999).

Inoltre, basandosi su un'interrogazione che crea connessioni tra i segni rilevabili nella realtà presente, lo sfondo storico e il contesto geografico da cui, probabilmente, provengono, quest'ottica integrata restituisce implicitamente credito ad entrambe le discipline in causa e le riconosce quali saperi strumentali e funzionali per comprendere e orientarsi nella realtà.

la Linea Gotica, 1944 ecc.) emergono anche dalla lettura di Pierpaoli P. (2004), *2500 anni: le Grandi Battaglie delle Marche*, Fornasiero, Roma.

[18] Nel forum attivato dal Ministero dell'Istruzione, Università e Ricerca per conoscere il percepito degli insegnanti rispetto alla inedita impostazione geostorica su cui è strutturata la Bozza delle Indicazioni per i Licei, si legge, tra i desiderata dei docenti che essi "vorrebbero forse più 'argomenti di geografia umana e politica' e meno di geografia fisica" (Giorda C. (2010), *Tra geostoria, geografia e storia. Un commento agli interventi sul forum indire per i Licei*, http://www.aiig.it, consultato il 29/01/2013).

[19] Si definisce «*significativo*» un apprendimento in cui le nuove conoscenze e abilità quando tendono ad integrarsi compiutamente nel quadro complessivo delle esperienze e degli interessi del discente, il quale è in grado di organizzarle in modo da renderle recuperabili all'occorrenza (Ausubel, 1998; Novak, 2001).

Si prospetta, così, il traguardo della competenza. L'incrocio sembra funzionare.

Tuttavia per stabilire se il buon esito registrato nel primo esperimento sia riconducibile a una causa puramente fortuita o meno, occorre procedere nella presa in considerazione e analisi di un ulteriore caso di studio, modificando alcune variabili, quali la scala e/o il tempo di riferimento così che il modello di approccio geostorico che qui si va delineando acquisisca credibilità e la sua validazione ne risulti favorita.

2.2. Istanze separatiste e frammentazione territoriale (tempo: età contemporanea; spazio: subregionale).

Il tradizionale ritornello con cui da tempo immemorabile viene restituita, nelle scuole e non solo, la posizione delle Marche rispetto al territorio italiano e l'indicazione dei suoi confini necessita, oggi, di una parziale ridefinizione. Da qualche anno a questa parte, lo Stato di San Marino non costituisce più solo il limite territoriale occidentale per la regione, ma quello nordoccidentale.

Nel 2009,[20] infatti, a distanza di tre anni da un referendum consultivo unificato contraddistinto da una partecipazione massiccia della popolazione, sette comuni dell'Alta Valmarecchia, un territorio montano di circa 328,2 km2 che conta 18.201 abitanti,[21] ottengono la secessione dalla Provincia di Pesaro-Urbino ed entrano a far parte di quella di Rimini.[22]

---

[20] Il fatto è sancito dalla Legge Ordinaria pubblicata il 14 gennaio 2009 nella Gazzetta Ufficiale Italiana.

[21] Dati della Provincia di Rimini al 1° gennaio 2009 (http://www.provincia.rimini.it, consultato il 29/01/2013).

[22] Il subbuglio dei confini settentrionali marchigiani non può dirsi certo concluso, dal momento che altri quattro comuni della valle del Conca, territorio limitrofo a quello mareecchiese, hanno già effettuato consultazioni popolari analoghe e potrebbero giungere a situazioni simili a quelle di altre località della regione e d'Italia, tra cui Cortina d'Ampezzo, Lamon e Sovramonte (dal Veneto al Trentino

Il fatto, piuttosto nuovo nella storia d'Italia e nei processi che ne hanno determinato la ripartizione amministrativa,[23] non manca di suscitare qualche quesito, primo fra tutti quello relativo a quali siano

le cause da cui trae origine questa istanza separatista così forte e determinata in un comparto territoriale piuttosto piccolo e non densamente popolato.

Ebbene, le ragioni di quest'atto unico nel risultato, se non nello sviluppo, vanno ricercate in processi

e fenomeni anche di carattere storico e geografico.

L'area a cui appartengono i sette comuni secessionisti è afflitta, nella storia, da una serie di dominazioni di popoli e,[24] dal 1000 in avanti, di famiglie nobili e di vescovi, i quali se la contendono più

Alto Adige); Cinto Caomaggiore (dal Veneto al Friuli Venezia Giulia); Noasca e Carema (dal Piemonte alla Val d'Aosta) (Buoncompagni, 2010, p. 329).

[23] Dopo un lungo dibattito non privo di polemiche iniziato a fine Ottocento e sulla base di un disegno organizzativo territoriale preesistente a quello ratificato negli articoli della Carta costituzionale del 1948, nel 1970 nascono, in Italia, le Regioni a Statuto ordinario e speciale. Sembra che già alla fine dell'Ottocento nelle scuole italiane, esistessero carte politiche che dividevano il neonato Stato in regioni (mancavano però il Trentino e il Friuli Venezia Giulia, che divennero italiani dopo la prima guerra mondiale). Tali rappresentazioni cartografiche si basavano, a loro volta, sulla suddivisione amministrativa in «compartimenti» –non veri e propri enti territoriali ma gruppi di provincie messi assieme in base ad affinità storico-amministrative– suggerita nel 1864 da Pietro Mastri e Cesare Correnti. A tal proposito si vada anche Strazza M. (1976), *La nascita delle Regioni a Statuto ordinario*, http://www.storiain.net (consultato il 29/01/2013).

[24] I numerosi ritrovamenti nel territorio confermano che l'area fu abitata fin dal Neolitico, nonostante l'ambiente, prevalentemente forestale, non adatto all'insediamento umano. L'area fu abitata dai Piceni, poi dagli Umbri, dai Celti (400 a.C.) dai quali derivano molti termini linguistici e la peculiare inflessione dialettale. Con la romanizzazione del territorio successiva alla battaglia del Sentino (295 a.C.) intere aree boschive vengono convertite a coltivazione, svariati agglomerati vengono eletti a *municipia* e si consolidano attività quali la pastorizia, l'agricoltura, la lavorazione del legname, la lavorazione della pietra e dei laterizi. Nella prima metà del 500 a.C. gli eserciti di Goti e Bizantini in lotta devastano la zona: il tentativo dei Bizantini di fortificarla, evidente ancora oggi nella diffusa presenza di torri e castelli, non va a buon fine e pochi anni dopo i Longobardi la travolgono nuovamente (http://www.valmarecchia.it, consultato il 29/01/2013).

o meno aspramente, facendola ricadere, ambiguamente sotto giurisdizioni che fanno capo ora a Rimini ora al Montefeltro (Buoncompagni, 2010). Ad incrementare la complessità della situazione politica sta un anelito all'autonomia, che ogni tanto torna a far capolino nella storia dell'area, tipico della gente del posto e di cui solo in parte è responsabile la frammentazione territoriale determinata dalla miriade di contee, castelli e piccoli fortilizi conseguente alla ripartizione creata dai discendenti delle famiglie nobiliari di cui, talora, alcuni toponimi sono ancora portavoce.[25]

Ulteriori cause vanno ricercate nelle caratteristiche ambientali che contraddistinguono l'area e che favoriscono l'insorgenza, in coloro che vi abitano, della percezione di appartenere ad una terra unica, un vero e proprio "luogo dell'anima".[26] In essa il disordine geologico provocato dalla colata pliocenica di rocce liguri al di sopra delle rocce mioceniche autoctone, ha avuto come esito un paesaggio di rara intensità estetica, caratterizzato "da picchi rocciosi che paiono emergere squarciando la crosta terrestre, coronati da rocche e castelli sospesi tra le nuvole" (Persi, 1993, p. 25).

La mancata corrispondenza tra i confini naturali e quelli politici nella zona rappresenta un ulteriore motivo che giustifica la Romagna quale terra verso cui orientare il proprio senso di appartenenza, culturale e identitaria (figure 15 e 16). La discrasia tra la divisione politica e quella geografica rappresenta un fattore che lo stesso Gambi riconosce come meritorio di una certa attenzione quando afferma che nel considerare la ripartizione amministrativa italiana sarebbe necessario far ricadere i bacini idrografici di dimensioni medio-piccole entro gli ambiti di una sola regione (Gambi, 1997).

Figura 15 - Schema della Regione Marche. 1. Territori in cui le Marche debordano amministrativamente; 2. Territori in cui le Marche sono defrau-

---

[25] Sono i rampolli dei Carpegna, dei Montefeltro, dei Malatesta a cui si aggiungono, nel corso degli anni, quelli degli Ubaldini, dei Della Rovere, dei Ridolfi, dei Berardini, dei Doria, dei Brancaleoni, degli Oliva.
[26] Così la descrive Tonino Guerra, personalità eclettica che in questa terra viveva, ha operato ed alla quale è appartenuto.

date amministrativamente; A. Limiti amministrativi; B. limiti naturali; C. Limiti tra le fasce (appenninica, preappennica e costiera) (Bonasera, 1987, p. 184).

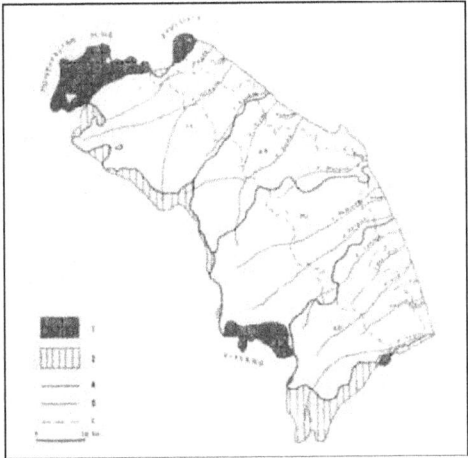

Figura 16 - La regione naturalmente marchigiana (18 bacini idrografici) (Bonasera, 1987, p. 184).

L'assunzione dello sguardo complice tra la prospettiva d'analisi storica e quella geografica sembra confermarsi, anche in questo secondo caso, efficace rispetto a tutti gli aspetti precedentemente evidenziati e, in aggiunta, a quello relativo all'incremento di interesse garantito dal contributo dell'analisi toponomastica e geopolitica. La constatazione della buona riuscita di entrambi i casi di studio analizzati permette, pur con le dovute cautele, di avventurarsi in qualche discreta generalizzazione.

3. Un tentativo di script

Gli "esperimenti" si potrebbero moltiplicare e prendere spunto da molti altri fenomeni dalla duplice natura storico-geografica di cui si registrano i segni ancora nella realtà odierna. Tuttavia si ritiene che, in questa sede, quelli considerati siano numericamente e qualitativamente sufficienti a prospettare qualche pista percorribile di lavoro.

Infatti, dai casi di studio proposti, articolati sulla base di un'analoga procedura d'analisi, si delinea una sequenza di fasi di lavoro che, seppur con la massima flessibilità, può essere assunta quale schema idoneo a sostegno dell'approccio geostorico.

Queste, in sintesi, le azioni cardine sulle quali si imperniano approfondimenti e attività dotate di tale curvatura.

a. Osservare (direttamente e/o indirettamente) la realtà. Dato che ad essere centrale nelle nuove indicazioni ministeriali è il concetto di trasformazione, sarebbe opportuno, nel caso dell'osservazione, considerare una pluralità di immagini e di fonti, iconografiche e non, relative a vari periodi.

b. Rilevare i segni da cui scaturiscono, più o meno spontaneamente, interrogativi.

c. Formulare domande inerenti ai segni rilevati: attivazione del "gioco dei perché".

d. Ricercare le risposte ai quesiti emersi, indagando lo spazio e il tempo, interpellando svariate e molteplici fonti, documenti, anche riferiti a più e diversi contesti.

e. Scoprire relazioni e correlazioni, causalità e concausalità.

f. Variare la scala spaziale (locale/regionale/nazionale/planetaria), l'ubicazione (qui/altrove) e il tempo e attivare comparazioni trasversali sostenute dalla logica della cronospazialità e transcalarità, coadiuvanti, rispettivamente, il pluralismo dei punti di vista, il sentirsi parte di un sistema, tutti aspetti dalle indubbie forti tinte interculturali (Brunelli, 2010).

g. Sintetizzare, mantenendo sempre un atteggiamento dubitativo, le conoscenze acquisite in modo tale da fornire una o più risposte plausibili alla/e domanda/e formulate in partenza.

h. Ripercorrere metacognitivamente l'itinerario seguito al fine di favorire la registrazione delle sue fasi e la rispettiva loro graduale e progressiva elevazione a ruolo di *script*.[27]

Oltre a rendere superabile l'asimmetria tra programma di storia e di geografia, che ha dichiarate responsabilità rispetto alla costruzione di un curricolo geostorico integrato, il modello individuato fornisce possibili vie di fuga in rapporto ad altre questioni. Tra le altre vi sono quelle dell'esiguità oraria caratterizzante entrambi gli insegnamenti, del mantenimento del punto di vista geografico anche quando la struttura normativa non ne contempla più la trattazione scolastica, della promozione di una storia intesa come formazione di territori e non come successione di date.

Certo il modello non riesce a far fronte a tutte le criticità, alcune delle quali restano ancora irrisolte, non ultima quella della doppia

---

[27] L'elezione della procedura a copione di riferimento per la lettura, l'analisi di qualsiasi spazio regionale necessita di un'operazione di graduale appropriazione basata su processi cognitivi e metacognitivi, nonché su una sua reiterazione destinata a perfezionare, progressivamente, lo schema di lavoro, a renderlo congeniale al sistema cognitivo, automatico e, dunque, generalmente applicabile (*transfert*) da tradursi, cioè in competenza (Gagné, 1989).

valutazione di due discipline che, di fatto, verrebbero presentate quale percorso unico.

4. Considerazioni (temporaneamente conclusive), sottoforma di suggerimenti e/o di domande

Le riflessioni fatte e gli esperimenti effettuati denotano che porre la questione relativa a come costruire un approccio e/o un curricolo geostorico, nei termini dell'opportunità di privilegiare prima attività a sfondo storico e poi geografico o viceversa, può rappresentare un finto problema.

L'incrocio, infatti, tende a realizzarsi spontaneamente a prescindere dai fenomeni di cui avvia lo studio: la linea di separazione tra le due prospettive risulta plastica, flessibile, talvolta sottile al punto da rendere difficile l'individuazione della distinzione esistente tra i due sguardi.

Non è alternanza di storia e geografia almeno tanto quanto non è semplice narrazione di alcuni eventi corredata da informazioni geografiche relative ai luoghi in cui essi sono avvenuti, procedura, questa, non del tutto immune dal rischio di sfociare nel determinismo e nella stereotipia.[28] E nemmeno è pensabile riconoscere come geostorico quel tipo di analisi che si accontenti, nel descrivere la geografia di uno spazio regionale, di elencarne gli eventi storici che l'hanno riguardato, in quanto, così facendo, si perderebbe di vista lo scenario di riferimento generale a cui questi ultimi sono collegati.[29]

---

[28] Questo un esempio di associazione: conoscenza della preistoria=conoscenza dell'ambiente terrestre della foresta e della savana=i gruppi umani che vivono oggi nella savana o nella foresta sono preistorici e, dunque, incivili.

[29] La Gregoli ricorda una ragazzina che sapeva tutto sugli antichi Egizi, ma che scoprì l'esistenza dell'Egitto e degli Egizi stessi solo molto tempo dopo guardando un programma in televisione. Allora la Gregoli si chiede: *«forse la maestra non aveva voluto contaminare una bella lezione di storia con insegnamenti geografici?»* (Gregoli, 1987, p. 3).

Quello che qui si va sostenendo (e ricercando) è l'incrocio di un altro livello, basato sulla formazione di una forma mentis addestrata ad una costante interrogazione dello spazio e del tempo. Dalla prospettiva storica, questo si traduce in un'indagine dell'incidenza che, rispetto allo sviluppo di un processo storico, ha avuto il contesto spaziale di riferimento; dall'angolatura geografica, in un'interpellanza continua delle componenti ambientali e antropiche del paesaggio, alla scoperta dei processi storici che così lo hanno forgiato. Questo è il modello che si ritiene si vada cercando in questa sede e quello a cui probabilmente pensano molti di coloro i quali, cimentandosi, in modo empirico o teorico, nella risoluzione della questione provvedono ad incrementare una compagine di proposte e di schemi di lavoro all'interno della quale, da docente, non è sempre così facile orientarsi.

Esistono, senza dubbio, molte altre vie percorribili oltre a quella delineata mediante l'illustrazione di alcuni esempi. Tuttavia nella pluralità e nell'eterogeneità delle formule che hanno origine da questo cantiere ancora aperto che, seppur di vecchia data, ogni tanto torna a far parlare di sé dopo periodi di presunta latenza, sono rintracciabili alcuni punti fermi su cui vale la pena riflettere anche in forza del fatto che possono costituire una trama di riferimento per eventuali ulteriori proposte di lavoro.

Essi non vanno certo intesi quale costellazione di norme rigide rispettando le quali è certo che scaturisca un modulo di lavoro geostorico, quanto piuttosto linee di riferimento a cui va riconosciuta la facoltà di creare condizioni adeguate a far sì che ciò avvenga.

4.1. Territorio, paesaggio e (molti) altri concetti (geostorici)

Quello di territorio, al pari di altri concetti geografici e storici (paesaggio, città, Stato, confine ecc.) come da altri ricordato (Giorda, 2010), assurge al ruolo di piattaforma pregnante di opportunità per la costruzione di un itinerario di lavoro contraddistinto da un approccio geostorico, nei termini e nei modi in cui questo conviene si delinei.

Il riconoscere a questi e ad altri nuclei concettuali un potenziale geostorico significativo ha portato alcuni studiosi a redigere un'idea di curricolo articolato sulla base della successione di tali concetti che rappresentano dei cardini attorno ai quali fanno perno attività ed approfondimenti con ampia apertura interdisciplinare.[30] L'idea di organizzare il programma geostorico sulla base di nuclei concettuali coerenti con la storia e con la geografia potrebbe rivelarsi utile rispetto alla costruzione di un curricolo verticale contraddistinto da una dinamica «*a spirale*» (Gusso, 2004).

4.2. Metodo geografico, sue fasi e rispettive specificità

Il metodo d'indagine geografica (come anche quello storico) costituisce il volano per tradurre, in termini operazionali, qualunque proposta di lavoro geostorica. Questo supporto si fa particolarmente evidente in corrispondenza di alcune sue fasi, quali, ad esempio, la comparazione, la correlazione, la concausalità e di peculiari sue specificità tra cui la cronospazialità, la transcalarità, la multiprospettiva. Le une e le altre contengono anche ottime potenzialità interdisciplinari (utili a) e per finalizzare gli itinerari educativo-didattici alla formazione interculturale e alla cittadinanza planetaria.

4.3. Toponomastica e cartografia

La toponomastica e la cartografia (e, talvolta, anche alla geopolitica), da sempre strumenti d'analisi e di conoscenza del territorio

---

[30] Un primo tentativo di curricolo, ideato da C. Brunelli e G. Cipollari, è stato poi integrato e meglio definito grazie al contributo di B. Gambini, F. Buoncompagni, A. Brusa. La presa in visione della proposta –in attesa di dati empirici derivanti dalla sua sperimentazione, che ne comprovino la praticabilità– è possibile mediante richiesta all'Autrice (catiabrunelli@hotmail.com).

a cui ricorrono sistematicamente tanto la storia quanto la geografia, svolgono un ruolo centrale nella costruzione di itinerari geostorici.

Tra le altre modalità con cui si sostanzia il loro contributo, vi è quella relativa alla capacità di fornire aganci stimolanti da cui meglio si diparte il processo di interrogazione della realtà coadiuvante la formazione di quell'atteggiamento di ricerca, di quello sguardo indagatore che aiuta la costruzione di competenze.

Le ultime considerazioni, questa volta quelle di congedo, si consegnano sottoforma di domande e riguardano la costruzione di condizioni idonee e far sì che questo tipo di approccio di analisi e di studio della realtà, a cui gli stessi docenti riconoscono interesse e fascino (Giorda, 2011) possa finalmente realizzarsi e divenire un percorso strutturato, sistematico, stabile.

È evidente che si avverte l'esigenza di poter contare su una preparazione dei docenti impostata in modo geostorico. Viene da chiedersi: i corsi di aggiornamento sono sufficienti a far sì che gli insegnanti si formino a questo approccio anticipatamente al loro ingresso a scuola o, piuttosto, sarebbe conveniente –e accolgo una sollecitazione del prof. P. Persi– disporre di una situazione più strutturata, come quella che, alla maniera francese, potrebbe offrire l'Università attraverso l'attivazione di corsi di Laurea specificamente orientati. Un tipo di preparazione in tal modo congegnata non consentirebbe, forse, di rimuovere la maggior parte degli ostacoli e delle perplessità che vengono dimostrate rispetto alla praticabilità di questo approccio?

Dal momento che una soluzione di questo genere non si prospetta di immediata né di facile realizzazione, qual è, in questo delicato frangente, il ruolo degli intellettuali, geografi e storici, se non quello di seguitare a colloquiare, a confrontarsi in modo costruttivo, accantonando controproducenti resistenze e cancellando antichi dissapori?

Riferimenti bibliografici

Aa.Vv. (2007), *Marche, gente e terra*, Mondadori, Milano.

Anselmi S. (1987), "Introduzione", Anselmi A. (a cura di) (1987), *Storia d'Italia. Le Regioni dall'Unità d'Italia ad oggi*, Einaudi, Torino, pp. VII-XXX.

Anselmi S., Antonietti A. (1989), *Marche*, Scala, Firenze.

Bonasera F. (1987), "Geografia", Aa.Vv. (1987), *Il contributo delle Marche alla cultura nazionale*, Accademia Marchigiana di Scienze ed Arti, Ancona, pp. 165-189.

Brunelli C. (2010), "L'intercultura e la cittadinanza dentro la geografia", Luatti L., Vannini (a cura di) (2010), *Agorà, paesaggi dell'intercultura*, magazine online, 03/2010, http://www.vanninieditrice.it (consultato il 29/01/2013).

Brusa A. (2010), *L'Atlante delle storie + 3D*, Palumbo, Palermo.

Buoncompagni F. (2010), "L'Alta Val Marecchia dalle Marche all'Emilia Romagna: geografia di una secessione all'insegna dell'identità", Persi P. (a cura di) (2010), *Territori emotivi-Geografie emozionali*, Atti del V Convegno Internazionale del Beni Culturali e Territoriali, Grapho 5, Fano, pp. 327-333.

Cecini N. (1987), "Le Marche: una metafora peri viaggiatori", Anselmi A. (a cura di) (1987), *Storia d'Italia. Le Regioni dall'Unità d'Italia ad oggi*, Einaudi, Torino, pp. 683-696.

Cipollari G. (2010), "La revisione dei curricula scolastici per la costruzione di una cittadinanza cosmopolita", Luatti L., Vannini (a cura di) (2010), *Agorà, paesaggi dell'intercultura,* magazine online 03/2010, http://www.vanninieditrice.it (consultato il 29/01/2013).

Cottini L., Meazzini P. (1999), "La memoria strategica. Come studiarla. Parte quarta", *Psicologia e scuola*, XIX (95), Giunti, Firenze, pp. 42-54.

Dean M. (1987), "Il quadro geografico-ambientale", Anselmi A. (a cura di) (1987), *Storia d'Italia. Le regioni VI: Le Marche*, Einaudi, Torino, pp. 5-32.

Gagné D. E. (1989), *Psicologia cognitiva e apprendimento scolastico*, SEI, Milano.

Gambi L. (1977), "Le regioni italiane come problema storico", *Quaderni Storici*, Il Mulino, Bologna, n. 34, pp. 275-298.

Gardner H. (2007), *Cinque chiavi per il futuro*, Feltrinelli, Milano.

Giorda C. (2001), *Tra geostoria, geografia e storia. Un commento agli interventi sul forum indire per i Licei*, http://www.aiig.it (consultato il 29/01/2013).

Giorda C. (2010), *Storia e geografia: il punto di vista della geografia*, http://www.aiig.it (consultato il 29/01/2013).

Gnisci A. (2006), *Mondializzare la mente*, Cosmo Iannone, Roma.

Gregoli F. (1987), *Fare geografia con i bambini*, Atlas, Bergamo.

Gusso M. (2004), "Il contributo di storia alla area geo-storico-sociale fra epistemologia e didattica", Citterio S., Salvarezza M. (a cura di) (2004), *L'area geostorico-sociale. Dalla ricerca ai curricoli*, Franco Angeli, Milano.

International Geographic Union-Commission on Geographical Education (1994), *The International Charteron Geographical Education*, Hartwig Haubrich, Freiburg.

International Geographic Union-Commission on Geographical Education (2007), *Geographical Views On Education For Sustainable Development*, Simposio regionale dell'Unione Geografica Internazionale-Commissione sull'Educazione Geografica, Lucerna. Dichiarazione di Lucerna sull'Educazione Geografica per lo Sviluppo Sostenibile, http://igu-cge.tamu.edu/italian.pdf (consultato il 29/01/2013).

Luni M. (2003), *Archeologia nelle Marche. Dalla Preistoria all'Età Tardoantica*, Nardini Editore, Firenze.

Mangani G., Persi P. (a cura di) (2005), *Nomi di paesi. Storia, narrazioni e identità dei luoghi, marchigiani attraverso la toponomastica*, Il Lavoro Editoriale, Ancona.

Martufi G. (1992), "Marche", Persi P. (a cura di) (1992), *L 'Italia Regione per Regione*, La Scuola, Brescia.

Mattozzi I. (2011), *La geografia nella storia, la storia nella geografia: idee per l'insegnamento integrato di storia e geografia*, relazione iniziale alla XVII edizione della scuola estiva di Arcevia, http://www.clio92.it (consultato il 29/01/2013).

Mezzetti G. (1998), *Iper-libro di geografia + storia e ambiente*, La Nuova Italia, Firenze.

Ministero dell'Istruzione dell'Università e della Ricerca (2010), *Bozza delle Indicazioni Nazionali per i Licei*, http://nuovilicei.indire.it/ (consultato il 29/01/2013).

Ministero dell'Istruzione dell'Università e della Ricerca (2008), *Legge 169/08*, già Decreto Legge 137/08.

Ministero dell'Istruzione dell'Università e della Ricerca (2010), *Documento d'Indirizzo per la sperimentazione di cittadinanza e costituzione*, 4 Marzo.

Ministero della Pubblica Istruzione (2007), *Indicazioni per il Curricolo per la scuola dell'Infanzia e il primo ciclo di istruzione*, Ministero della Pubblica Istruzione, Roma.

Morin E. (2000), *La testa ben fatta. Riforma dell'insegnamento e riforma del pensiero*, Cortina, Milano.

Mezzetti G. (2006), *Le geografie della globalizzazione*, La Nuova Italia, Firenze.

Parlamento e Consiglio Europeo (2006), "Raccomandazione del Parlamento Europeo e del Consiglio relativa a competenze chiave per l'apprendimento permanente, Lisbona", 18 dicembre 2006, *Gazzetta Ufficiale dell'Unione europea*" del 30/12/2006, http://www.europa.eu (consultato il 29/01/2013).

Persi P. (1990), "L'uomo e l'idrografia nel processo di territorializzazione regionale: il caso delle Marche", *La Sardegna nel mondo mediterraneo*, Atti III Convegno di studi storico-geografici (Sassari-Porto Cervo, 10-14 aprile 1985), Gallizzi Strazza, Sassari, pp. 66-73.

Persi P. (2004), "I fondamenti", Persi P. (a cura di) (2004), *Spazi della Geografia, Geografia degli spazi*, Edizioni Goliardiche, Trieste, pp. 1-25.

Pierpaoli P. (2004), *2500 anni: le Grandi Battaglie delle Marche*, Fornasiero, Roma.

Rifkin J. (2010), *La civiltà dell'empatia. La corsa verso la coscienza globale nel mondo in crisi*, Mondadori, Milano.

Strazza M. (2010), *La nascita delle Regioni a Statuto ordinario*, http://www.storiain.net (consultato il 29/01/2013).

Sitografia

http://www.clio92.it
http://www.europa.eu
http://www.igu.org
http://www.istruzione.it
http://www.nuovilicei.indire.it
http://www.pisaurus.it
http://www.provincia.rimini.it
http://www.valmarecchia.it
http://www.storiain.net

Geografia e storia dei beni culturali. I giacimenti culturali marchigiani

di *Sabrina Ricciardi*

La geografia ha [...] davanti a sé un problema bello e difficile, quello di cogliere nell'insieme dei caratteri che concorrono a formare la fisionomia di una contrada, la concatenazione che li lega e in questa concatenazione un'espressione delle leggi generali dell'organismo terrestre.[1]

Citando il grande geografo francese fondatore del Possibilismo, che a metà Ottocento introduce una visione storica dei fatti geografici, intendiamo chiarire da subito, perché la geografia si interessi dei beni culturali e li selezioni come oggetto di studio.

I beni culturali, quali spie di identità territoriale, testimoniano le tappe di sviluppo di una società e sono tra gli elementi che meglio caratterizzano un paesaggio: la loro doppia natura di oggetti materiali, inseriti nello spazio, e mentali, che esprimono il complesso di idee, valori, credenze circolanti nel *milieu* che li ha prodotti, ne fa il segno della storia che in un luogo si è dipanata, e del codice genetico di un popolo.

Anzi, essi narrano la storia propria di quel popolo e di quel luogo. Interpretati nel loro contesto, come vogliono il dettato legislativo e la logica, sono il prodotto dell'esperienza di un gruppo

---

[1] "Preface", *Atlas général Vidal-Lablache*, Colin, Paris, 1895.

sociale, la traccia visibile di una cultura specifica in un tempo storico definito.

Ricostruire gli antefatti e il contesto geografico-storico in cui si collocano, significa compiere un'operazione geografica, porre le basi per un'intelligente "lettura" del presente e cogliere il potenziale espressivo di un territorio su cui far leva per progettare il futuro.

Il censimento dei beni culturali marchigiani, la catalogazione, l'inserimento in progetti di pianificazione territoriale e di sviluppo per il rilancio anche economico della regione Marche, ha portato alla localizzazione dei "giacimenti culturali", di un patrimonio diffuso nelle aree urbane come nelle zone rurali o periurbane, all'identificazione di un paesaggio culturale di cui lentamente ma progressivamente i marchigiani stanno prendendo coscienza.

È da tempo avviata –coinvolge le istituzioni come i singoli cittadini– una forma di autoriconoscimento della nostra cultura che si rispecchia nel territorio, **che si lega all'identità geografica perché si proietta nel paesaggio**, prevalentemente collinare, dalle asperità contenute eppur presenti nell'ambiente fisico come in quello sociale.

L'autoriconoscimento della propria cultura rafforza il senso di appartenenza alla regione, l'identificazione nell'armonia di un paesaggio, antropizzato da epoca proto-storica (i Piceni tracciarono gli assi di comunicazione nord-sud/est-ovest della rete viaria ripresa e potenziata dai Romani, utilizzata ancor oggi; il medesimo popolo proveniente dalla Sabina fondò comunità e villaggi divenuti centri commerciali dinamici in rapporto con i mercati dell'Egeo), i cui limiti sono stati anche punti di forza a seconda del tempo.

Policentrismo urbano, valli fluviali strette che rendono difficili le comunicazioni regionali in senso meridiano, moderazione e *mediocritas* in molti campi) sono stati talvolta un baluardo contro il degrado del territorio e della civiltà.

I nostri beni culturali, ad esempio le aree archeologiche, osservati da una prospettiva geografica (localizzazione, distribuzione, materiali di cui sono fatti, funzione, ruolo: punti di origine dello spazio abitato, centri di irradiazione di insediamenti ed attività), rivelano interazioni e reciproche modificazioni tra comunità umane ed ambiente fisico, tra il mondo oggettivo della materia (e della territorializzazione), e il mondo soggettivo della coscienza, producono trasformazioni al pari di agenti fisici come ghiaccio, vento, movimenti tettonici.

Il sistema di valori che guida e dà impulso ai processi di trasformazione, che assegna un ruolo importante a certi luoghi e manufatti piuttosto che ad altri, muta nel tempo in base alle vicende esistenziali, individuali e collettive, per cui un sito naturale, per esempio un bosco, simbolo del soprannaturale in epoca arcaica, fonte di sostentamento, luogo di caccia e di protezione in età picena, diventa area di svago e del tempo libero nei tempi moderni, elemento di riequilibrio del sistema idrogeologico e della geosfera, risorsa di sostenibilità ambientale per il futuro.

Il discorso sulla percezione, che varia nel tempo e da individuo ad individuo, in base ai filtri di sesso, età, condizione sociale, grado di istruzione, appartenenza o estraneità ai luoghi (essere *insiders* o *outsiders* è decisivo nella percezione), ci porta a distinguere i beni culturali, identificando tra essi anche quelli immateriali.

I beni culturali materiali sono segni del paesaggio che hanno una loro forza derivata dalla resistenza ai cambiamenti, sono elementi assurti a simbolo di identità e cioè capaci di condensare la storia di un gruppo umano. Ecco perciò che lo divengono i luoghi di culto, simbolo della spiritualità degli abitanti, ma anche gli edifici del potere, politico, laico, religioso, economico: un palazzo, una residenza gentilizia, un castello, la piazza del mercato di una ricca città, i luoghi dello scambio commerciale e di incontro che divengono *community symbol*.

Fanno parte dei beni immateriali il complesso di miti, di tradizioni, di concezioni filosofiche, di tendenze artistiche, di conoscenze, di "prodotti dell'ingegno" che caratterizzano un'etnia e che sono la manifestazione del pensiero di una precisa società.

Volendo declinare i concetti fin qui esposti nella realtà marchigiana, e "leggere" il gioco delle correlazioni tra ambiente fisico e prodotti costruiti, nati per dare risposta alle esigenze di vita in un preciso tempo storico, divenuti poi segni incisi e simboli di cultura, proponiamo l'osservazione del rapporto tra luoghi di culto e corsi d'acqua nella provincia di Macerata.

Si riprende in questo modo, il contenuto di una precedente pubblicazione della scrivente che aveva l'obiettivo di individuare il ruolo esercitato nella territorializzazione delle Marche, dalle antiche abbazie e di reinserire in nuove trame progettuali questi particolari beni culturali nati da esigenze tanto spirituali quanto materiali.

Nelle Marche la rete idrografica, sostanzialmente perpendicolare alla dorsale appenninica, ha modellato le morfologie, inciso gole, creando corridoi naturali di penetrazione che dalla costa adriatica raggiungono l'entroterra; risalendo le dorsali, collegano alla Valle del Tevere e alla sponda tirrenica.

Alle aste fluviali si dispongono paralleli, gli assi viari che da epoca protostorica registrano il passaggio di pastori appenninici con le loro greggi transumanti, di Romani che fondano municipia, vici e pagi, di monaci benedettini che muovendo da Norcia e Farfa, tra VIII e IX secolo, fondano le loro abbazie stabilendo un rosario di sedi proprio in prossimità delle stesse direttrici: in luoghi protetti da folta vegetazione, sempre vicino a corso d'acqua o sorgenti in cui si erano praticati culti pagani.

Con tipico sincretismo religioso, le fabbriche si sovrappongono ai santuari e le raffigurazioni mariane alle antiche divinità: rielaborazioni picene del culto di Afrodite o di Cibele, la Magna Mater anatolica, miti della fertilità introdotti in epoca pre-ellenica dalla zona del Conero o dai Sabini nelle loro migrazioni di primavera.

Così alla Dea Bona era dedicato il santuario su cui è edificata l'Abbazia di Rambona, nella campagna di Pollenza (da cui, probabilmente il toponimo, derivato da Ara Bonae Deae); forse alla Dea Feronia il tempio su cui oggi è l'Abbazia di San Lorenzo in Doliolo di San Severino, alla Dea Cupra una quantità innumerevole di santuari campestri tra i quali un tempio nei pressi della chiesa di S. Maria di Pistia, che si trova sull'altipiano di Colfiorito, anticamente occupato dal Lago Plestino. Testimonianze dei riti praticati, di cui l'acqua era elemento essenziale, restano nella toponomastica e sono evidenti nei resti di impianti di canalizzazione e di filtrazione, nei bacini di raccolta, in capaci vasche utilizzate per cerimonie iniziatiche e riti orgiastici.

Risalire oggi le Valli del Chienti e del Potenza, divagando lungo qualche affluente, alla ricerca della sequenza di abbazie medievali, restaurate e quasi sempre raggiungibili, è esperienza ricca di significato e appagante.

L'abilità organizzativa degli infaticabili monaci, la non comune preparazione culturale di alcuni di loro, anche in ingegneria, in idraulica, in agraria, fa si che le terre poste sotto la giurisdizione degli abati, gestite come veri e propri feudi, secondo una gerarchia di tipo piramidale, siano sottratte all'impaludamento, bonificate, restituite all'agricoltura e all'allevamento.

Vengono deviati i corsi d'acqua, costruiti argini, chiuse, impianti di molitura e gualchiere; nelle costruzioni si impiega materiale offerto dalla litologia dei luoghi (pietra, laterizio fabbricato sul posto; usati da soli o disposti in alternanza nella tessitura muraria) o materiali di recupero di semidistrutte città romane, considerate luoghi ideali per reperire blocchi di pietra lavorata.

Un primo itinerario di osservazione può essere il corridoio della Valle del Chienti e di alcuni suoi affluenti. Essendo il nostro scopo, osservare le correlazioni tra paesaggio geografico e paesaggio culturale, non si indugerà nel presente contributo, nella descrizione del bene culturale dal punto di vista storico-artistico, per il quale si rimanda ad altra sede, ma alla sua collocazione nello spazio e nel tempo.

Risalendo dalla foce, sul litorale adriatico, in direzione dell'entroterra, si incontra su una vasta pianura alluvionale, la bellissima abbazia cluniacense di Santa Maria a Piè di Chienti. Documentata dal 936 e commissionata da Campone, Abate di Farfa, costruita in laterizio, caratterizzata da archetti pensili, cornice a dentelli, decorazione lapidea, affreschi, portale in pietra, conserva intatta la sua bellezza sebbene rimanga dell'antico complesso, soltanto la chiesa.

Sulla stessa direttrice di fondovalle, in direzione ovest, giunti in Comune di Corridonia, al km 18 della S.S. 485, si incontra l'Abbazia di San Claudio. In stile ravennate, di fondazione vescovile, assurta al rango di abbazia per tradizione e volontà popolare, è documentata dal IX secolo.

Avanzando ancora verso l'entroterra e divagando poi, lungo il torrente Fiastra, in Comune di Tolentino e in Comune di Urbisaglia (data la vastità, il complesso ricade a cavallo dei due Comuni), lungo la S.P. 78 è l'Abbazia cistercense di S. Maria di Chiaravalle d Fiastra, antecedente all'anno Mille, costruita su un precedente nucleo benedettino. Commissionata da Guarnerio II, Duca di Spoleto, all'Abate Bruno di Chiaravalle di Milano, è al centro di una vasta tenuta. Tanto la chiesa quanto il complesso monastico ed i numerosi fabbricati dell'azienda agraria, sono stati costruiti riutilizzando reperti provenienti dalla vicina città romana di Urbs Salvia. Capitelli, marmi, un'ara pagana trasformata in altare, sono ancora perfettamente visibili e svolgono una funzione nel nuovo tempio cristiano. L'apparato decorativo è composto da un grande rosone, archetti pensili, un grande portale in pietra, lesene, capitelli scolpiti con motivi a nastro e a intreccio, affreschi.

A breve distanza, sempre lungo la S.P. 78 ma sul torrente Fiastrone, in frazione Macchie di San Ginesio, è l'Abbazia di S. Maria delle Macchie, documentata dal 1171. Anch'essa presenta il riutilizzo di capitelli e colonne marmorei romani, ed una tessitura muraria in laterizio e pietra.

Alla confluenza di un torrentello e del fiume Tennacola, nella frazione di Piobbico, in Comune di Sarnano, in una valle circondata dai Monti Sibillini, è l'Abbazia benedettina di S. Maria tra i Torrenti, nota anche come San Biagio di Piobbico (la seconda dedicazione). Nel 977 il Vescovo di Fermo dona al nobile Mainardo la terra per costruire l'abbazia. La chiesa, dedicata alla Santa Vergine, viene consacrata il 18 Luglio 1059; successivamente, nel '400 prevale la dedica a San Biagio. L'apparato decorativo composto di rosone, portale in pietra della chiesa, affreschi e una pietra miliare romana, si inserisce nella costruzione in laterizio.

Sulle rive del Rio Sacro, in un periodo anteriore al Mille, viene fondata un'abbazia benedettina: secondo alcuni da San Romualdo o quanto meno da lui riformata.

La collocazione geografica del primitivo complesso è decisamente suggestiva: a 900-1000 metri sul l.m., in un luogo impervio e solitario, alle pendici del Monte Vallefibbia, in Comune di Acquacanina. Successivamente, intorno all'anno Mille (una Bolla del 1172 lo attesta), i monaci lasciano il Rio Sacro e fondano una seconda chiesa intitolata a Santa Maria. Scelgono per il nuovo tempio, un dolce pendio sulle sponde del Fiastrone, in frazione Meriggio.

Su u8na sorgente d'acqua ritenuta benefica per i dolori articolari e il nervo sciatico, è documentata dal 1148 la presenza di Sant'Angelo in Prefoglio o Romitorio dei Santi. È in Comune di Pievetorina, a breve distanza da un'antichissima direttrice viaria di collegamento Umbria-Marche. Dedicato all'Arcangelo Michele, il santuario taumaturgico viene edificato sul luogo di un culto pagano legato alla presenza di una polla d'acqua salutifera, per volontà del Duca Federico II, di Alberto Conte di Prefoglio e della nobildonna Gisla. Chiesa e monastero sono scavati nella viva roccia. L'apparato decorativo si avvale di quattro colonne in marmo cipollino ed un sarcofago di età romana.

In posizione isolata, al centro dell'altopiano di Colfiorito, importante nodo stradale da epoca pre-romana, sorge Santa Maria di Pistia. Questa pieve dell'XI secolo, sorge sui resti di un tempio romano inglobato nella costruzione cristiana. Non lontano sorgeva un tempiuo dedivcato alla dea Cupra (fine VI-inizio V secolo a.c.), rielaborazione picena del mito di Afrodite. La collocazione geografica in questo caso è particolarmente significativa: il luogo di culto sorge infatti in un valico a 750 m s.l.m., su un bacino circondato da una corona di alti rilievi, che oggi è palustre e che anticamente era occupato da un lago, bonificato nel XV secolo dai Varano, Signori di Camerino.

Conclusione

La ri-colonizzazione benedettina di un territorio semideserto all'indomani della caduta dell'Impero Romano, abbandonato alle scorrerie del Barbari e all'impaludamento, plasma il paesaggio con le sue costruzioni e la sua azione di bonifica. Il Cristianesimo si diffonde in tutta Europa: i simboli del monachesimo (pievi, abbazie, tabernacoli ai crocicchi, ospedali per i pellegrini, regimazioni idrauliche, argini e bonifiche, sfruttamento di selve ecc.) divengono «*il codice genetico di un modo di aderire al territorio*» (Andreotti, 2003, p. 10) ed il segno di rinascita dei Paesi occidentali.

All'osservatore contemporaneo è richiesto allenamento e sensibilità per cogliere il gioco delle correlazioni tra ambiente fisico e antropico, tra paesaggio geografico e paesaggio culturale.

La percezione geografica dei beni culturali, la capacità di lettura di un paesaggio (delle stratificazioni del passato, della permanenza dei segni di precedenti società ed organizzazioni territoriali) richiede competenze: è un atto di consapevolezza che necessita di intelligenza, applicazione di un metodo, cultura ed anche passione, e concorre alla formazione del cittadino.

La nascita del paesaggio ideale, non un'astrazione ma quel paesaggio che deriva da un'intelligente uso delle risorse, che valorizza e potenzia i territori, ed innalza la qualità della vita perché pone sullo stesso piano equità sociale, esigenze economiche e sostenibilità ambientale, ha come presupposto la consapevolezza.

Non solo di opinion leaders e delle classi dirigenti ma anche e soprattutto delle popolazioni perché «*capire il paesaggio terrestre, e specificamente i paesaggi in cui si vive, significa capire meglio se stessi*» (Corna Pellegrini, 1997, p. 34).

E in definitiva, capire il proprio ruolo sociale di fronte agli scenari locali e globali che individui e collettività organizzate si trovano quotidianamente a dover fronteggiare e governare. Si tratti di questioni ambientali sempre più planetarie, di identità o culture che si incontrano, collidono o si integrino in una sofferta gestazione, oppure di problematiche economiche e sociali che coinvolgono la distribuzione del lavoro e della ricchezza, la difesa dei diritti umani, lo sviluppo secondo logiche di sostenibilità.

Riferimenti bibliografici

Andreotti G. (2005), *Per una architettura del paesaggio*, Valentina Trentini Editore, Artimedia, Trento.

Andreotti G. (2003), "Il paesaggio massimo bene della cultura europea", Manzi E. (a cura di) (2003), *Beni culturali e territorio. La valorizzazione dei beni culturali nella esperienza italiana*, Società Geografica Italiana, Roma, pp. 9-16.

Caldo C., Guarrasi V. (1994), *Beni culturali e geografia*, Patron, Bologna.

Codice dei Beni Culturali e del Paesaggio, Dlgs 42/2004 (Codice Urbani).

Corna Pellegrini G. (1997), "Dalla percezione alla comprensione del paesaggio geografico", *La nostra geografia*, Giornale ufficiale della Associazione Italiana Insegnanti di Geografia, Sezione Trentino Alto Adige, anno 2, n. 1, pp. 32-35.

Dematteis G. (2008), "Zeus, le ossa del bue e la verità degli aranci. Biforcazioni geografiche", *Ambiente Società Territorio Geografia nelle scuole*, Maggio-Agosto, Rivista dell'Associazione insegnanti di geografia, Roma, www.aiig.it/associazione_pubblicazioni_rivista.html (consultato il 29/01/2013).

Persi P. (1989), *Per uno studio geografico delle Marche*, Università di Urbino Istituto di Geografia, Urbino.

PARTE TERZA
Sperimentare il curricolo di geostoria

Spazio e tempo nella scuola dell'infanzia

di *Anna Rosa Mancini*

L'obiettivo primario che mi sono posta con questo laboratorio è stato quello di dare voce alle scuole delle insegnanti componenti il gruppo, per costruire all'interno del laboratorio:

- *uno spazio e un tempo* dove raccogliere osservazioni, dati, informazioni, proposte e suggerimenti attivati nelle rispettive scuole;
- *uno spazio e un tempo* dove fosse possibile confrontarsi, raccontare, condividere, scambiarsi esperienze, ma anche esprimere i dubbi, le incertezze e le difficoltà;
- *uno spazio e un tempo,* quindi, dove far emergere, ciò che ogni scuola crede, pensa, fa.

Le docenti si sono confrontate e, dopo animate discussioni, è emersa la certezza che tutte le scuole lavorano e costruiscono, a volte però senza avere la consapevolezza di ciò che si è fatto e sperimentato, senza perciò riconoscere il senso delle proprie capacità, risorse e creatività.

Ho poi indagato sulle aspettative del gruppo, attraverso la domanda stimolo: "che cosa vi aspettate da questo laboratorio?"

È emerso il desiderio comune di prendere in considerazione il tempo e lo spazio all'interno del percorso educativo-didattico di un intero anno scolastico.

Naturalmente i lavori prendono avvio, ponendo al centro dell'attenzione un dato di fatto: i bambini apprendono gradualmente a organizzarsi nel tempo e nello spazio a partire dai loro vissuti quotidiani di vita familiare, scolastica, ludica e facendo riferimento alle attività degli adulti e agli eventi naturali.

Partendo dai presupposti che:

- l'azione didattica della Scuola dell'Infanzia asseconda la formazione del senso del tempo attraverso gli schemi temporali che sono all'origine della misura del tempo;
- fin dalla prima infanzia lo spazio è il luogo e la condizione di ogni possibile esperienza,

ho stimolato il confronto sui concetti di tempo e di spazio posseduti dalle corsiste a partire dall'analisi di due mappe concettuali (figure 1 e 2) da me proposte in modo da rendere più efficace il lavoro di gruppo e per presentare idee e proposte in modo più adeguato. Le mappe, infatti, consentono di leggere e condividere i pensieri in modo rapido e coinvolgente, inoltre aiutano a organizzare e a tener traccia delle attività da svolgere.

Figura 1 - Mappa concettuale che sviluppa il concetto "Tempo"

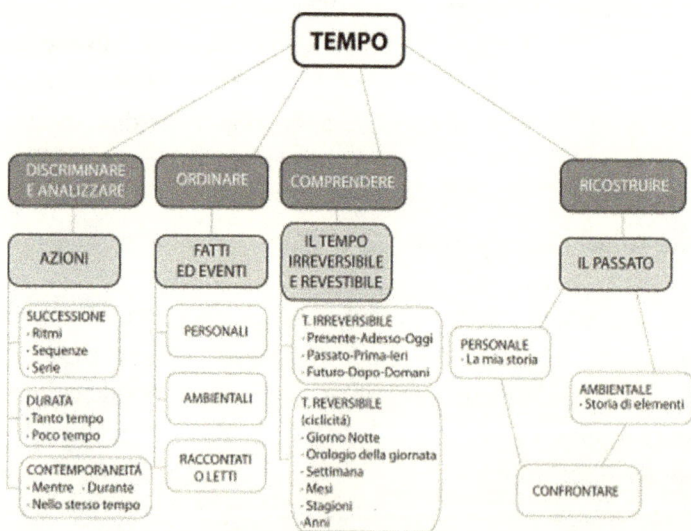

Figura 2 - Mappa concettuale che sviluppa il concetto di "Spazio"

LO SPAZIO

ORGANIZZARE E ANALIZZARE

DISCRIMINARE E STRUTTURARE

CONOSCERE

COMPRENDERE

RELAZIONI TOPOLOGICHE
· Sopra-Sotto   · In altro-In basso
· Dentro-Fuori   · Da una parte-
· Davanti-Dietro Dall'altra
· Vicino-Lontano · Destra-Sinistra

DIMENSIONI SPAZIALI
· Grande-Piccolo · Lungo-Corto
· Spesso-Sottile · Alto-Basso

RELAZIONI LOGICHE
· Uguaglianze-Differenze
· Causa-Effetto

S. FISICO | S. GRAFICO

SUPERFICI
· S. delimitati · Puzzle
· Forme geom. e non

SPOSTAMENTI
· Percorsi · Grafici
· Tabelle · Diagrammi
· Labirinti · Mappe

DIREZIONE
· Frecce · Linee

QUANTIFICAZIONE
· Approsimativa
· Reale

AMBIENTI DIVERSI
· Spazi interni
· Spazi esterni
· Extrascolastici

IL TERRITORIO
· Amb. naturale
· " antropico

CARATTERISTICHE DELLA CULTURA DI APPARTENENZA
· Tradizioni
· Memorie

NORME DI COMPORTAMENTO
· Nei confronti di sé
· " " degli altri
· " " dell'ambiente

NORME DI RELAZIONE
· Scoprire e utilizzare gli spazi collettivi

SIMBOLIZZAZIONE
· A livello verbale: vissuti-immagini
· A livello grafico: disegni-ritmi-tracce
· A livello tridimensionale: plastici-tracce-costr.di oggetti

Il curricolo

La Scuola dell'Infanzia, per favorire gli apprendimenti, predispone la costruzione del primo tassello del curricolo verticale, sia esplicito che implicito, il quale accompagnerà i bambini nel loro percorso scolastico. Pertanto, ho sollecitato il gruppo delle corsiste ad interrogarsi sul significato della parola "curricolo" e, insieme, abbiamo cercato di definire che cosa rappresenti nella pratica, convenendo che *il curricolo è uno strumento didattico flessibile, che va strutturato e contestualizzato, che va rivisto in itinere nel corso di uno stesso anno scolastico.*

L'ambiente di apprendimento

Le insegnanti corsiste si sono dimostrate d'accordo nell'affermare che l'ambiente educa, quindi considerano l'*ambiente di apprendimento* e la *professionalità* come elementi congiunti e strettamente connessi tra loro. Ritengono, quindi, che sia importante attrezzare la scuola e i suoi operatori a riconoscere e utilizzare tutti gli spazi visti come risorsa. Si sono poi concentrate sul tema dei diritti del bambino, finalizzati a sollecitare una cultura dell'infanzia e a garantire una scuola commisurata alle sue esigenze, quindi, a rispettare gli spazi, i tempi e i ritmi di sviluppo, evitando precocismi. Da tutto ciò è scaturita una riflessione sulle Indicazioni Nazionali, dove si legge che l'ambiente di apprendimento è organizzato dalle insegnanti.

La vita di relazione

La procedura di lavoro proposta ha inteso esplorare la **quotidianità** della Scuola dell'infanzia, per sollecitare le insegnanti partecipanti al laboratorio a dare il proprio contributo, guardando alle proprie esperienze, rappresentative di realtà diverse.

È' emerso che la vita di relazione è caratterizzata da **ritualità**: la successione delle attività didattiche e le **routine** come "*il tempo del cerchio*", "*il cartellone delle presenze*", "*il momento del pranzo*" ed altre, sono occasioni importanti e significative, sia sotto il profilo sociale, che per l'arricchimento personale. Ciò non significa che tutto debba ripetersi monotonamente, al contrario, è indispensabile che nell'esperienza scolastica ci siano molte esperienze straordinarie che si attuino all'interno di una trama stabile.

La prevedibilità e la ripetitività delle prassi quotidiane, comunque, costituiscono uno strumento di grande efficacia per attivare processi di acquisizione e di apprendimento, anche con i bambini diversamente abili.

I campi d'esperienza

Pensando ad un progetto didattico incentrato sul tema "*spazio-tempo*", abbiamo preso in considerazione *i campi d'esperienza*, che sono l'elemento portante del curricolo della Scuola dell'Infanzia, i *"luoghi del fare e dell'agire"*, finalizzati a favorire nel bambino il percorso educativo, aiutandolo ad orientarsi nella molteplicità e nella diversità degli stimoli e delle attività.

Ne derivano esperienze significative, trasversali tra i singoli campi, tutti ugualmente importanti sotto l'aspetto educativo e culturale. Tali esperienze, quindi, favoriscono l'**interdisciplinarietà**, unificando, in una visione di sintesi, le molteplici informazioni che pervengono dall'ambiente in cui il bambino vive.

A tal fine ho sollecitato il contributo e la condivisione di tutte le insegnanti nel fare scelte educative, organizzative e didattiche, attraverso i vari **obiettivi**, tenendo conto delle **mappe concettuali** relative al **tempo** (fig.1) e allo **spazio** (fig.2): **spazio e tempo**, quindi, come **punto di riferimento trasversale** a tutti i campi d'esperienza.

La sequenza curricolare

Per raggiungere gli obiettivi prefissati, le insegnanti si trovano d'accordo sull'importanza della sequenza curricolare, che si avvale dei nuclei progettuali ed è il processo attraverso il quale si creano occasioni per favorire l'organizzazione delle esperienze, accogliendo e valorizzando la curiosità, le esplorazioni e le proposte del bambino, che sta sempre al centro dell'azione educativa in tutti i suoi aspetti.

I nuclei progettuali

A tal proposito, sono stati discussi e condivisi dei **nuclei progettuali** (*già sperimentati e consolidati nella Scuola dell'Infanzia di Serra de' Conti, in provincia di Ancona, dove ho insegnato*), che funzionano da contenitori per la progettazione.

Tale impostazione rende gli itinerari flessibili e percorribili in modi diversi, attraverso esperienze di qualità, capaci di promuovere stili di progettualità, modelli organizzativi non vincolati a percorsi pre-costituiti e soprattutto metodi esportabili verso tutte le scuole.

Pertanto, una ipotetica bozza di progetto didattico, basata su esperienze significative, trasversali a tutti i campi d'esperienza (vedi figure 1 e 2), è costituita dalla presentazione delle varie attività, nel corso delle quali si potranno attuare interessanti proposte didattiche e metodologiche al fine di coinvolgere a pieno tutti i bambini.

Io chi sono

- **Mi presento**: il mio nome, le mie caratteristiche fisiche.
- **Mi riconosco**: come entità fisica e sessuale, capace di lasciare tracce, impronte, ombre.
- **Mi diverto**: utilizzando tecniche diverse per realizzare produzioni grafiche, pittoriche, plastiche.
- **Mi racconto**: attraverso oggetti di affezione/identificazione, memorie, racconti autobiografici, per rievocare esperienze vissute ed esprimere emozioni e sentimenti.

Io e l'ambiente

- **Giochi di movimento** per orientarsi nell'ambiente, favorire l'uso di indicatori spaziali e aiutare il bambino a capire la forma e la misura dello spazio.
- **Esplorazione dell'ambiente** per reperire oggetti che diventeranno tracce del passato.

- **Uscite sul territorio** per esplorare la realtà, per conoscere le tradizioni della propria comunità di appartenenza e per sollecitare e guidare i bambini alla diretta osservazione del mondo circostante nei suoi due inseparabili aspetti di tempo e di luogo.
- **Visite guidate** finalizzate a stimolare la curiosità del bambino e alla costruzione di mappe, grafici e percorsi, per aiutarlo a capire la forma e la misura dello spazio.
- **Costruzione di plastici** che funzionano da tramite fra lo spazio fisico e lo spazio grafico.

Io e gli oggetti

- **Gli oggetti** sono alla base della produzione della conoscenza; negli oggetti si percepisce il tempo, ma gli oggetti sono nello spazio e lo connotano.
- **"La scatola della memoria"** contenitore individuale che custodisce *oggetti importanti*, come tracce del passato, che poi diventeranno fonti e serviranno a ripensare e raccontare fatti personali o ambientali. Si avvia, in questo modo, il primo approccio con la ricerca geo-storico didattica.
- **Le tracce**, per avviare percorsi di ricostruzione del passato recente, tenendo conto del tempo e dello spazio di provenienza.

Io e il tempo

- **Calendari** di vario tipo per rappresentare il concetto di successione, riconoscere la ciclicità, cogliere il concetto di durata e di contemporaneità:

calendario meteorologico
per avviare il bambino al confronto e al concetto di qualità

calendario cronologico
per favorire la comprensione e la memorizzazione dello scandire del tempo

calendario dell'attesa
per favorire il dominio del tempo

calendario degli incarichi
per riconoscere le dimensioni temporali: adesso-prima-dopo

- **La linea del tempo** per ricordare la successione dei fatti e degli eventi.

- **Il copione**, strategia didattica che serve a tradurre in messaggi visivi un'esperienza mirata e significativa. Il copione, quindi, come elemento di suggestione, che porta il bambino a pensare, per rappresentare e poi rileggere l'esperienza vissuta.

Il gruppo si dichiara molto soddisfatto e concorda nell'asserire che tali contenuti risultano perfettamente trasferibili in qualsiasi iter didattico l'insegnante voglia destinare la propria scelta.

Altro obiettivo importante prefissato all'interno del laboratorio è stato quello di elaborare un copione. La configurazione del copione, attraverso i suoi lementi (**azioni, oggetti, agenti, spazi, tempi, scopi**) risulta molto importante per le informazioni e per strutturare e raccontare i fatti: competenze finalizzate a favorire nel bambino il dominio dello spazio, del tempo e della comunicazione.

Dopo aver discusso per raccogliere idee, negoziare punti di vista ed esprimere le proprie intenzioni intorno alla scelta dell'argomento da trattare, è stata elaborata un'ipotesi di percorso per la configurazione di un copione.

Figura 3 - Schema di copione

Dagli esiti del lavoro di gruppo è emersa la certezza che dalle esperienze vissute insieme ai bambini, poi rielaborate e "*rilette*" attraverso il copione, l'insegnante può trarre suggerimenti per modificare e perfezionare il proprio insegnamento. Si rafforza così l'idea che insegnamento e apprendimento sono strettamente connessi, vale a dire che, bambino e adulto "*sono in viaggio*" insieme verso la costruzione delle conoscenze.

L'educazione spazio-temporale

Dagli interventi delle docenti è emersa una molteplicità e diversità di esperienze, realizzate nelle rispettive scuole: spunti, idee, emozioni, confronti e altro ancora si incontrano all'insegna **dell'educazione spazio-temporale**. Tali esperienze, rappresentative di realtà diverse, hanno portano le insegnanti a riflettere sull' importanza dello spazio scolastico ed extra scolastico. Dal confronto scaturisce la consapevolezza che lo spazio è posto in relazione al modo di usarlo, oppure a criteri di funzionalità; agisce anche come "medium" delle relazioni affettive ed emozionali, con il mondo, con gli altri e con se stesso; inoltre, la conoscenza dell'ambiente favorisce nel bambino la costruzione del suo presente.

È l'educazione spazio-temporale, infatti, che permette di riflettere sulla conoscenza del **presente**, quindi, attraverso attività finalizzate, orienta il pensiero del bambino a considerare la possibilità di una formazione che intreccia **spazio** e **tempo** nei processi di promozione di abilità, conoscenze e competenze, favorendo la costruzione della prima attrezzatura cognitiva che lo porterà verso l'incontro con la **geografia** e con la **storia**.

Lo spazio insieme al tempo è categoria fondamentale per strutturare le conoscenze. È un lento processo di elaborazione, alimentato dalle esperienze, che implica un vero e proprio iter educativo.

La scuola, quindi, può organizzare interventi didattici mirati, caratterizzati prevalentemente da esperienze concrete, al fine di osservare i processi individuali e collettivi compiuti.

Le insegnanti, pertanto, si sono rese conto che la scuola, attraverso l'educazione spazio-temporale, può operare per accrescere nel bambino la quantità e la qualità delle esperienze, incentivando le diverse possibilità di esplorazione.

La ricerca geo-storico didattica, percorso integrato tra spazio e tempo

Le docenti del gruppo condividono l'idea che, nel corso dell'anno scolastico, la scuola di ognuna di loro dovrà essere un laboratorio di studio e di **ricerca-azione** e tracciare le linee per individuare punti deboli e punti forti, al fine di fornire risposte educative pertinenti, efficienti ed efficaci.

È chiaro, quindi, che da un percorso integrato tra spazio e tempo, ne consegue il **primo approccio con la ricerca geo-storica**, infatti, allargando man mano gli orizzonti del passato, i bambini si mettono nella condizione di "*entrare nella geostoria*" con l'attrezzatura e la disposizione mentale giusta. Il compito dell'insegnante è quello di far sviluppare la capacità critica, intesa come riconoscimento degli aspetti positivi che permettono di risolvere un problema. Una critica costruttiva, infatti, è capace di mettere di fronte a un'alternativa che aiuterà a trovare nuove soluzioni.

Il territorio

Le insegnanti corsiste concordano nell'asserire che il luogo dove il bambino vive debba essere l'oggetto di "*studio privilegiato*", perché permette di realizzare un'innumerevole quantità di esperienze significative.

La scuola è una realtà che vive a stretto contatto con il territorio. Infatti, i luoghi di apprendimento non si esauriscono all'interno dell'ambiente scolastico, bensì si allargano e si ampliano nella realtà sociale, culturale e naturale circostante, ma una preoccupazione diffusa tra le docenti è rappresentata dal fatto che, spesso, le uscite sul territorio vengono ostacolate dalle istituzioni, a volte poco rispettose dei bisogni dei bambini. Di conseguenza si creano incongruenze che influenzano negativamente il percorso didattico-educativo, mentre dovrebbe essere incentivata una particolare attenzione ad educare il bambino a "**leggere il territorio**", quel complesso sistema di valori culturali e tradizioni sociali che formano la cultura della società e sono oggetto di diversi saperi, soprattutto della *storia* e della *geografia*. È nel territorio, infatti, che si combinano le riflessioni fondamentali del tempo, dello spazio, della relazione con gli altri e con gli oggetti, un contributo all'acquisizione di atteggiamenti che favoriscono nei bambini lo sviluppo del **senso della cittadinanza**.

A tal proposito, il gruppo condivide l'idea che la Scuola dell'Infanzia affianca al compito *"dell'insegnare ad apprendere"* quello *"dell'insegnare ad essere"*, un processo complesso e permanente, che dura tutta la vita e che favorisce la formazione di una cittadinanza attiva: un obiettivo che non può essere solo della scuola.

Un'esperienza

Il percorso didattico, che ho presentato in power-point, è stato sicuramente utile, vantaggioso e produttivo ed è servito anche come esemplificazione per valorizzare il ruolo strategico delle scelte didattiche.

"OperAzione Giardino- Piccoli Cittadini Crescono" è il tema del progetto realizzato nella scuola dell'Infanzia di Serra de'Conti (An), che bene si inserisce nel quadro di riferimento *del tempo e dello spazio*. Le attività proposte hanno permesso di vivere esperienze significative nel giardino della scuola, facilitando nei bambini la maturazione di un pensiero ecologico. Uno tra gli obiettivi da raggiungere, infatti, era quello di educare alla conoscenza, al rispetto e all'amore per la vita in tutte le sue manifestazioni: fisiche, naturali e ambientali. Il progetto, inoltre, ha offerto l'opportunità di sperimentare in autonomia le regole elementari del mondo, quindi di costruire conoscenze anche intorno al senso della cittadinanza, come valore per *"star bene insieme"* e **prendersi cura dell'ambiente**.

Tale iter didattico è risultato molto efficace per favorire nel bambino l'ampliamento della mappa mentale e per promuovere la costruzione di schemi di riferimento, attraverso i quali guardare la realtà da più punti di vista, coordinandoli gradualmente tra loro.

Le insegnanti hanno molto apprezzato l'esperienza proposta, che ha dato luogo a discussioni, suggerimenti, impressioni e ha dato origine a modelli, indicazioni e consigli.

Alla fine dei lavori, tutte le docenti che hanno partecipato al laboratorio hanno manifestato la consapevolezza che è molto importante incontrarsi e scambiarsi esperienze per riprendere forza e motivazione.

Geostoria nella scuola primaria (primo biennio)

di *Antonina Gambaccini*

Il laboratorio che ho coordinato è stato inteso, e da me proposto, come uno spazio in cui ragionare attorno ad alcuni temi relativi all'insegnamento/apprendimento della storia e della geografia, partendo dall'esperienza quotidiana nella scuola delle insegnanti che vi hanno partecipato.

Questo momento di socializzazione e di confronto ha permesso di evidenziare un lessico condiviso e mettere in luce le competenze ed abilità reputate fondamentali da far acquisire agli alunni.

A partire dalle mie richieste di definire alcuni concetti reputati dalle corsiste concetti-chiave nell'insegnamento-apprendimento della storia, della geografia e dell'educazione alla cittadinanza e al patrimonio culturale e di completare la tabella riportata nella tabella 1 per presentare sinteticamente lo svolgimento di una unità d'apprendimento ritenuta significativa rispetto al tema trattato, ha avuto avvio uno step importante del percorso laboratoriale per definire le questioni fondanti su cui impostare il lavoro del gruppo

Tabella 1 - Tabella per la presentazione sintetica di una unità d'apprendimento

Unità di apprendimento			
Modalità prevalente della mediazione didattica	Modalità del lavoro degli alunni	Intersezioni dei concetti spaziali con quelli temporali (eventuale attenzione alla formazione della cittadinanza attiva, al patrimonio culturale...)	Abilità acquisite dagli alunni

Il confronto ha messo in luce sia la diversa esperienza didattica delle docenti, sia la contaminazione delle categorie spazio-temporali, che sta alla base dell'educazione storico-geografica.

Le esperienze descritte dalle corsiste sono state poi organizzate, riconducendole ai seguenti modelli didattici:

- geografia affrontata soprattutto nell'aspetto topologico, tramite percorsi inventati, esperiti e rappresentati dagli alunni;
- descrizione di civiltà (visita al museo, descrizione di reperti, riferimenti spazio-temporali);
- progetti di educazione interculturale tramite la collocazione spaziale del tema affrontato nelle diverse regioni del mondo;
- sistema laboratoriale che include la storia e la geografia ai linguaggi espressivi e multimediali (tecnologia, informatica,musica, arte e immagine...);
- visione di musei con relazioni da parte dei ragazzi;
- simulazione della vita al tempo di ...;
- educazione spaziale e temporale con le modalità "montessoriane".

Il lavoro ha altresì evidenziato le aspettative e i desideri rispetto alle attività che avremmo effettuato all'interno del laboratorio, ossia:

1. rafforzare l'aspetto ludico e/o laboratoriale nell'insegnamento delle discipline storia-geografia;
2. realizzare un forte connubio tra le due discipline;
3. confrontare le proprie esperienze didattiche con colleghe/i di altre realtà;
4. apprendere strategie per rafforzare abilità di studio.

Tali aspettative risultavano aderenti agli scopi del laboratorio, che di seguito riporto:

- concetti di competenza, abilità, conoscenza nella formazione storica e geografica;
- rilevanza dell'approccio geografico nell'insegnamento della storia e dell'approccio storico nell'insegnamento della geografia;
- valore dell'insegnamento "interconnesso" di storia e geografia per educare alla cittadinanza attiva;
- conoscenza e rispetto del patrimonio culturale.

Facendo riferimento alla descrizione delle esperienze didattiche, ho sollecitato le docenti presenti al laboratorio affinché individuassero al loro interno le varie tematiche o i concetti implicati che fossero riconducibili alle categorie di spazio e di tempo, che sono state riportate nella tabella riportata nella tabella 2.

Tabella 2

Spazio	Tiempo
Ambiente, montagna, ruscello, ghiacciaio, bosco,villaggio	Passato/futuro
Museo	Roma imperiale
Luogo dove si vivono le esperienza (teatro, aula)	Prima, dopo
Domestico, scolastico	Contemporaneità
Percorso, posizione, punto d'osservazione, movimento, direzione	Paleolitico/neolitico
Città, regione	Oggi, presente
Confini, gruppi	Personale
Dentro, fuori vicino, lontano	Successione di eventi
	Periodo
	Durata

Tra le diverse terminologie, riconducibili ai concetti di spazio e di tempo, emerse durante il *brain storming* effettuato, si potevano individuare varie scale spaziali e temporali che sono fondamentali per proiettare l'idea di "curricolo verticale".

Attraverso questa prima fase di racconto ed analisi di esperienze compiute in ambito scolastico le colleghe hanno potuto acquisire maggior consapevolezza di quanto del loro percorso d'insegnamento fosse inquadrabile in attività che promuovono e favoriscono lo sviluppo di competenze geostoriche.

Ho ritenuto opportuno, poi, sollecitare il seguente esercizio mentale: provare a interconnettere l'educazione spazio-temporale in riferimento a due ambienti (uno scolastico ed uno extra scolastico), che sono stati richiamati in molte delle unità d'apprendimento presentate: l'aula e il museo.

La tabella riportata nella tabella 3 è la sintesi di tale attività.

Tabella 3

Aula		Museo	
Spazio	*Tempo*	*Spazio*	*Tempo*
Disposizione ar- redi	Prima dopo (suc- cessione)	Funzione	Presente
Funzioni	Contemporaneità	Struttura	Passato
Percorsi	Durata soggettiva e oggettiva	Mappa mentale	Futuro
Rappresentazione	Parti del giorno	Carta geografica	Cambiamento
Punti di vista	Calendario	Punti di riferimento	Permanenza
Rapporti spaziali: davanti, dietro, vi- cino, lontano, so- pra, sotto, destra, sinistra, dentro, fuori	Ciclo		Fonte
confini	Movimento solare		

Per fornire un ulteriore supporto alle riflessioni dei partecipanti al laboratorio ho ritenuto utile presentare una unità d'insegnamento e d'apprendimento da me realizzata con gli alunni di una classe prima per la partecipazione ad un concorso nazionale indetto dal F.A.I.

Nella locandina di **F.A.I. Fratelli d'Italia** «*Le scuole, gemellate tra loro, costruiscono l'immagine di un Paese unico e variegato...*» lo scopo del concorso era così esplicitato:

«Il concorso nasce con la finalità di avvicinare bambini, ragazzi e giovani al patrimonio d'arte e natura, così da scoprire, studiare e prendersi cura delle bellezze di cui è costellato il paesaggio italiano, nella convinzione che l'educazione dei giovanissimi di oggi alla conoscenza del Bello, contribuisca alla formazione di adulti consapevoli e responsabili.
Obiettivi del concorso erano quelli di:
- riflettere sia sugli elementi che uniscono, sia su quelli che differenziano un'Italia allo stesso tempo unica e molteplice,

- stabilire relazioni di scambio, conoscenza, confronto e amicizia tra classi situate nelle varie regioni affinché le diverse esperienze degli studenti diventino motivo di valorizzazione.

Infatti, le classi iscritte al concorso verranno poi gemellate tra di loro dal FAI, incrociando le regioni, in modo che tra i ragazzi si possa instaurare una corrispondenza per presentare –l'uno all'altro– il proprio territorio, i luoghi di arte e natura, gli usi e i costumi, e stabilire così un legame di reciproca conoscenza che sottolineerà le comuni radici nazionali pur nelle significative differenze».

I bambini dovevano presentare il loro territorio di vita a bambini della stessa età, che vivono in un'altra area geografica italiana, pertanto hanno indagato il loro paese dal punto di vista geografico e storico e raccolto le conoscenze a cui sono giunti con questo percorso di ricerca nel poster riportato nella fig. 1.

Figura 1 - Gli elementi ritenuti emblematici del territorio

Ho scelto di proporre l'analisi di tale percorso didattico perché è fortemente connotato per l'interrelazione tra educazione temporale e educazione spaziale, ma anche con l'educazione alla cittadinanza attiva e al patrimonio.

Analizzando il percorso proposto, le docenti corsiste hanno ravvisato i seguenti punti di efficacia:

1. scelta di proposte educative ricche di significato da includere nel percorso curricolare e formativo;
2. lavoro non settoriale tra i saperi;
3. condivisione di obiettivi trasversali da parte del team dei docenti;
4. profonda interazione tra linguaggio spaziale e temporale, con la consapevolezza della specificità di ciascuna disciplina;
5. nell'attuazione del percorso assunzione di un ruolo attivo e propositivo da parte degli alunni;
6. osservazione di elementi inseriti nel contesto territoriale di vita degli alunni;
7. promozione della manualità, dell'aspetto pratico, del fare;
8. avvio alla costruzione dell'identità personale e sociale degli alunni;
9. attivazione delle capacità metacognitive degli alunni.

Inoltre, andando ad esaminare i documenti ministeriali è stato possibile ravvisare la *patente* che ci autorizza a procedere in tal senso:

- L'area storico-geografica è composta dalle scienze che si occupano dello studio delle società umane, nello spazio e nel tempo: **la storia e la geografia, strettamente collegate fra loro**.
- Costruire percorsi strutturati su questioni della modernità e della contemporaneità, socialmente vive e spazialmente differenziate sviluppo delle competenze relative alla **cittadinanza attiva**.
- La consapevolezza di far parte di una comunità territoriale
- **Studio del patrimonio** storico, artistico e culturale.
- L'area storico-geografica è aperta alla **collaborazione con le altre discipline**.
- Usare grafici e modelli, per la descrizione e l'interpretazione sia di sistemi territoriali, sia di fenomeni storico/sociali.
- Il processo di **insegnamento**/apprendimento è concepito come **coinvolgente**, spinge l'alunno a interrogarsi, è basato su questioni inerenti l'attualità e su conoscenze significative.

- **Tiene conto del sapere e dell'esperienza degli alunni** come punto di partenza e di arrivo dei percorsi.
- Si sviluppa grazie a uno **strumentario diversificato**: manuali, fonti di genere diverso, atlanti, testi storici divulgativi e scientifici, i media, strumenti multimediali, l'ambiente e il territorio, il patrimonio.
- La lezione, lo strumento tradizionale di insegnamento, si combina con i **momenti di laboratorio**.[1]

A questo punto del laboratorio abbiamo iniziato ad elaborare un possibile avvio di curricolo specifico per le prime due classi della scuola primaria. Questo prevedeva diversi elementi di programmazione:

- **Nella fase motivazionale/input**: ricorso a personaggi immaginari (interpretati da adulti) che pongono ai bambini un problema da risolvere legato alla conoscenza del territorio limitrofo alla scuola;
- **Mediazione didattica:** indagine delle preconoscenze, esplorazione, osservazione diretta, effettuazione di percorsi, attività di laboratorio, ri-costruzione di esperienze fatte, utilizzo della didattica dei copioni ricerca di informazioni, utilizzo del patrimonio (visite a musei, a monumenti, a palazzi, a torri, a boschi, ad aree archeologich...), scrittura di brevi testi, attivazione di molteplici linguaggi espressivi. I Personaggi immaginari potrebbero essere coinvolti anche in questa fase per chiedere informazioni sullo stato di avanzamento dei lavori di indagine e gli alunni, via via più attrezzati, li potrebbero condurre alla scoperta delle peculiarità del territorio indagato.
- **Strumenti**: mappe mentali, concettuali, carte geografiche, topografiche, planisfero, mappamondo gonfiabile,
- **Verifica**: costruzione di un plastico (aspetto tridimensionale) su cui compiere esercitazioni di orientamento spaziale e temporale.

Come si sarebbe potuto proseguire?

---

[1] Dalle *Indicazioni Nazionali per il Curricolo*.

Avremmo potuto allargare gli orizzonti d'indagine, sia temporalmente che spazialmente. In particolare, avremmo implementare il percorso, predisponendo molteplici occasioni di ricostruzione di porzioni di tempo passato riferito al passato personale, della classe, delle generazioni precedenti...considerando i cambiamenti che l'ambiente ha subito nel corso del tempo.

Le bonifiche: un caso di geo-storia per conoscere l'Italia

di *Luciana Coltri*

> *La Terra non è nostra, è un tesoro che custodiamo per i figli,*
> *e per i figli dei nostri figli.*
> *Spero che la nostra generazione sia all'altezza di questo compito.*
> Proverbio africano

La scelta del tema

Con le insegnanti presenti al laboratorio[1] si è riflettuto soprattutto su come configurare uno spaccato di geostoria in un curricolo di storia e di geografia dedicato alle ultime classi della scuola primaria. Una delle conclusioni a cui si è giunte è che pensare un percorso che intenda intrecciare tra loro la storia e la geografia richiede prima di tutto una scelta tematica. Secondo la proposta del laboratorio della scuola estiva il tema doveva rispondere anche alle esigenze della geostoria dell'Italia quindi consentire di conoscere il territorio italiano nelle sue trasformazioni sia dal punto di vista ambientale, paesaggistico e territoriale [aspetti geografici] sia per le trasformazioni economiche e sociali legate a questi cambiamenti nel passato [aspetti storiografici]. Il tema scelto per il laboratorio doveva essere funzionale a promuovere nei bambini, in ultima

---

[1] Antonella Zuccolo, Cinzia Zin, Monica Bussetti, Basso Franca, Tiziana Marcelli, Cinzia Bambini, Paola Costantini.

istanza, la capacità, mista di conoscenze e abilità, a interpretare il proprio territorio per costruirsi un modello di lettura estendibile a territori di altre parti d'Italia.

In seconda istanza si è presentata l'urgenza di inserire il tema scelto nel curricolo e quindi la necessità di rendere più esplicite le fasi delle attività che un insegnante deve pensare per il suo progetto didattico. Innanzitutto si è ritenuto necessario invertire la attività di progettazione che solitamente prevede di partire dalla definizione degli obiettivi e individuare, poi, uno o più temi per il loro raggiungimento.

Questa scelta avviene solitamente seguendo prassi didattiche consolidate o semplicemente assumendo le proposte dell'indice del sussidiario. In un percorso di geostoria questo deve subire un'inversione di rotta.

Per costruire un percorso in cui la storia e la geografia risultino integrate tra loro è necessario prima di tutto individuare un tema che faccia da cassa di risonanza sia per gli argomenti che solitamente si affrontano per l'una e per l'altra disciplina, sia per gli obiettivi che prevediamo che i nostri alunni raggiungano alla fine della terza e alla fine della quinta primaria. In tutto ciò vanno inclusi gli obiettivi di cittadinanza attiva di cui devono essere portatrici sia la storia che la geografia.

Quello della bonifica si è imposto come un tema che favorisce la conoscenza del nostro territorio con nuovi punti di vista: un paesaggio del presente che rimanda a paesaggi del passato e la cui salvaguardia ci dispone a immaginarne il futuro.

Figura 1 - Rappresenta lo sviluppo temporale del processo di insegnamento/apprendimento

Sviluppo temporale dal passato verso il futuro educando alla responsabilità verso il territorio nel presente

Presente, passato e futuro insieme rappresentano la spina dorsale di una seria educazione alla cittadinanza attiva. Per questo è necessario una conoscenza approfondita dei meccanismi territoriali per formare rende i cittadini più consapevoli e responsabili. Scegliere le bonifiche come caso di analisi esemplare consente di intrecciare in modo manifesto passato, il presente e soprattutto il futuro del territorio italiano in modo da dare pieno significato all'aggettivo "attiva".

Le bonifiche idrauliche della fine '800 e dei primi del '900 in Italia rispondevano pienamente a queste esigenze.

Le bonifiche idrauliche tra attualità e didattica

Da anni ormai, con una periodicità prevedibile, dobbiamo fare i conti con articoli di prima pagina dei quotidiani in cui la parola *esondazione* diventa ricorrente e commenta immagini di disastri per uomini, case, infrastrutture, campagne, raccolti e territori. L'esondazione avviene ad opera di corsi d'acqua sconosciuti che non si studiano nell'elenco dei fiumi dell'Italia, eppure diventano soggetti determinanti per il nostro futuro. Una carta tematica come quella pubblicata nell'*Atlante tematico delle acque d'Italia* a cura di Maria Gemma Grillotti di Giacomo (fig. 2) mostra un territorio italiano sconosciuto, ma fondamentale per capire alcuni fenomeni che lo stanno trasformando.

Figura 2 - Carta dei fiumi tratta da: *Atlante tematico delle acque d'Italia*

Ed è proprio la trasformazione del territorio il concetto su cui puntare in un percorso di geostoria in cui le bonifiche diventano il tema.

Una bonifica avviene quando gruppi umani si avvalgono di specifiche procedure per realizzare progetti a carattere idraulico intervenendo sull'ambiente con strumenti adeguati, per adattarlo alle loro esigenze insediative. Un insieme di attività che hanno un preciso scopo e vengono riassunte con l'espressione "opere di bonifica". Gli interventi mirano a trasformare zone malsane e invivibili caratterizzate da acquitrini e paludi in zone agricole produttive adatte all'insediamento e allo sviluppo urbano. Molte sono le città che sono diventate importanti grazie all'espansione agevolata dalle bonifiche, Roma antica è fra queste.

L'assunto di partenza del tema rimanda al fatto che ogni procedura d'irrigazione o di controllo delle acque ha come risultato anche la produzione di *territorio*.

Il processo che nel percorso didattico abbiamo ipotizzato è stato quindi quello di trasformazione dell'ambiente (dato naturale o assunto come tale) in "territorio" (spazio su cui si è imposta una logica organizzatrice umana) (Raffestin, 1981; Turco, 1988), facendo riferimento al complesso di concetti che stanno alla base dell'educazione alla geografia nelle Indicazioni Nazionali.

Stabilito il tema è diventato fondamentale definire l'arco temporale entro il quale considerare la trasformazione del nostro territorio italiano. Si è scelto il periodo tra il 1930 e il 1940 e gli ultimi decenni del sec. XX, in quanto in quel tempo sono state realizzate importanti bonifiche (Bassa Friulana fra l'Isonzo e il Tagliamento, Parmigiana-Moglia fra il Secchia e il Crostole, Coltano presso Pisa ecc.) e notevoli trasformazioni fondiarie in Sicilia e in Sardegna, in Calabria, nel Fucino, nella Maremma tosco-laziale, nel delta padano, oltre al maggior intervento di bonifica integrale realizzato in Italia che è quello delle Paludi pontine che concluse le opere a più riprese avviate nel corso dei secoli.

Considerando che le bonifiche sono un fenomeno che caratterizza la maggior parte del territorio italiano, quale occasione migliore quindi per avviare la conoscenza delle regioni Italiane.

Quali didattiche per la geostoria

Nel laboratorio si è pervenute alla conclusione che le attività più strettamente legate alla geografia precedono quelle più prettamente storiche nella consapevolezza che attraverso queste ultime si riuscirà a conferire maggior significato al paesaggio italiano attuale, a comprenderne le stratificazioni ma soprattutto ad attribuirgli un corretto significato.

Era necessario, a questo punto, concordare un'idea di geografia compatibile con i percorsi che ci si preparava a inserire nel curricolo, è stata scelta la geografia umana:

«La Geografia umana, in quanto studia le relazioni tra gli uomini, gli ambienti naturali residui e quelli via via modificati. Essa ha quindi una valenza formativa di indubbia importanza, come ha ricordato il Segretario Generale delle Nazioni Unite Kofi Annan, in un discorso tenuto davanti all'Associazione dei Geografi Americani. Questo contributo al processo di formazione dei nostri studenti ha l'indubbio significato di prendere coscienza di temi di grande rilevanza, sia per il presente che per il futuro dell'umanità (come, ad esempio, la questione demografica, il problema degli insediamenti, il nodo dei rapporti umani con le culture e con l'economia), che costituiscono una base di riferimento necessaria per comprendere aspetti fondamentali del pianeta Terra».[2]

È stata scelta questa *definizione* di Gambino in quanto fa esplicito riferimento alla preparazione in tal senso dei futuri insegnanti.

Un caso come modello didattico

Le attività di laboratorio si sono sviluppate intorno all'affermazione di C. Giorda: "è importante educare alla conoscenza del territorio attraverso lo studio di casi reali", che si combina perfettamente con le prassi di ricerca storico didattica ormai consolidate nel curricolo di Clio '92.

Per il laboratorio è stato scelto di presentare come percorso esemplificativo quello sulle bonifiche pubblicato dalla Giunti Scuola nel fascicolo del laboratorio dedicato a "Storia, geografia

[2] Tratto dal testo del programma del corso di "Geografia umana" presso l'Università di Messina del professor Jiosè Gambino nell'a.a. 2007/2008.

e..." allegato alla rivista La Vita scolastica.[3] A partire dall'analisi di questo esempio sono state individuate le linee di sviluppo di un possibile percorso che ha come tema la conoscenza del proprio territorio a partire dalle trasformazioni subite grazie a opere di bonifica idraulica.

Sviluppo del modello

Dopo aver individuato il tema è stato necessario definire gli obiettivi che si intendono far raggiungere ai bambini distinguendoli tra quelli di storia e quelli di geografia, a partire da linee di sviluppo di ognuna delle due discipline, riassunte nella figura .

Figura 3

Dove si incontrano la storia e la geografia nella trattazione di un caso

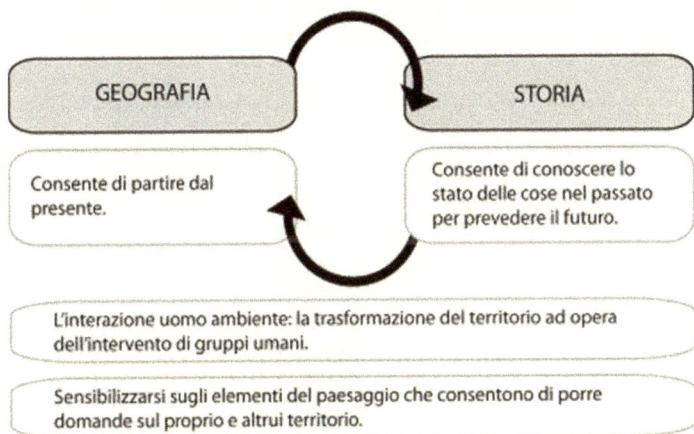

GEOGRAFIA	STORIA
Consente di partire dal presente.	Consente di conoscere lo stato delle cose nel passato per prevedere il futuro.

L'interazione uomo ambiente: la trasformazione del territorio ad opera dell'intervento di gruppi umani.

Sensibilizzarsi sugli elementi del paesaggio che consentono di porre domande sul proprio e altrui territorio.

Sono stati poi individuati obiettivi più contestuali ad ognuno dei percorsi disciplinari funzionali al tema scelto:

[3] Coltri L. (2011), " La trasformazione del territorio: le bonifiche", *Storia, geografia e...*, Laboratori interdisciplinari per tutte le classi, allegato alla rivista *La vita scolastica* n. 8.

Geografia	Storia

Obiettivi

• Individuare gli elementi del territorio attraverso la lettura analitica e critica del paesaggio. • Individuare le tracce geografiche che segnalano le trasformazioni ambientali da territori di palude in territori bonificati.	• Individuare le fonti per conoscere il territorio come era prima della bonifica.

Individuare i dati per porre domande opportune di geografia e di storia
Quello che vediamo è sempre stato così?
Cosa è stato fatto per rendere vivibile il territorio in cui viviamo?
Cosa potrebbe accadere se non salvaguardiamo il territorio?

Leggere il paesaggio come appare oggi: • la pianura e l'intensa attività agricola. • le zone costiere e l'attività turistica • zone urbanizzate	Trovare informazioni su come appariva il paesaggio e come poteva essere il territorio prima: nelle immagini, nei documenti, nelle narrazioni.
Ricostruire il paesaggio come era prima della bonifica: zone paludose con attività di pesca.	Individuare il periodo di trasformazione determinante per quei fenomeni.

Obiettivi di sviluppo

Conoscere le istituzioni preposte alla salvaguardia del territorio oggi.	Riconoscere diversi periodi in cui sono state fatte opere di bonifica da diversi gruppi umani.
	Conoscere le opere di bonifica da parte di Etruschi e Romani, le grandi bonifiche del primo novecento in tutta Italia.

Gli strumenti per le attività

Vengono presentate alcune schede esemplificative che accompagnano gli alunni in ogni fase del percorso.

Il paesaggio oggi

Il percorso inizia con l'osservazione della realtà attraverso immagini fotografiche della zona scelta, come appare oggi.

Scheda 1 - Lettura della fotografia per far cogliere gli elementi di attualità del territorio

Informazioni dirette	Elenca gli elementi dell'ambiente naturale Elenca gli elementi antropici	**Quale tipo di costa è rappresentata?**
Informazioni inferenziali	Quale attività economica prevale? Agricola-turistica	**Andresti in vacanza in un luogo come questo? Perché?**
Domande	Dove si trova? È sempre stato così?	

Per collocare il territorio usato come un caso di studio utilizziamo la carta fisica dell'Italia.

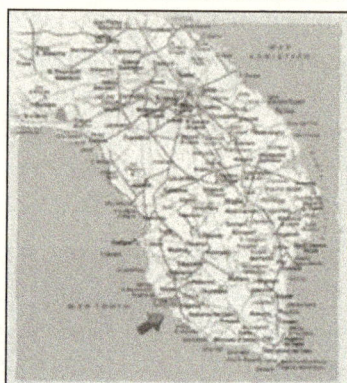

Di che tipo di carta si tratta? Quali informazioni possiamo ricavare da questa carta?	Di quale regione si tratta? Quali informazioni puoi ricavare da questa carta?

Le carte geostoriche diventano uno strumento indispensabile.

Il paesaggio nel passato/ieri

Scheda 3 - Lettura di una carta Geostorica per conoscere il territorio prima della bonifica

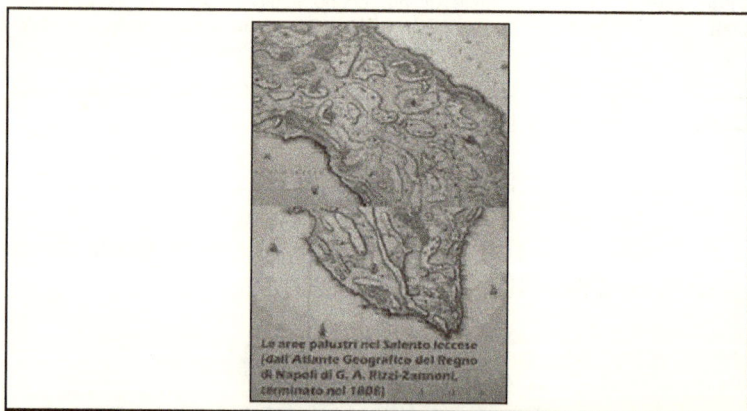

Le aree palustri nel Salento leccese
(dall'Atlante Geografico del Regno
di Napoli di G. A. Rizzi-Zannoni,
terminato nel 1808)

Informazioni dirette	A quale atlante appartiene questa carta? Quale data viene riportata? A quale territorio si riferisce?	Quali segni dominano in questa carta linee rette o curve
Informazioni inferenziali		Le zone circolari segnate sulla carta a cosa ti fanno pensare?
Domande		quanto tempo fa il Salento era una terra palustre?

- **La lettura delle fonti**: un'altra scheda propone ai bambini una lettura analitica per conoscere il territorio attraverso la descrizione di due testimoni.

- **La rappresentazione iconica**: alla fine della lettura si compone l'immagine del passato anche con l'aiuto di internet e della LIM.

- **La collocazione sulla carta**: importante è il continuo riferimento alle carte geografiche che man mano si completano o mostrano situazioni nuove.

Scheda 4 - Un testo per ricostruire l'immagine di un paesaggio del passato

D. Orlando scriveva nel 1885: «*Tutta la costa di questa Provincia (di Lecce) dal confine con quella di Bari presso Ostuni sino alla costiera di S. Cesaria e dal Capo de Leuca sino al Bradano sul confine della Basilicata, si costituiva di lande paludose e malsane, in cui l'agricoltura era quasi abbandonata, perché i pestilenziali miasmi trasportati a grandi distanze dal vario e frequente soffiare dei venti, producevano infermità e non di rado la morte a chi volesse mettere a coltura qualche zona di suolo*».

In quale anno D. Orlando fa questa descrizione?
Come appariva la costa della zona di Lecce nel 1885?

Scheda 5 - La linea del tempo per organizzazione le informazioni e porre nuove domande

								2000 - 2011
Passato								**Presente**

⬇

Quando e come è avvenuto il cambiamento?

La trasformazione del paesaggio

Le immagini corredate da una scheda di lettura propongono il periodo della trasformazione.

Scheda 6 - Lettura di immagini del passato (Immagini reperite nel sito del Consorzio di Bonifica del Salento leccese)

	Informazioni dirette	Informazioni inferenziali
Come descriveresti la scena?		Cosa ti fa pensare questa immagine?
Cosa stanno facendo		
Quali strumenti di lavoro sono utilizzati?		

Chi sta facendo opere di bonifica		Come ottenere informazioni?
Quando accadeva?		Come ottenere informazioni?

Paesaggi del futuro

Scheda 7 - Per il futuro

«*Tutta la costa di questa Provincia (di Lecce) dal confine con quella di Bari presso Ostuni sino alla costiera di S. Cesaria e dal Capo de Leuca sino al Bradano sul confine della Basilicata, si costituiva di lande paludose e malsane, in cui l'agricoltura era quasi abbandonata, perché i pestilenziali miasmi trasportati a grandi distanze dal vario e frequente soffiare dei venti, producevano infermità e non di rado la morte a chi volesse mettere a coltura qualche zona di suolo*». Bruno Antonio (2010), *Salento leccese senza Bonifica: la palude dei sogni.*

Di quale paesaggio parla l'autore A. Bruno?
Chi ha *cancellato* (trasformato) il paesaggio malsano che c'era prima nel Salento?
Cosa accadrebbe senza una manutenzione costante al territorio del Salento Leccese?

Come la civiltà romana si espande in una valle

di M. Giuseppina Biancini e Cristina Carelli

La scelta del tema: il caso delle valli del Sentino, del Misa e del Cesano

Le attività proposte nel laboratorio si sono basate sulla convinzione che l'intelligenza geostorica si fondi sull'attivazione e lo sviluppo delle operazioni cognitive spazio-temporali, sulla capacità di cogliere relazioni, di costruire conoscenze, di saper riorganizzare e comunicare le conoscenze apprese. Poiché la storia e la geografia interagiscono nella costruzione delle conoscenze, abbiamo progettato un percorso didattico atto a promuovere la costruzione di conoscenze geografiche utili alla comprensione storica e viceversa.

Inoltre, abbiamo guidato i corsisti ad evidenziare come la costruzione di conoscenze a scala locale contribuisca alla comprensione della storia generale. Abbiamo cercato di fare questo attraverso la rilevazione delle relazioni esistenti tra caratteristiche di un territorio e fenomeni storici e viceversa, quindi tra costruzione di conoscenze geostoriche a scala locale e quelle a scala generale per formare la competenza a costruire percorsi didattici geostorici che siano significativi, laboratoriali, metacognitivi, orientativi.

Pertanto abbiamo sollecitato i corsisti ad utilizzare il territorio locale come un libro da studiare, da esplorare, assumendo come tema da "indagare" la civiltà romana e lo sviluppo della romanizzazione nel nostro territorio.

Il territorio nel presente e nel passato

Abbiamo reputato basilare, innanzitutto, esplicitare le aree laboratorio su cui si è deciso di lavorare, che nella figura 1 sono evidenziate in nero: la zona della Valle del fiume Sentino, in cui si trova il sito archeologico della città romana di Sentinum (nei pressi di Sassoferrato, Ancona) e quella della valle del fiume Cesano in cui è situata la città romana di Suasa (a Castelleone), di Suasa, in provincia di Ancona). Per mancanza di tempo abbiamo tralasciato la valle del Misa, che presenta anch'essa un'importante area archeologica, la città romana di Ostra Antica.

Figura 1 - L'area laboratorio

Quindi abbiamo avviato il percorso laboratoriale con attività mirate alla conoscenza degli elementi topologici che attualmente caratterizzano il territorio e di quelli che lo hanno caratterizzato in epoche precedenti. Pertanto si è svolta un'attenta analisi di mappe e carte geografiche moderne e antiche per la ricerca di elementi cartografici, sulla base dei quali, poi, effettuare un'osservazione comparata del territorio di oggi con quello del passato inerenti il periodo storico in questione e rilevarne permanenze e mutamenti, analogie e differenze.

Tra i documenti proposti per tale attività c'era anche la fotocopia della carta del Regio V (fig. 2), dalla quale è stato possibile rilevare l'estensione dell'**Ager Gallicus**: il territorio sottratto da Roma ai Galli Senoni agli inizi del III secolo a.c., dopo la battaglia del Sentino (295 a.c.) ed entrato a far parte del demanio romano.

Figura 2 - Carta del Regio V Picenum e VI Umbri

In questo modo si è potuto constatare come la valle del fiume Cesano, che si estende per 62 km tra le province di Pesaro e Ancona, a partire dal monte Catria fino allo sbocco al mare, che avviene nei pressi Marotta, costituisce un territorio dalla grande omogeneità fisica, che ha determinato nei secoli una coerente e articolata rete viaria e un insediamento umano capillare e diffuso.

Le corsiste hanno pertanto focalizzato l'attenzione sul sistema viario, comparando le figure 3, 4 e 5 e l'insediamento attraverso la

lettura delle figure 6 e 7, per poi ricercare delle relazioni tra geostoria locale e geostoria generale rispetto a le vie di comunicazione
da Roma all'Adriatico, il commercio, l'urbanizzazione...

Figura 3 - In colore blu il tracciato della via Flaminia; in colore viola il di-
verticulum via Flaminia nova.

Figura 4 - La viabilità di età romana

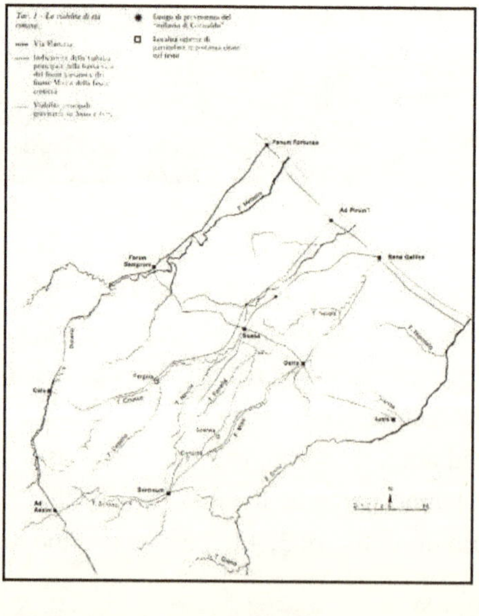

Figura 5 - La viabilità oggi

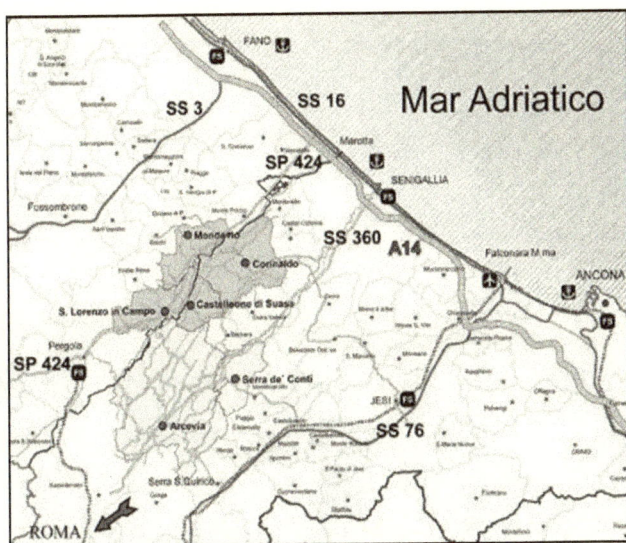

Figura 6 - La genesi dell'abitato di Suasa, che deve essere fatta risalire al processo di romanizzazione conseguente alla battaglia di Sentinum (295 a.C.).

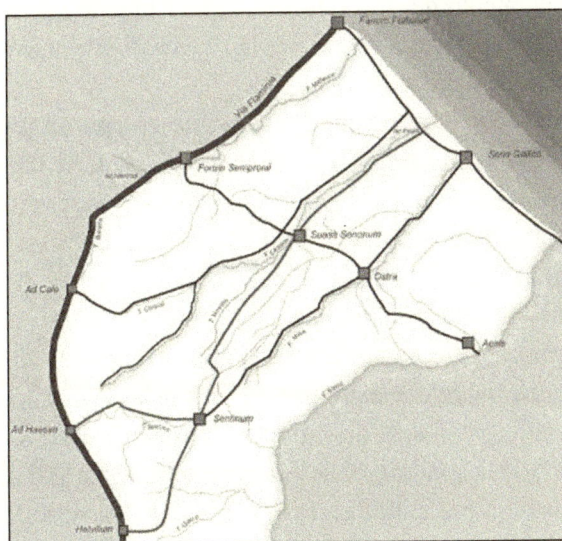

Lo svolgimento del laboratorio ha previsto anche visite ai siti archeologici e ai relativi musei per la ricerca di informazioni utili alla costruzione del quadro di civiltà.

I corsisti sono stati perciò divisi in due gruppi: un gruppo ha visitato gli scavi archeologici della città romana di Sentinum (II-I sec. a.C.) e il relativo museo archeologico, a Sassoferrato; l'altro ha visitato l'area archeologica della città romana di Suasa, i musei archeologici di San Lorenzo in Campo e di Castelleone di Suasa.

Durante la visita a Sentino abbiamo potuto osservare due tratti di strada romana, i resti di un edificio pubblico che risale al I secolo d.C., le terme pubbliche extra urbane, una palestra, gli spogliatoi, un colonnato, pavimenti di vari tipi (mosaico a lisca di pesce, marmo...) Questa strada, grande circa tre metri, risale al II sec. a.C., è a due corsie e presenta tracce delle ruote dei carri. Si tratta del Cardo e ad un certo punto si incrocia con il Decumano.

Figura 8 - La strada romana a Sentino

Gli scavi al Parco Archeologico di Suasa, che sono stati avviati nel 1987 dagli archeologi dell'Università di Bologna, riguardano l'area in cui sorgeva, appunto, Suasa, l'unica città romana nella valle del Cesano, situata a circa 30 km dalla foce del fiume. Questa città diventò importante nel I sec. a.C. e nel I sec. d.C. venne arricchita di grandi edifici pubblici: l'anfiteatro, il teatro e il foro commerciale.

Figura 9 - Suasa oggi: gli scavi archeologici

Gli scavi al Parco Archeologico hanno portato alla luce i resti di una ricca domus romana, la domus Coiedii (I-II secolo d.C.), che abbiamo visitato con la guida del dott. Mirco Zaccaria, archeologo e restauratore che da anni lavora in quest'area. La domus, di proprietà della famiglia dei Coiedii, di cui la persona più prestigiosa fu il senatore Lucio Coiedio Candido, è situata nei pressi del foro di Suasa, non lontano dai ruderi di un anfiteatro di grandi dimensioni, ancora visibile.

L'attuale strada principale, dritta e parallela al fiume, nasconde quella romana: il *decumano* che collegava Sentinum (oggi Sassoferrato) a Sena Gallica, oggi Senigallia. Recentemente si è scavato per riportarne alla luce un breve tratto che si presenta in buone condizioni.

Il nostro percorso laboratoriale è continuato, sempre con la guida del dott. Zaccaria, al museo archeologico di Castelleone di Suasa, di recente allestimento, che conserva alcune pitture parietali in stile pompeiano con diversi motivi di tema teatrale, forse per la vicinanza dell'anfiteatro, una testa di Augusto ed altri reperti trovati durante gli scavi che confermano l'esistenza di un ambiente raffinato e di una certa agiatezza.

Il museo costituisce un tassello del percorso didattico messo a punto negli ultimi anni dal "Consorzio città romana di Suasa" che raccoglie diverse località della valle del Cesano, a pochi chilometri da Senigallia (l'antica Sena), in qualche modo legate all'antica città di Suasa.

La romanizzazione del territorio come processo di trasformazione.

La fase successiva del laboratorio ha riguardato la lettura e il confronto delle informazioni ricavate dalle osservazioni in loco a partire dalle quali, anche grazie ad alcune annotazioni del dott. Zaccaria, abbiamo ipotizzato la possibile configurazione del territorio prima della romanizzazione per poi ricostruire il processo di trasformazione che ha portato ad alcune permanenze e a evidenti mutamenti apportati al territorio con il diffondersi della civiltà romana.

Per realizzare questo lavoro è stato molto utile il percorso museale svolto a San Lorenzo in Campo dove è allestito il museo di questa area ("Museo Archeologico del territorio" che ne documenta le modificazioni fino alla tarda età romana), secondo uno sviluppo che coincide perfettamente con la cronologia.

La visita al museo di San Lorenzo è piacevole anche per i bambini perché è arricchita da pannelli con ricostruzioni del paesaggio naturale e antropico del territorio; sono visibili gli aspetti della vita sociale ed economica di questa zona, quando le popolazioni delle città romane di fondovalle come Suasa furono costrette a trasferirsi in alto per potersi difendere più agevolmente dalle scorrerie e dai disordini seguiti alla crisi dello stato romano, fenomeno che ha consentito la conservazione, interrata, degli insediamenti di piano fino ai nostri giorni.

Verso il quadro di civiltà

Confrontando le carte dei siti archeologici di Sentinum e di Suasa e le informazioni prodotte dall'analisi dei reperti osservati nei musei, abbiamo individuato caratteristiche comuni che ci hanno permesso di compiere alcune generalizzazioni, che abbiamo ricondotto ad aspetti della civiltà romana. A partire da questi primi nuclei informativi, attraverso la consultazione di testi storiografici, abbiamo prodotto le informazioni necessarie a costruire più testi descrittivi, che abbiamo riportato nel poster della civiltà romana nel periodo imperiale insieme a mappe, grafico temporale, fotografie e disegni.

Alimentazione: una tematica geostorica ricorrente nella scuola secondaria di primo grado

di *Livia Tiazzoldi*

L'alimentazione, il cibo e la cucina costituiscono un efficace strumento per parlare di cultura, di storia, geografia, ma anche di radici e di scambi fra popoli diversi nel mondo. La cucina è un vero e proprio linguaggio, sostiene lo storico dell'alimentazione Massimo Montanari.

«Essa possiede i vocaboli (i prodotti, gli ingredienti) che si organizzano secondo regole di grammatica (le ricette che danno senso agli ingredienti trasformandoli in vivande), di sintassi (i menu, ossia l'ordine delle vivande) e di retorica (i comportamenti conviviali) […].contiene ed esprime la cultura di chi la pratica, è depositaria delle tradizioni e dell'identità di gruppo […]. Più ancora della parola, il cibo si presta a mediare fra culture diverse, aprendo i sistemi di cucina a ogni sorta di invenzioni, incroci e contaminazioni».[1]

Ecco perché questa tematica può trovare una sua specifica collocazione all'interno di un curricolo geostorico, arricchendolo oltretutto di una grande valenza interculturale.

Si può lavorare in modo interdisciplinare sul cibo a partire dalla geografia, tenendo conto del fatto che lo spazio può essere considerato in molti modi:

---

[1] Montanari M. (a cura di) (2002), *Il mondo in cucina. Storia, identità, scambi*, GLF Editori Laterza, Bari, Introduzione, p.VII.

- *come luogo di produzione* dei cibi della nostra quotidiana alimentazione, luogo dell'agricoltura ossia del lavoro attraverso il quale l'uomo, grazie alla sua tecnologia, ricava dalla natura quanto gli serve per alimentarsi;
- *come luogo di consumo*: modalità, qualità del rapporto con il cibo e con i commensali, qualità del cibo consumato. I luoghi di consumo sono spazi di socializzazione, di relazione interpersonale, di riconoscimento reciproco ed appartenenza ad un ruolo sociale (cfr. collegamento col passato e con diversi modelli di società);
- *come comunicazione*. Mangiare insieme è gesto rituale di scambio e di relazione. Il cibo è simbolo dell'identità di un territorio, simbolo di appartenenza a quel territorio, ma anche mezzo di scoperta di culture diverse dalla propria: attraverso il cibo si può entrare in rapporto con diversità regionali ed etniche;
- *come rito*. Il cibo è legato alla ritualità religiosa, alla dimensione della festa, della cerimonia, della ricorrenza;
- *come espressione artistica* (cfr. pittura, letteratura, musica, cinema).

Piante e animali in dialogo fra storia e geografia. Un viaggio nello spazio, (dall'Italia al mondo), e nel tempo (dal presente al passato).
Proposta di laboratorio riservato ai docenti della scuola secondaria di primo grado

Scopo del laboratorio

Sperimentare come la storia e la geografia possano interagire all'interno di una tematica significativa come quella dell'alimentazione che, partendo dal presente del nostro mondo a tavola, attiva percorsi su scala locale e mondiale, approcci interculturali e sollecitazioni sul piano della cittadinanza responsabile.

Metodologia di lavoro

1. partenza dal presente (geografia), formulazione di una domanda guida, ricerca nel passato (storia), ritorno al presente con possibile aggancio alla cittadinanza tipo il potere del consumatore, il commercio equo e solidale, l'omologazione nei consumi alimentari del nostro presente, gli sprechi alimentari ecc;
2. inserire, ove possibile, elementi interculturali (ad esempio il valore simbolico del cibo, i tabù alimentari, gli stereotipi, i cibi identitari, radici e identità in cucina);
3. progettare attività da proporre agli allievi che attivino abilità diverse;
4. immaginare un possibile prodotto finale del percorso: una conferenza ai genitori, un prodotto multimediale o altro;
5. prevedere, tra le attività da proporre agli allievi, anche qualche produzione testuale: testi informativi, brevi testi storiografici (legati magari all'analisi di qualche documento), testi argomentativi e magari anche espressivi (dato che i docenti di queste discipline insegnano anche italiano).

Prodotti attesi

Il laboratorio prevedeva la costruzione di una o più unità di insegnamento-apprendimento, indirizzate ad allievi di classe prima, seconda o terza della scuola secondaria di primo grado. In ogni anno di corso è infatti possibile, a partire dal presente, progettare un viaggio nel passato che ricostruisca le tappe di una trasformazione e che ne riconosca le tracce nello spazio vicino e lontano.

345

Esito del laboratorio

Alla luce della tematica indicata nel titolo, si è provato ad intrecciare i curricoli delle due discipline, sia attivandone le rispettive competenze, che coniugando "i contenuti" previsti anno per anno e inseriti nei rispettivi manuali.

Le informazioni fornite dai testi sono state integrate con altri documenti e filmati in modo da poter strutturare percorsi diversificati sul piano delle attività richieste agli allievi.

La tematica dell'alimentazione è stata inserita all'interno di alcuni processi di trasformazione o unità di avvio delle tre classi, individuando concetti, conoscenze e materiali di riferimento anche sui manuali di storia e geografia.

L'articolazione di seguito presentata è frutto di una prima elaborazione realizzata durante il laboratorio da me condotto alla scuola estiva di Arcevia 2011. È centrata soprattutto sulla classe prima. Per quanto riguarda la seconda e la terza, si offrono soltanto alcune brevi indicazioni.

CLASSE PRIMA

Unità di avvio

In cucina per studiare storia e geografia

Attività inserita nel modulo zero di accoglienza per la classe prima tematizzata sul cibo:

- Ricerca di cibo presente in frigo e credenza. Entriamo in cucina, apriamo il frigorifero e anche la dispensa in cui si conservano i cibi. Facciamo poi un elenco di quanto contengono distinguendo i cibi freschi (frutta, verdura, carne, pesce, uova, formaggi, latte), i grassi (olio, burro..), le bevande (acqua, vino, bibite..) e i cibi conservati

• Dalla lettura delle etichette si può ricavarne la provenienza da indicare su di un planisfero, si possono inoltre collegare i cibi frutto di lavorazione industriale alla materia prima da cui provengono. Si può infine chiedere a ciascun ragazzo di elencare i consumi giornalieri della sua famiglia in modo da evidenziare e poi tabulare a livello collettivo quali sono le bevande ed i cibi (freschi e conservati) più consumati .

• Racconto dei nonni e dei genitori sull'alimentazione nel passato

• (asse temporale) ed eventuale intervista ad alunni e famiglie straniere (asse spaziale) che potrebbero avere abitudini alimentari diverse

• Introduzione al tema dell'identità composita delle radici europee con la lettura del testo che segue dove la cucina è collegata alla duplice nozione di identità e di scambio

Massimo Montanari *"Spaghetti al pomodoro"*

«Come sono fatte, quale forma hanno le radici? Da come spesso se ne parla, sembrerebbero fatte a forma di carota: il vertice in fondo sarebbe il punto da ritrovare, il luogo mitico delle nostre origini. Ma le radici sono fatte al contrario: scendendo in profondità si allargano. Più scendiamo nel terreno, più le radici si allargano. E si badi: la pianta, più le radici sono ampie, più è forte e duratura.

Allora, se proprio vogliamo giocare al gioco delle radici, io propongo di farlo seriamente e fino in fondo, di utilizzare fino in fondo la metafora (perché una metafora è sempre specchio della realtà che rappresenta). Cerchiamo le nostre radici? Benissimo. Più cerchiamo, più ci allontaniamo da noi. Più cerchiamo, più troviamo il mondo [...].

Proviamo a immaginare un piatto di spaghetti al pomodoro: un segno decisivo, oggi, dell'identità italiana. Immaginiamoli conditi nel modo più semplice, con sugo di pomodoro, olio, aglio, una spruzzata di parmigiano, una foglia di basilico; magari (per chi gradisce) un pizzico di peperoncino.

Quali sono le radici di questo piatto? Come si sono messi insieme questi ingredienti? Di tutte le cose che ho messo in fila, una sola possiamo ritrovarla nella nostra tradizione fin dall'età romana: l'aglio. Il parmigiano è un'invenzione medievale, risalente più o meno al XII secolo, contemporanea (non a caso) all'affermarsi della pasta come piatto tipico della cucina italiana, ma, a quel tempo, anche di altri paesi europei. Come ho accennato prima, la pasta secca (e aggiungo ora: la pasta lunga) è un apporto della cultura araba, che troviamo per la prima volta nella Sicilia di tradizione araba nei secoli centrali del Medioevo (una fabbrica di pasta è attestata vicino a Palermo nel XII secolo). Ma proseguiamo con i nostri ingredienti: per il pomodoro, e anche per l'eventuale peperoncino, dobbiamo attendere l'arrivo dei prodotti americani, cioè il XV-XVI secolo. Sul basilico vi so dire poco, se non che è assente dai ricettari italiani fino a secoli molto recenti (fino al Sei-Settecento non mi pare di averlo mai trovato). Manca solo l'olio: prodotto antichissimo, greco e poi romano, ma, paradossalmente, nuovissimo. Nessuno usava l'olio sulla pasta, fino al XIX secolo: dal Medioevo in avanti, il condimento della pasta è inevitabilmente il burro (di solito arricchito con zucchero e altre spezie), e la prima ricetta italiana di spaghetti al pomodoro, datata agli anni trenta dell'Ottocento, è condita con lo strutto. L'olio, cioè la cosiddetta "dieta mediterranea", in cucina si afferma solo nel Novecento.

Tiriamo le somme: almeno tre continenti (l'Europa, l'Asia, l'America) e almeno duemila anni di storia, che hanno visto sovrapporsi diverse culture, sono stati necessari per dare forma al piatto di spaghetti che oggi percepiamo come elemento costitutivo della nostra identità alimentare e culturale. Questo vale per ogni piatto, per ogni ricetta. In fondo alla loro storia troveremo territori lontani e culture diverse...».[2]

Unitá di raccordo con la scuola primaria

Piante di civiltà: grano, riso, mais

Riflessione sulle interazioni uomo-ambiente con particolare riferimento alle civiltà fluviali, individuando somiglianze e differenze nello spazio e nel tempo (Egitto, Cina e Civiltà Mesopotamiche) e apertura al mondo precolombiano attraverso il mais.

[2] Montanari M. (2005), "Un Medioevo aperto al mondo", relazione tenuta al convegno *La storia è di tutti. Nuovi orizzonti e buone pratiche nell'insegnamento della storia*, Modena, 9 settembre.

La tematica è ampiamente trattata da Fernand Braudel (1982) nel suo libro *Le strutture del quotidiano*, Civiltà materiale, economia e capitalismo, I, Einaudi, Torino, e ripresa anche in altri testi come quello di Antonio Saltini (2010), I *semi della civiltà. Frumento, riso e mais nella storia delle civiltà umane*, Nuova Terra Antica, Firenze.

Il recupero del percorso storico affrontato dagli allievi nel corso della scuola primaria introducendo questo filtro di lettura consente di spostarsi dalla cucina, luogo di consumazione dei cibi, al territorio, luogo di origine dei cibi, e di riconfermare ancora una volta la stretta interconnessione fra storia e geografia.

Nel testo sopra citato Saltini mette in luce la complessità del processo di neolitizzazione e la grande portata delle metamorfosi che la coltivazione dei cerali impone all'organizzazione delle varie società. Fa notare ad esempio come lo spostamento della coltivazione di una pianta dalla collina alla pianura, fertilizzata dalla presenza di un fiume, trasformi la società del villaggio in una vera e propria civiltà urbana, che si struttura in tempi molto più brevi di quelli millenari richiesti dalla nascita dell'agricoltura.

«In tempi altrettanto brevi le giovani società urbane si aggregano in vasti imperi: a imporne la riunione sono le stesse esigenze che ne hanno determinato la formazione, le esigenze correlate alla costruzione, alla manutenzione e alla difesa dei sistemi di regimazione delle acque».[3]

È interessante poi sottolineare la differenza tra la Mezzaluna fertile e la valle del Nilo per quanto riguarda la coltivazione del grano.

«Mentre il Tigri e l'Eufrate serpeggiano pigramente in una pianura sconfinata, formando meandri e paludi, tra le quali la regimazione della piena in una regione non ne modifica il decorso in quelle adiacenti, il Nilo percorre la sua stretta valle in linea retta, e il decorso dell'esondazione nelle campagne del delta, la più ampia area agricola del paese, dipende

---

[3] Saltini A. (2010), *I semi della civiltà. Frumento, riso e mais nella storia delle civiltà umane*, Nuova Terra Antica, Firenze, p. 11.

direttamente dal suo controllo alle tre successive cateratte, a oltre mille kilometri di distanza. Per garantire la migliore irrigazione del delta è necessario, cioè, il controllo idraulico, perciò anche militare, di una regione remota [...] mentre la Mesopotamia resterà, per tre millenni, mosaico di nazioni maggiori e minori, i Sumeri, gli Hittiti, i Babilonesi, che prevarranno, alternativamente gli uni sugli altri, senza creare un'unità stabile, che non è indispensabile all'economia della regione, in Egitto le esigenze agrarie e idrauliche impongono un'unità politica che sfiderà, inalterata, tre millenni».[4]

La riflessione continua prendendo in considerazione la valle dell'Indo, area di coltura del frumento e dell'orzo e quelle del Gange e dello Yangtze, luoghi di coltura del riso.

«In Europa [prosegue Saltini] dalla valle del Danubio a quella del Reno, da quella del Po a quella del Tamigi, per tre millenni la coltivazione dei cereali viene realizzata da popolazioni aggregate in villaggi e città che ricalcano le dimensioni degli insediamenti neolitici sulle pendici della Mezzaluna fertile. Stabilitisi in terre sulle quali il grano e l'orzo prosperano senza la necessità di complessi sistemi di irrigazione o di emungimento delle acque, i primi agricoltori dell'Europa centrale non conoscono gli imperativi dell'unità politica che esercitano un peso determinante sulle origini della civiltà nelle regioni in cui si saldano Asia, Africa ed Europa. Ma tutti sono destinati ad essere soggiogati dall'organismo politico che ripeterà in Europa, l'efficienza accentratrice degli imperi granari d'Oriente: la macchina bellica e frumentaria di Roma [...] a differenza degli organismi di cui ricalca il modello, Roma non è collocata al centro di una fertile pianura cerealicola, ma tra colli pietrosi più propizi alla pastorizia e all'arboricoltura che alla coltura del frumento. Traducendo l'elemento di debolezza in fulcro di forza, i discendenti di Romolo sapranno dirigere la propria passione di conquista verso tutte le aree di produzione frumentaria del mondo conosciuto, creando un sistema granario in cui aree di produzione e centri di consumo dovranno essere connessi da lunghe rotte marine. Conquistate le regioni agrarie più ricche dell'Orbe, il governo romano ne mantiene la sottomissione conservandovi truppe che alimenta con le risorse locali, alle quali affida il compito di assicurare la spedizione a Roma, ogni anno, del tributo annonario dovuto da ogni regione alla capitale».[5]

---

[4] Saltini A. (2010), op. cit..
[5] Saltini A. (2010), op. cit., pp. 12-13.

Primo processo di trasformazione

Radici che si allargano scendendo in profondità

- Tempo: dal 300 al 1000 d.c.
- Scala europea
- Tematizzazione: prevalentemente economica

Il riferimento all'alimentazione può essere ripreso all'interno di questo processo di trasformazione utilizzando ancora una volta le riflessioni di Massimo Montanari.

«Il Medioevo europeo è un'epoca che vede formarsi un'identità alimentare e gastronomica nuova, radicalmente innovativa rispetto al passato, grazie a uno straordinario esperimento di contaminazione, anche conflittuale, tra culture diverse e in qualche misura opposte. La nuova civiltà nasce dall'incrocio fra tradizione romana (ripresa e rafforzata dal cristianesimo) e tradizione germanica.

Sul piano dei valori alimentari ciò significa che la cultura del pane, del vino e dell'olio, prodotti-simbolo della tradizione romana eletti anche a simboli della nuova fede, si innesta nella cultura della carne, della birra e dei grassi animali propria dei nuovi arrivati. Ne scaturisce un modello inedito di produzione e di consumo, quello dell'Europa medievale cristiana, che vede le attività silvopastorali-le varie forme d'uso della foresta-assumere un rilievo centrale accanto all'agricoltura, e la carne (soprattutto la carne di maiale) affiancare il pane come "valore forte" del sistema, in una dinamica di reciproca integrazione, sia economica sia simbolica, che costituisce, a mio avviso, uno degli episodi più interessanti nella storia della cultura alimentare.

Il pane e il maiale (e con loro il vino) diventano i segni alimentari dell'identità europea, mentre sulle sponde meridionali del Mediterraneo si afferma, a iniziare dal VII secolo, una nuova cultura, quella islamica che rifiuta vino e maiale come alimenti impuri, includendo il pane, ma come cibo fra i tanti, ben lontano dagli straordinari significati identitari che cominciano a caratterizzarlo nelle regioni cristiane. Tale vicenda finisce per proiettare a nord del Mediterraneo alcuni "valori" che erano cresciuti altrove, sulle sponde meridionali di quel mare: la civiltà del pane e del vino era nata nelle regioni medio-orientali; dal Medioevo in poi diventa soprattutto europea.

La cultura islamica, peraltro, non partecipa a questo cambiamento di percorso solo in termini di alterità negativa, ma fornisce essa stessa un decisivo apporto al nuovo modello gastronomico che si elabora nell'Europa medievale.

Dal Medio Oriente e dall'Africa giungono nuove piante e nuove tecniche agricole; la canna da zucchero, gli agrumi, verdure come le melanzane o gli spinaci; arabi e saraceni "mediano" in Occidente il gusto orientale delle spezie e dell'agrodolce, rilanciando modelli che già la cultura gastronomica romana aveva praticato, ma in forme meno esclusive. Portano in Europa anche la coltura e la cultura del riso; in Sicilia introducono l'uso della pasta secca, un genere di consumo che anche gli ebrei vanno diffondendo in Europa, destinato a grande fortuna soprattutto in territorio italiano. Anche in questo caso, la "tradizione" si afferma e si sviluppa ben lontano dai luoghi di "origine".

Né mancano tracce dirette della cultura greca, romana, ellenistica: la produzione e il commercio del garum, la salsa a base di pesce che aveva dato il tono alla cucina antica, si conservano per tutto l'Alto Medioevo sulle coste adriatiche e tirreniche del Mediterraneo, penetrando anche nei paesi di cultura germanica. I testi medievali di cucina sono espressione di questa cultura "sincretistica"».[6]

Si riconferma l'idea, introdotta nell'unità di apertura, del sistema alimentare inteso come contaminazione e integrazione di culture diverse e particolarmente presente nella realtà dei regni romano-germanici.

Si fa inoltre notare, ancora una volta, l'importante relazione fra storia e geografia. La posizione geografica dell'impero islamico viene infatti collegata alla funzione storica di mediazione fra Oriente e Occidente esercitata dagli Arabi, che trasformarono il Mediterraneo da mare interno a mare di confine, luogo di scambi e di intrecci.

[6] Montari M. (a cura di) (2002), "Introduzione", *Il mondo in cucina. Storia, identità, scambi*, GLF Editori Laterza, Bari.

Secondo processo di trasformazione

Dalla curtis all'economia degli scambi (campagna e città in parallelo)

- Tempo: dall' 800 al 1300 d.C.
- Scala europea con riferimento particolare all'Italia e alla storia locale
- Tematizzazione: prevalentemente economica

All'interno di questo secondo processo è possibile confrontare le tecniche di produzione e consumazione del cibo che si susseguono nel tempo: dal decentramento delle colture fra pars dominica e massaricia nella curtis, all'accentramento determinato dal fenomeno dell'incastellamento con le coltivazioni disposte ad anello (colture più delicate all'interno e seminativo all'esterno) attorno all'abitato, al rapporto di scambio fra città e campagna.

Si possono osservare di pari passo le trasformazioni del paesaggio, focalizzandosi sulla storia d'Italia e sulla realtà locale in cui ci si trova ad operare.

Dal punto di vista didattico questa parte del percorso può essere efficacemente sviluppata utilizzando come fonti le immagini medievali miniate che riproducono il lavoro dei campi nelle varie stagioni, la vita quotidiana del contadino, la trasformazione del paesaggio: dal campo coltivato a grano dell'età romana associato alla coltura di vite ed olivo al paesaggio del pascolo con i maiali selvatici.

CLASSE SECONDA

Primo processo di trasformazione

Da un'economia chiusa ad una prima mondializzazione: "Il piatto si arricchisce di nuovi cibi e ricette". Storia e geografia dei cibi di cui ci nutriamo

- Tempo: dal 1200 al 1700
- Spazio: scala mondiale
- Tematizzazione: economica

Conoscenze implicate:

1. Allargamento circuiti commerciali
2. Centralità oceano indiano (otto circuiti e Mediterraneo)
3. Triangolo Europa occidentale-Arabi-Cina
4. Animali al servizio dell'uomo: utilizzo degli animali lungo la via della seta
5. Spezie prodotto di lusso (area esterna)
6. Nascita economia-mondo europea: scambio colombiano con una serie di esempi a cavallo fra il passato della storia ed il presente della geografia:
   - la patata ed il suo successo in Europa (cfr. Irlanda: demografia, parassita, emigrazione ecc. per quanto riguarda la storia). La produzione attuale di patate in Europa e nel mondo: perdita delle varietà, selezione delle sementi. Il processo di produzione industriale delle patatine fritte surgelate (cibo consumatissimo dagli Americani): dalla terra al freezer;
   - cacao e cioccolato: dagli Aztechi alla Svizzera di oggi, all'irrinunciabile Nutella, al commercio equo e solidale;

- pomodoro: scoperta di Colombo, diffidenza in Europa fino all'800, la salsa di pomodoro nella pianura padana, i pelati nel sud dell'Italia (pomodori tutto l'anno);
- mais: dai Maya a noi.
7. Spagna, Portogallo: da aree centrali dell'economia mondo a fanalini di coda dell'U.E.
8. Olanda: trasformazione del paesaggio
9. Crisi del 1300: squilibrio popolazione/risorse
10. Colonialismo delle potenze europee (differenze)
11. Commercio triangolare e monocolture
12. **Aggancio con la cittadinanza: commercio equo e solidale**

CLASSE TERZA

Unità tematizzata sull'alimentazione

Dalla mondializzazione alla globalizzazione: "Il mondo nel piatto in tutte le stagioni"

- Tempo: dal secondo Ottocento ad oggi
- Scala europea e mondiale
- Tematizzazione economica e sociale

Conoscenze implicate:

1. Le tre rivoluzioni industriali
2. La questione sociale nelle tre rivoluzioni industriali e come contrapposizione tra Nord e Sud del mondo nell'ultima fase (fame/obesità; OGM; sovranità alimentare; cibi a km zero; commercio equo / multinazionali.)

3. Boom economico e società di massa: tecniche di conservazione dei cibi (surgelati e lattine)
4. Omologazione del gusto (catene Mc Donald's)
5. Ruolo della pubblicità
6. Aggancio alla cittadinanza (obiettivi del Millennio e dal consumatore al cittadino).

Questi percorsi consentono di sperimentare come la storia e la geografia possano interagire all'interno di una tematica significativa come quella dell'alimentazione che, partendo dal presente del nostro mondo a tavola, attiva percorsi su scala locale e mondiale, approcci interculturali e sollecitazioni sul piano della cittadinanza responsabile.

Riferimenti bibliografici

Montanari M. (a cura di) (2002), *Il mondo in cucina. Storia, identità, scambi*, GLF Editori Laterza, Bari.
Montanari M. (2009), *Il riposo della polpetta*, GLF Editori Laterza, Bari.
Saltini A. (2010), *I semi della civiltà. Frumento, riso e mais nella storia delle società umane*, Nuova Terra Antica, Firenze
Montanari M. (2004), *Il cibo come cultura*, Laterza, Bari.

Filmati utilizzati

Alberto Angela, *Ulisse, il piacere della scoperta. La cucina nel mondo*, http://www.youtube.com/ (consultato il 29/01/2013).

Insegnare geostoria nelle scuole secondarie di secondo grado

di *Paola Lotti*

Premessa

Le attività e le simulazioni esemplificate nel laboratorio per le superiori[1] sono partite da alcuni presupposti, discussi nel e con il gruppo di lavoro, fondamentali sia per la programmazione individuale e dei Consigli di classe sia per le scelte tematiche e/o di problematizzazione da selezionare, sia per l'elaborazione di UDA trasversali e interdisciplinari necessarie, insieme a lavori, progetti, studi di caso, prove esperte[2] o altro, alla certificazione delle competenze al termine del biennio dell'obbligo:

1. il monte ore annuale di geografia e di storia nei tecnici e di geostoria nei licei;
2. il documento relativo agli assi e alla certificazione delle competenze;[3]

---

[1] S.E.A. 2011, *Geo-storie d'Italia: una nuova alleanza per la formazione di cittadini competenti*, laboratorio per le scuole secondarie di secondo grado.

[2] Sulle prove esperte ai fini della certificazione delle competenze per asse si veda il lavoro svolto in rete da alcune istituti del Veneto presente nel sito http://www.piazzadellecompetenze.net (consulato il 21/01/2013); anche Nicoli D. (2009), *La didattica per competenze nei contesti formativi*, seminario di studio "Verso la scuola delle competenze", Roma, 15 maggio.

[3] *Regolamento obbligo di istruzione*, 2007. Si vedano anche le *Raccomandazione del Parlamento Europeo e del Consiglio*, 23 aprile 2008, con "i 4 livelli EQF".

3. i profili in uscita elaborati con il riordino delle superiori e le linee guida;[4]
4. i manuali in adozione e l'enorme disponibilità di risorse della rete in termini di carte tematiche, interattive, testi non continui, rappresentazioni grafiche e territoriali, ecc.

La discussione precedente al lavoro vero e proprio ha messo in luce anche alcune problematiche consuete nel processo di insegnamento-apprendimento della geostoria, che abbiamo cercato di interpretare e in qualche modo, a provare a risolvere, pur nella limitatezza del tempo a disposizione. Ad esempio, l'insistenza a tenere separate le due discipline, anche per una questione collegata ai contenuti di storia e geografia, ad adottare di conseguenza due manuali, ad assegnare due voti distinti nonostante la valutazione formale sia unica; e anche la predilezione per l'una o l'altra disciplina a seconda degli interessi individuali dei docenti, la scarsa predisposizione degli studenti al lavoro trasversale e "per compiti", la difficoltà al lavoro per competenze-abilità, con preferenza verso un approccio frontale, trasmissivo, accumulativo dei saperi e non come ricostruzione sistematica. Tuttavia, se vediamo le esperienze e i materiali prodotti[5] successivamente alla scuola estiva di Arcevia, possiamo proporre, a questo punto, i suggerimenti, le idee pratiche, concrete ed efficaci ai fini dello sviluppo delle abilità e dunque di una certa autonomia degli studenti, emerse dal laboratorio.

---

[4] *Regolamento riordino tecnici*, 6 agosto 2008 e *Profilo unico a tutti gli indirizzi per storia e geografia*; *Linee guida Istituti Tecnici per il passaggio al nuovo ordinamento*, DPR 15 marzo 2010.

[5] Si veda, ad esempio, Diotti U., Bianchi S., Biancotti C. (2012), "La guida per il docente", allegata al manuale *Contesti di Geostoria*, De Agostini, Novara. La guida contiene esemplificazioni di UDA di geostoria per i licei, elaborate da un gruppo di docenti dell'Associazione Clio '92, che propongono tematizzazioni anche originali, e il loro sviluppo didattico. Insieme alle UDA il gruppo ha prodotto anche i *Learning Object*, finalizzati soprattutto al recupero e all'approfondimento delle stesse tematizzazioni, con l'uso didattico della rete e delle sue risorse.

La metodologia del laboratorio

Il laboratorio, a cui hanno partecipato sei insegnanti, si è svolto prima di tutto con una discussione animata, ma molto piacevole e costruttiva, sulle problematiche in cui gli insegnanti si trovano ad operare per realtà, contesti, abitudini, obiettivi, modalità di approccio all'insegnamento e all'apprendimento molto diversi, per vari motivi, tutti legittimi (età, formazione, interessi, tipo di scuola, caratteristiche degli studenti inseriti in contesti sociali, economici, ambientali e culturali molto variegati). Una volta rese note le difficoltà, quasi una necessità nei lavori di gruppo degli insegnanti, ma anche uno sfogo e una condivisione di serietà e volontà al miglioramento, il laboratorio è diventato una vera e propria classe in cui è stata simulata una UDA, almeno nelle sue peculiarità che la contraddistinguono da altre tipologie di lezione, scelta tra molte presentate perché condivisa nella tematizzazione, trasversale a storia e geografia, facile da trasferire in altri contesti, presente, pur divisa nelle due discipline, in tutti i manuali, comoda anche per quanto riguarda la valutazione in itinere, finale e per competenze. Inoltre la simulazione ha permesso, durante le ore di laboratorio, di rendere pratica e concreta la didattica laboratoriale e per competenze. Di fatto, quali compiti, attività, quali tipologie di lezione e di verifiche, quali problematiche sulla valutazione emergono, in concreto, durante la didattica per competenze? A questi dubbi, si è cercato di rispondere non in astratto ma con una UDA, fingendo di essere studenti/esse alle prese con un tema-problema.

I prodotti realizzati al termine del laboratorio sono stati, oltre all'UDA che viene descritta in linea di massima nel paragrafo successivo:

- alcuni grafici spazio temporali, sul lungo periodo, di geostoria per il primo anno delle superiori (rotte e scambi commerciali nel mondo antico, le civiltà idrauliche;

- una bozza di UDA relativa al tema "I conflitti come sistema espansionistico XVI sec. a.c.-II sec. a.c. Vicino Oriente, Mediterraneo";
- una bozza di UDA su "Scambi commerciali nel Mediterraneo dal 5000 a.c. al 50 a.c.";
- una bozza di programmazione di geostoria per il biennio.

Un esempio di UDA di geostoria: le civiltà fluviali nel mondo antico

Le strategie didattiche usate nella classe virtuale hanno puntato soprattutto sulla simbiosi del metodo di lavoro dello storico e del geografo; sulla scelta di non distinguere le due discipline; sulla didattica laboratoriale, cioè per compiti, ricerca-azione, attività per lo sviluppo delle abilità degli studenti e sulla struttura presente-passato-ritorno al presente. L'UDA consta di alcuni fondamentali step che sono stati seguiti, anche se a velocità maggiore rispetto a una classe "vera".

Fase 1: la motivazione

Perché scegliere il tema delle civiltà fluviali nel mondo? La motivazione parte, in classe, dalla lettura di carte e mappe del presente del proprio territorio e del mondo. Agli studenti vengono poste alcune domande chiave per portarli alla ricerca delle opportune informazioni nei materiali che hanno a disposizione; ad esempio, relativamente alla presenza di fiumi, canalizzazioni, parchi, biotopi legati alle acque, ecc.. o anche sulle trasformazioni del territorio ad opera dell'acqua o dell'uomo per controllare le acque, o sul popolamento di territori legati alla presenza dell'acqua. I materiali (in questa prima fase si tratta soprattutto risorse del web)[6] danno un'idea del tipo di stimoli che emergono dalla discussione con gli studenti e introducono anche al lavoro trasversale e interdisciplinare tipico delle UDA.

L'approccio, inoltre, porta velocemente a una prima indagine su abilità informatiche, linguistiche, di comprensione, comparazione e di rielaborazione delle informazioni in schemi e/o mappe. Dalla discussione gli studenti riepilogano alcuni punti, sotto forma di scheda, di mappa, di tabella: rapporto territorio-acque-risorse-lavori; individuazione dello spazio e dei territori, degli ambienti oggi nel planisfero; funzione di fiumi e corsi d'acqua; funzione dell'antropizzazione, ecc. Nella fase di motivazione, vengono spiegati anche gli step successivi del lavoro, i compiti assegnati e i prodotti finali di ogni fase (prodotti individuali e/o di gruppo, multimediali o tradizionali), la valutazione.

Fase 2: il passato

Si parte con una serie di domande: quali sono le caratteristiche del processo di formazione di una civiltà fluviale? Come si è passati da un mondo sostanzialmente vuoto ad un mondo pieno? Quali sono le relazioni con l'organizzazione dello spazio, la sua distribuzione, le risorse disponibili? Quali le strutture economiche sociali e politiche gli uomini hanno creato nel corso del tempo in specifiche regioni del mondo?, ecc.

Le risposte non vengono date agli studenti, ma l'insegnante dà gli strumenti perché riescano a rintracciare le informazioni di tipo

[6] Si vedano, ad esempio, le carte del sito http://www.protezionecivile.fvg.it relative ai bacini idrografici italiani; http://www.cartografareilpresente.org/rubrique95.html?lang=it; http://www.roswell.it per quello in Asia Minore con riferimenti anche agli scavi archeologici; http://www.worldmapper.org/index.html (consultati il 29/01/2013), per avere carte tematiche costruite in base a una serie di indicatori, tra cui consumo di acqua e rapporto popolazione-acque, risorse-urbanizzazione e popolamento.

storico e geografico nei manuali, selezionando pagine, paragrafi, immagini, carte. Dunque, la classe lavora a piccoli gruppi con una ricerca guidata e controllata per raccogliere tutte le informazioni strettamente legate al tema scelto presenti in specifiche, ma poche, pagine dei manuali adottati oltre che nella rete. Non deve mancare la rappresentazione grafica del tempo, con la costruzione di linee e grafici, eventualmente usando qualche risorsa del web[7] per velocizzare il lavoro.

In questa parte dell'UDA, emergono alcuni elementi distintivi geografici e storici, visualizzabili, ad esempio, con google earth, che identificano le civiltà idrauliche nel mondo e che possono essere sistemate, in un lavoro congiunto della classe e dell'insegnante, con la costruzione di una mappa di spiegazione e un'altra di descrizione[8] da raccordare per avere un quadro completo.

La mappatura delle conoscenze va integrata con esercizi sulle carte tematiche e mute per individuare le civiltà idrauliche e la loro estensione nel mondo antico, per confrontare ambienti e territori con quelli di oggi, per individuare climi, risorse, confini e popoli e i loro mutamenti nel tempo e nello spazio.

Considerato che la classe in cui abbiamo pensato di proporre l'UDA è una prima, nel primo periodo dell'anno scolastico, i prodotti sono soprattutto quadri descrittivi di tipo geografico e storico o i semplici spiegazioni, anche se l'insegnante deve fornire precisi indicatori.

La tabella 1 esemplifica la raccolta di informazioni da cui poi è possibile far ricostruire un testo descrittivo.

---

[7] http://www.timerime.com (consultato il 29/01/2013).
[8] È possibile rintracciare una varietà notevole di mappe per i differenti usi nel sito http://www.exploratree.org.uk/ (consultato il 29/01/2013).

Tabella 1 - ambienti geografici delle civiltà fluviali

PERIODIZZAZIONE	Asia V.O.	Asia E.O.	Egitto	Europa	Americhe
Dove nel planisfero					
Caratteristiche corsi d'acqua e bacini idrografici; direzioni					
Caratteristiche territorio					
Disponibilità risorse agricole, altro					
Vie di comunicazione (terra e mare)					

Le abilità che si sviluppano dai compiti assegnati agli studenti sia individualmente, sia in gruppo sono geostoriche, con particolare riferimento a:

- riconoscere elementi nella carta geografica del mondo attuale e del passato e saperli localizzare sul planisfero;
- leggere e comprendere dati e informazioni relativi a un tema da una fonte web;
- produrre informazioni ed elaborare dati per saperli trasferire sotto forma di schemi di spiegazione o descrittivi;
- leggere e comprendere una carta tematica;
- confrontare eventi e fenomeni nel tempo e nello spazio secondo precisi indicatori;
- produrre mappe e schemi, testi descrittivi e di semplice spiegazione scritti, orali, in forma cooperativa;
- costruire linee del tempo e individuare durate, contemporaneità, trasformazioni;

- riconoscere le condizioni geostoriche che hanno permesso lo sviluppo delle civiltà idrauliche nel mondo antico.

La didattica laboratoriale e per compiti, inoltre, permette al docente di avere, in ogni fase dell'UDA, una serie di valutazioni relative alla comprensione di testi di varia tipologia, alla produzione scritta e orale in contesti diversi, alla rielaborazione personale, al lavoro di gruppo e individuale, quindi alla responsabilità personale, alla puntualità nelle consegne, al rispetto del lavoro altrui. Insomma diventa possibile avere degli elementi collegabili anche all'educazione alla cittadinanza oltre agli assi indicati nei documenti ministeriali.

Tanto per esemplificare, durante il laboratorio sono emerse alcune voci, corredate dei rispettivi descrittori, che il docente può/dovrebbe tenere presente durante la didattica laboratoriale, sia che il lavoro sia individuale, sia di gruppo e/o cooperativo:
- funzionalità
- completezza
- correttezza
- rispetto dei tempi
- precisione e abilità nell'uso delle tecnologie
- ricerca e gestione delle informazioni
- relazione con i compagni e gli adulti
- gestione e superamento di problemi
- comunicazione scritta e orale
- utilizzo del linguaggio tecnico-professionale, specifico, adeguato alla/e disciplina/e
- capacità di utilizzare le conoscenze acquisite
- creatività
- autovalutazione

Fase 3: il ritorno al presente

Nella fase in questione, la classe fa il punto della situazione anche rispetto alla situazione di partenza: cosa ha acquisito in più? Quale è stato il valore aggiunto della didattica per competenze utilizzata? Relativamente ai contenuti, quali confronti, quali considerazioni si possono fare sulle aree geografiche attuali che corrispondono alle antiche civiltà idrauliche? Come è cambiato lo spazio geografico, l'ambiente, il territorio e quanto ha contribuito al cambiamento l'intervento dell'uomo? La discussione che si sviluppa può corrispondere al punto di partenza per approfondimenti nella rete sulle problematiche ambientali, sulle questioni legate alle risorse idriche, ecc. La stessa fase, però, si presta anche a un lavoro sulla valutazione con la classe delle abilità acquisite rispetto all'inizio, sulle nuove conoscenze e sul loro utilizzo al di là dell'insegnamento formale. I prodotti, inoltre, vanno valutati in modo trasparente e oggettivo grazie alle osservazioni condotte dal docente e dalla classe, alle evidenze rilevate e alla trasmissibilità e diffusione in altri contesti.

Conclusioni

L'attività di simulazione di geostoria ha posto in evidenza alcune questioni che normalmente vengono liquidate come cose "che già si fanno a scuola", ma che in realtà pongono noi insegnanti e gli stessi studenti e, a mio parere anche le famiglie, di fronte a questioni urgenti:

- prima di tutto il processo di apprendimento-insegnamento della geostoria, come di tutte le altre discipline, libera dalla costrizione dei "programmi" intesi in senso stretto. Le indicazioni ministeriali puntano più sugli standard e sui risultati di apprendimento in termini di competenze, intese come «*la comprovata capacità di usare conoscenze varie in situazioni di lavoro e di studio e di sviluppo professionale e personale*».[9] Dunque diventa fondamentale conseguire piuttosto dei risultati, che non terminare e/o volgere tutto il programma. Da qui l'utilizzo di una metodologia dei percorsi di geostoria non dagli input ma a ritroso, cioè partendo dalla fine per scandire dalla quinta, quarta, terza e così via le UDA più significative per fornire ai nostri studenti e alle nostre studentesse gli strumenti, le abilità e le conoscenze fondamentali per diventare autonomi, così da ricostruire responsabilmente un sistema di conoscenze, anche in un'ottica etica, sociale e di cittadinanza responsabile;

- inoltre, la progettazione delle UDA di geostoria parte da una forte collaborazione dei Consigli di classe e non solo dall'individualità del singolo docente, emerge da una scelta condivisa che tenga conto dei contesti culturali, ambientali, economici, sociali, ecc. anche in un'ottica di flessibilità;

- geostoria significa pure forti e stretti collegamenti con il territorio, con la storia locale, con i linguaggi tecnici, con le nuove tecnologie, con attività concrete finalizzate alla verifica delle competenze nel primo biennio e, ora, nel secondo biennio.

[9] *Linee guida Istituti Tecnici per il passaggio al nuovo ordinamento* (2010), op. cit., p. 4 e ss.

Musica e geografia nella storia d'Italia

di *Stefano Rocchetti*

Suono e materiali sonori

Concentriamoci per un attimo sull'idea di suono: ci si rende subito conto che quest'idea è così atavica e magica che si perde nella notte dei tempi. Dov'è stato emesso il primo suono? Quando è stato emesso e perché? Domande alle quali possiamo tentare di dare una risposta senza una certezza scientifica, elaborando solo supposizioni. Ora spostiamo l'attenzione, invece, sui materiali sonori. La struttura stessa dei suoni ci porta a una molteplice interpretazione di questo infinito materiale partendo, per esempio, dalla serie naturale degli armonici fino ad arrivare all'organizzazione dei sistemi, degli intervalli, delle scale musicali aggiungendo, infine, la personalizzazione data dall'espressività e dall'interpretazione.

Una sorta di demarcazione da cui possiamo estrarre il termine "Storia della Musica" nel quale accogliere tutti gli aspetti in esso coinvolti: acustica, fisiologia della voce e dell'orecchio, organologia, teoria, generi e forme. E poi partire da qui per conoscere e analizzare il più antico flauto preistorico, a cinque fori (scoperto in Germania e risalente a circa 35.000 anni fa) oppure i *whistles of death* delle civiltà precolombiane, fino alle arcaiche trombe di conchiglia o i magici didjeridoo degli aborigeni australiani.

In questo breve elenco appare chiaro che la datazione storica è accompagnata anche da una collocazione geografica impossibile da scindere perché la musica è figlia del proprio tempo e del proprio spazio ed è solo in questo duplice contesto che può essere pienamente compresa, soprattutto dai bambini o meglio dai nostri alunni.

Troppo spesso si cade nell'errore di non condividere un luogo o un ambiente con il suo paesaggio sonoro o con il contesto sonoro-musicale, troppo spesso ci si dimentica di inserire nel percorso storico scolastico le vicende musicali a esso connesse, così che della celeberrima Colonna Traiana siamo attentissimi a coglierne didatticamente tutti gli aspetti, tranne quello musicale e non ci si accorge, per esempio, dei suonatori di bucine in alto a sinistra.

Figura 1 - Conrad Cichorius, *Die Reliefs der Traianssäule, Tafel VIII*

Oppure non si pone l'attenzione sui tubicines che accompagnano la processione con gli animali del sacrificio (toro, scrofa e montone) per purificare l'accampamento e l'esercito.

Figura 2 - Conrad Cichorius, Die Reliefs der Traianssäule, Tafel X

Moltissimi potrebbero essere ancora gli esempi da riportare anche per quanto riguarda la geografia (l'*ambiente fiume* non ha un suo paesaggio sonoro? Lo stesso scorrere dell'acqua non produce *rumore?*) tanto che l'idea nata per il laboratorio della XVII Scuola Estiva di Arcevia è stata proprio quella di fondere, tramite esempi musicali, fonti filmiche, rappresentazioni grafico/pittoriche e attività laboratoriali musica, storia e geografia per narrare e documentare l'Italia di ieri, di oggi e di domani.

Il viaggio della campana

In qualsiasi parte del mondo ci troviamo, portiamo sempre con noi un bagaglio di esperienze che la terra natia ci trasmette sin dai tempi più remoti, tramandandole di generazione in generazione. La cucina, la storia, le fiabe, ma soprattutto la musica e la danza, fanno parte di questo bagaglio che porta con sé secoli di passioni, amori, storie e vicende umane profondamente legate alla semplicità della vita di tutti i giorni. La capacità di ascolto e di comprensione di questi fenomeni arricchisce l'uomo, completandone la conoscenza e la coscienza storico-geografica.

371

Un suono che coinvolge tutti sin dalla più tenera età è quello delle campane: dalla torre civica alle chiese sparse su tutto il territorio. Ascoltiamo il loro concerto, guardandole dondolare magicamente, ma non ci chiediamo come sono finite nel campanile del nostro paese o della nostra città o chi le abbia costruite con maestria e professionalità. Per la prima parte del laboratorio ho preso spunto dalla storia de *La Premiata Fonderia Campane Pasqualini di Fermo*.

Questa famiglia, originaria di Montedinove (un piccolo paese di montagna in provincia di Ascoli Piceno), ha fuso la sua prima campana nel 1760 per poi proseguire la sua avventura fino al 1954, anno della realizzazione dell' ultima campana situata nella chiesa del Sacro Cuore di Grosseto.

Nel percorso didattico c'è da puntualizzare, dal punto di vista storico-geografico, perché la ditta nel 1910 si sposta da Montedinove a Fermo nel tentativo, ben riuscito, di espandere le proprie attività produttive: la nascita di nuove tecnologie nel mondo del lavoro, nuove tipologie di trasporto (dal carro con i buoi all'autocarro e alla ferrovia), paese grande, vicino alla costa e quindi più facilmente raggiungibile e collegabile.

Figura 3 - La "Campana delle Laudi" ai piedi della Torre comunale di Assisi

Particolarità non meno importante la possibilità di avere scuole e istituti superiori da far frequentare ai propri figli per l'inserimento più qualificato in ditta. Sotto il punto di vista musicale, invece, c'è la scoperta di come si possa riuscire a modellare e a dare una precisa intonazione a una campana che può arrivare a pesare fino a quattromila chilogrammi come quella della Torre Civica di Assisi. Questa particolare campana chiamata "Campana delle Laudi" ha vissuto, poi, una storia nella geostoria.

Il Comune di Assisi da tempo aveva chiesto un contributo a tutti i Comuni d'Italia per la costruzione di una campana, in occasione del settimo centenario della nascita del Santo, in cui fosse impresso il *Cantico delle Creature* e nel 1925 l'incarico della costruzione fu affidato proprio alla ditta Pasqualini.

Dopo la fusione avvenuta il 7 agosto 1926 a Fermo, alla presenza di numerosissime autorità, tra cui deputati e senatori del Regno, la campana dovette affrontare un lungo viaggio per arrivare ad Assisi. Fu attrezzato un autocarro particolare per trasportarla, considerando anche la mole che, con la sua incastellatura, superava i 50 quintali e oltre i 3 metri di altezza.

Dall'Istituto Luce fu realizzato un documentario (attualmente in restauro) e numerose foto furono scattate a testimonianza del viaggio. Quotidiani e riviste scrissero moltissimi articoli e resoconti.

Per meglio capire l'itinerario del viaggio affidiamoci alla tecnologia moderna e attraverso l'applicazione *Google Maps* ripercorriamo lo storico viaggio della campana partendo da Fermo per poi attraversare Porto San Giorgio, Porto Sant'Elpidio, Porto Civitanova, Macerata, Urbisaglia, Tolentino, Caldarola, Camerino, Serravalle del Chienti, Colfiorito, Foligno, Spello fino ad arrivare ad Assisi.

Figura 4 - Viaggio effettuato dalla "Campana delle Laudi"

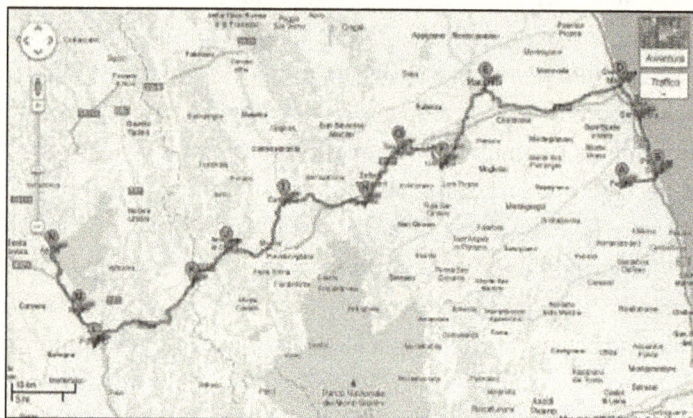

Facciamo notare la differenza temporale della durata del viaggio:

- il percorso tracciato su Google oggi è di 178 chilometri circa e il tempo di percorrenza è calcolato in 4 ore e 40 minuti;
- il percorso di allora durò circa una settimana e terminò ad Assisi il 6 Settembre 1926.

Per testimoniare l'evento si è potuto attingere alle seguenti fonti:
- foto scattate prima della partenza, durante il viaggio e all'arrivo ad Assisi;
- documentario dell'Istituto Luce (attualmente in restauro);
- programma dei festeggiamenti stampato dal Comitato Internazionale religioso e civile per le onoranze;
- cronache tratte da "L'Illustrazione Italiana", ottobre 1926;
- libro di Francesco Pasqualini "L'arte di fondere le campane" edito da Andrea Livi.

Un'ultima considerazione: l'avvenimento fu di tale rilevanza nazionale, che lo stesso re Vittorio Emanuele III era presente alla consegna della campana alla città di Assisi da parte dei Comuni d'Italia. Sul bronzo della campana, infatti, oltre al Cantico e al bassorilievo del Santo vi sono incise le seguenti parole: «*Alla città di Assisi nel settimo centenario della morte di San Francesco i Comuni d'Italia donarono questa campana che al mattino e alla sera e d'inverno e d'estate sonasse a distesa le laudi in Dio di ogni cosa creata. XII settembre MCMXXVI*».

Cari Fratelli d'Italia

Un altro momento del laboratorio ha visto come protagonista un percorso musicale di conoscenza interattiva dei canti che hanno fatto l'Italia e gli italiani. Il lavoro è partito dalle conoscenze ingenue relative alle "Sette Sorelle" (così le chiamava Goffredo Mameli) cioè i sette stati in cui era diviso il nostro Paese prima dell'unità. Di questi territori si conoscono i regnanti, le bandiere, le monete, gli ordinamenti, i pesi e le misure nonché la filatelia ma non si conoscono i loro inni: "La leopolda", "Il Kaiserhymne" o "S'Hymnu Sardu Nationali" sono titoli quasi sconosciuti. Appurato ciò, si è passati alla conoscenza di questo specifico repertorio attraverso l'ascolto dei canti e la lettura dei testi per comprendere meglio la funzione dell'inno come esaltazione della figura regnante.

Poi si è passati ad analizzare più da vicino il nostro Inno Nazionale confrontandolo con gli altri sotto l'aspetto melodico, armonico e testuale sottolineandone i vari passaggi storico-geografici. Un passo importante in questa analisi musicale è stata la lettura di una parte del capitolo XVIII tratto dal libro *I miei tempi* di Vittorio Bersezio, testimone "audio/oculare" della prima esecuzione del "Canto degli Italiani" in casa Novaro che, poco prima di cantarlo seduto al pianoforte, si era soffermato a narrare ai suoi uditori «*l'idea che gli fece nascere il motivo e l'andamento di questo canto*».[1] Dalla lettura ho estrapolato alcune parti che ho proposto ai

---

[1] Bersezio V. (2001), *I miei tempi*, Centro Studi Piemontesi, Torino.

miei alunni come guida all'ascolto attraverso rappresentazioni grafiche e sezioni audio dell'inno appositamente elaborate. Ecco il risultato ottenuto e presentato durante il laboratorio:

Figura 5 - Ci troviamo in una grande pianura dove sono radunate tantissime persone provenienti da ogni parte d'Italia. Tutta questa gente, però, non sa come sia arrivata in quel luogo e si guarda intorno perplessa e incuriosita. Ad un certo punto si sentono degli squilli di tromba e tutti rimangono sorpresi e si chiedono: *"Cosa succede?" "Chi sta arrivando?"*

Figura 6 - Si odono altri squilli e tutta la gente rivolge lo sguardo verso il punto da cui proviene la musica: è una collina in cui si erge una cattedra, un trono e seduto sul trono c'è un personaggio molto importante.

Figura 7 - Ad un certo punto, il personaggio importante si alza e tende le braccia verso tutta la folla che fa subito silenzio. Con voce grave e solenne *annuncia "Italia, essersi desta...riprendere la gloriosa sua strada..."*

Figura 8 - Finito di parlare, ecco che tra la folla si leva un sussurro: chi si guarda attonito, chi agitato, chi ripete le stesse parole a mezza voce... Alla fine tutti si convincono: felici ed entusiasti ripetono le parole appena ascoltate con maggior impeto e sempre più forte, fino ad urlare insieme un giuramento ed un grido di guerra: *"Sì"*

Il viaggio nella costruzione dell'Unità d'Italia è poi proseguito trattando le seguenti tematiche:

- il **tricolore** attraverso le canzoni che l'hanno reso famoso ("La bandiera tricolore" scritta probabilmente da Francesco Dall'Ongaro e "Il Brigidino" di Giuseppe Verdi);
- la vita di **Garibaldi** attraverso le canzoni di ieri e di oggi (da Sergio Caputo a Fiorella Mannoia, da Luigi Mercantini e Alessio Olivieri a Rocco Traversa e Luigi Pantaleoni);
- gli **echi del risorgimento** attraverso le canzoni popolari dell'epoca ("Addio del volontario", "Daghela avanti un passo", "Inno popolare per l'inaugurazione del Parlamento").

L'interesse per il progetto attuato è stato rilevante in quanto i corsisti hanno preso atto di un'importante considerazione: la musica, in questo anno di celebrazioni e avvenimenti, è stata troppo spesso rilegata a ruolo di cornice puramente rituale e i canti sono stati proposti senza una vera e approfondita conoscenza da parte degli alunni. In realtà, invece, ogni inno ha avuto la sua importanza in un momento storico vissuto, giorno per giorno, sulle barricate dove intonare un canto prima o durante lo scontro faceva veramente la differenza tra la sconfitta o la vittoria, tra il vivere o il morire. In un percorso didattico musicale mirato al 150° del Teatro Regio di Torino ho trovato scritto questo significativo pensiero con cui chiudere il nostro viaggio tra gli spazi di Arcevia e il tempo di Clio '92:

«Nel nostro mondo parole come *italiano, straniero, guerra, libertà, fratellanza* hanno assunto significati diversi che dovrebbero incontrare in noi sensibilità radicalmente trasformate, abituate a considerare i confini geografici e culturali non più come barriere quasi invalicabili, ma come porte aperte verso territori pieni di promesse».[2]

---

[2] Lipeti E. (2010), "La scuola all'opera", *Progetto didattico "Viva Verdi"*, attività didattica del Teatro Regio Torino, Torino.

Riferimenti bibliografici

Michels U. (1977), *Atlante di Musica*, ,1995 per il 1° volume e 1985, 1994 per il 2° volume, Sperling & Kupfer, Monaco.

Bersezio V. (2001), *I miei tempi*, Centro Studi Piemontesi, Torino.

Pasqualini F. (2011), *L'arte di fondere campane*, Andrea Livi Editore, Fermo.

Gli autori

Maria Augusta Bertini è professore associato titolare degli in-segnamenti di Geografia e Cartografia presso l'Università degli Studi "Carlo Bo" di Urbino (Dipartimento di Studi Internazionali). Alla docenza affianca attività di ricerca nei settori della Geografia umana, della Geografia storica e della Storia della Cartografia.

Giuseppina Biancini è maestra di scuola primaria presso l'IC di Arcevia, formatrice Clio '92, collabora da sempre ai corsi della Scuola Estiva e le sue attività e i prodotti dei suoi insegnamenti sono pubblicati in http://www.giuseppina.org/nostrolibro/. Vi documenta lo svolgimento di due curricoli quinquennali.

Carla Brunelli è Dottore di Ricerca in "Didattica della Geografia" (2004) e in "Pedagogia della Cognizione" (2013), presso la Facoltà di Scienze della Formazione dell'Università "Carlo Bo" di Urbino. Si interessa prevalentemente della revisione del curricolo geografico in chiave interculturale. Collabora con gruppi di ricerca che operano a livello nazionale e internazionale, nonché con enti di formazione e atenei italiani. È docente a contratto dei Laboratori di Didattica della geografia presso l'Ateneo urbinate e svolge attività di formazione rivolte ai docenti di ogni ordine e grado. Tra le sue più recenti pubblicazioni: *Geografia Amica. Per un'educazione alla cittadinanza planetaria*, EMI, Bologna, 2010; "Insegnamento della Geografia e Intercultura", in *Vita Scolastica*, Firenze, Giunti, 4/2012.

Cristina Carelli è maestra di scuola primaria presso l'IC di Arcevia, formatrice Clio '92, collabora da molti anni ai corsi della Scuola Estiva. Suoi contributi didattici per "Cittadinanza e Costituzione" sono presenti sul sito dell'Ansas ex-Indire.

Luciana Coltri è maestra, supervisore a tempo parziale presso l'Università degli Studi di Padova, corso di laurea in Scienze della Formazione Primaria, per la quale conduce laboratori di geografia e didattica interculturale. Formatrice e ricercatrice in percorsi di didattica della Storia per l'Associazione Clio '92. Esperta in didattica dei quadri di civiltà e copioni, su questo argomento ha pubblicato studi e contributi. Collabora con riviste scolastiche sia per la scuola dell'infanzia che per la scuola primaria. È stata coautrice del sussidiario *Poster* vol. 4 e 5. (Ed Giunti, 2007).

Daniela Dalola è maestra di scuola primaria presso l'I.C. di Nuvolento (BS). Formatrice e ricercatrice in percorsi di didattica della Storia per l'Associazione Clio '92. Collabora con la rivista didattica per la scuola primaria *La vita scolastica* (Ed. Giunti) ed è stata coautrice del sussidiario *Poster* vol. 4 e 5. (Ed Giunti, 2007).

Antonina Gambaccini, è maestra di scuola primaria, iscritta all'albo formatori Clio '92. Ha fondato e coordina il "Gruppo Storia" in Rete di Corinaldo, dal 1999, a cui afferiscono 13 Istituti scolastici delle province di PU e AN, per il quale organizza e gestisce corsi di formazione per docenti dei tre ordini della scuola di base e cura la Biblioteca della Documentazione Percorsi didattici di Storia (e delle discipline ad essa affini). È relatrice e conduttrice di laboratori in vari corsi di formazione nelle Marche e in Umbria; già autrice di numerosi articoli per riviste di didattica a diffusione nazionale e co-autrice di saggi.

Paola Lotti è insegnante di Materie Letterarie presso l'ITSCT L. Einaudi di Padova, nell'indirizzo sperimentale turistico. Si occupa nella scuola di sperimentazione e innovazione didattica per storia e lingua e letteratura italiana anche con l'ausilio di nuove tecnologie (LIM e piattaforma Moodle), di innovazione dei curricoli a seguito della riforma e dei profili in uscita per il primo e il secondo biennio dei tecnici. Formatrice per la didattica delle competenze per le quali ha pubblicato in formato elettronico UDA e prove esperte. Fa parte da molti anni dell'Associazione di docenti ricercatori Clio '92 all'interno della quale ha collaborato in gruppi di ricerca sulla storia mondiale e sul curricolo di storia delle superiori.

Anna Rosa Mancini, già maestra di scuola dell'infanzia di Serra de'Conti, formatrice Clio '92, collabora da sempre ai corsi della Scuola Estiva.

Ivo Mattozzi, docente incaricato di "Storia e didattica" (nella Facoltà di scienze della formazione della Libera Università di Bolzano. Presidente dell'associazione di Clio '92. Ha insegnato Didattica della storia e Storia moderna nella Facoltà di lettere e filosofia della Università di Bologna fino al pensionamento nel 2010. Docente di "Linguaggi della storia" nel Master di Comunicazione storica dell'Università di Bologna.Le sue ricerche e pubblicazioni hanno riguardato una gamma ampia di problemi della didattica della storia: epistemologia e metodologia della storia insegnata, curricolo dalla scuola primaria all'università, scrittura dei testi didattici, insegnamento della storia a scala locale, valutazione in storia, didattica dei beni culturali. Ora ha concentrato le sue riflessioni sulla storia generale come problema epistemologico e metodologico, sulla trasposizione didattica dei testi storici, sulla geostoria, sulla educazione al patrimonio culturale e alla cittadinanza responsabile e competente. Considera così rilevante la questione dei testi storici per l'apprendimento da aver progettato una scuola di scrittura dei testi storici didattici e divulgativi.

Maila Pentucci insegnante di lettere presso la Scuola secondaria di I grado, attualmente distaccata presso l'Istituto Storico della Resistenza e dell'Età Contemporanea di Macerata, dove ricopre il ruolo di responsabile della sezione didattica e formazione. È referente della rete regionale "Le Marche fanno storie" per la quale svolge attività di formazione e aggiornamento per insegnanti. Dal 2010 collabora con la Facoltà di Scienze della Formazione primaria dell'Università di Macerata occupandosi di progettazione didattica e tecnologie didattiche per la storia. Fa parte del nucleo nazionale di esperti per la Valutazione e le Indagini nazionali e internazionali dell'Invalsi.

Mario Pilosu insegna Italiano e Storia/Geografia presso l'IIS "Italo Calvino" di Genova. Laurea in Filosofia, con tesi in Antropologia Culturale e Diplôme de Docteur de 3ème Cycle, in 'Antropologia sociale e storica' presso l'EHESS. Si occupa soprattutto di Didattica della Preistoria e Storia Antica e Medievale e del Curricolo geostorico del Biennio delle Secondarie di 2° Grado. Fa parte del Direttivo di Clio '92. Ha partecipato all'organizzazione delle 2 prime edizioni de "La Storia in Piazza" a Genova.

Maria Teresa Rabitti è docente di Didattica della storia presso la Facoltà di Scienze della formazione della Libera Università di Bolzano. Ha insegnato nella SSIS della stessa Facoltà. Ha collaborato con l'Istituto Pedagogico di Bolzano per attività di aggiornamento di insegnanti e per la produzione di unità di insegnamento e di apprendimento. È componente del Direttivo e della Segreteria di Clio '92. Associazione di insegnanti e ricercatori in didattica della storia. Ha scritto numerosi saggi tra i quali i più recenti *Descrivere le civiltà* (Junior, Bergamo, 2008) e "Insegnare storia per competenze", in *Apprendere per competenze* (Junior, Bergamo, 2011).

Ha curato pubblicazioni sul curricolo di storia e sull'insegnamento della storia generale con le edizioni FrancoAngeli.

Sabrina Ricciardi insegna Geografia culturale e Pianificazione territoriale nell'Università "Carlo Bo" di Urbino. Si interessa di didattica della geografia e dei beni culturali nell'ottica delal ricerca storica, della catalogazione, della pianificazione territoriale e dello sviluppo sostenibile. A questi argomenti ha dedicato diversi saggi compari in volulmi e riviste. Quali il saggio "Una geografia per la storia del Novecento. Il paesaggio culturale come palinsesto di vicende umane e d'identità regionale" in V. Guanci, C. Santini (a cura di), *Capire il Novecento. La storia e le altre discipline*, FrancoAngeli, Milano, 2008.

Stefano Rocchetti, musicista e docente di scuola primaria. Per molti anni ha suonato come trombettista con numerose orchestre da camera e sinfoniche. Attualmente si occupa di didattica musicale e di formazione attraverso corsi di aggiornamento, seminari, pubblicazioni e lezioni-concerto su tutto il territorio nazionale. È stato autore per le Edizioni Didattiche Gulliver e coautore in varie pubblicazioni. Realizzatore e curatore del sito web www.semplicementemusica.it collabora intensamente con l'Associazione Clio '92.

Paolo Rovati è docente di Geografia presso l'Università degli Studi di Macerata. Ha insegnato per anni nelle scuole italiane all'estero di Madrid e di Buenos Aires. È responsabile scientifico per l'area iberica e latinoamericana della rivista *Annali di Ricerche e Studi di Geografia* ed è membro di AGEAL Grupo de Trabajo de América Latina de la Asociación de Geógrafos Españoles. Gli scritti scientifici gli hanno valso l'attribuzione da parte dell'Accademia Nazionale dei Lincei del Premio "Carmelo Colamonico"; per essersi distinto nel dominio de la ciencia geográfica è stato designato Socio Correspondiente di GÆA Sociedad Argentina de

Estudios Geográficos; recentemente, nell'ambito del Premio Nazionale di Letteratura Naturalistica "Parco Majella" gli è stata conferita la Medaglia del Presidente della Repubblica.

Livia Tiazzoldi, docente di lettere nella scuola secondaria di primo grado e socia dell'Associazione Clio '92. Ha fatto parte del gruppo di ricerca nazionale "Il Novecento e la storia" contribuendo alla produzione di percorsi didattici sulla storia mondiale. Ha collaborato con il Comune di Padova, proponendo a varie classi percorsi operativi dal titolo "L'aula: uno spazio dove condividere le differenze" aventi come tematiche ricorrenti la didattica dei punti di vista e la gestione dei conflitti.